U0638621

现代公路桥梁施工技术与工程管理

谢晓红　李永果　周锁安　著

吉林科学技术出版社

图书在版编目（CIP）数据

现代公路桥梁施工技术与工程管理 / 谢晓红 , 李永
果 , 周锁安著 . –– 长春 : 吉林科学技术出版社 , 2023.8
ISBN 978-7-5744-0770-1

Ⅰ . ①现… Ⅱ . ①谢… ②李… ③周… Ⅲ . ①公路桥
—桥梁施工—施工管理—研究 Ⅳ . ① U448.145.1

中国国家版本馆 CIP 数据核字 (2023) 第 157376 号

现代公路桥梁施工技术与工程管理

著　谢晓红　李永果　周锁安
出 版 人　宛　霞
责任编辑　李玉玲
封面设计　周　凡
制　　版　周　凡
幅面尺寸　185mm×260mm
开　　本　16
字　　数　280 千字
印　　张　19.25
印　　数　1–1500 册
版　　次　2023年8月第1版
印　　次　2024年2月第1次印刷

出　　版　吉林科学技术出版社
发　　行　吉林科学技术出版社
地　　址　长春市福祉大路5788号
邮　　编　130118
发行部电话/传真　0431-81629529 81629530 81629531
　　　　　　　　　81629532 81629533 81629534
储运部电话　0431-86059116
编辑部电话　0431-81629518
印　　刷　三河市嵩川印刷有限公司

书　　号　ISBN 978-7-5744-0770-1
定　　价　102.00元

前　言

PREFACE

公路桥梁工程不仅对我国的交通方面有着很大的影响，也在国民经济上起着重要的作用，它与整个国家人民的出行状况以及经济发展等方面有着密切的关系。加强公路桥梁工程施工管理对于公路桥梁工程具有重大意义，其是降低材料消耗、提高公路桥梁工程质量的重要途径，并且是保证公路桥梁工程施工安全以及提高施工企业经济效益的重要举措。公路桥梁施工过程中施工企业要以质量、安全、施工期限、成本控制作为施工验收的考核标准。公路桥梁工程施工管理过程中，最重要的是考虑其施工安全方面的管理。为了加大工程施工的安全管理力度，必须改进作业人员的配备条件，将安全隐患消除在发生之前。

本书是公路桥梁建设方向的著作，主要研究现代公路桥梁建设与工程管理方面的内容，本书从现代公路桥梁施工的基础理论入手，论述了现代公路桥梁建设的基础理论和现代化技术发展趋势，然后有针对性地对公路工程的施工技术和桥梁工程的施工技术进行了分析研究；另外对公路工程的施工组织与管理做了具体分析，最后探讨了公路建设施工期的环保建设与管理措施，旨在帮助其工作者在应用中少走弯路，运用科学方法，提高效率。对公路桥梁施工技术与工程管理的应用研究有一定的借鉴意义。

本书由谢晓红、李永果、周锁安所著，具体分工如下：谢晓红（枣庄市公路和地方铁路事业发展中心）负责第一章、第七章、第八章、第九章内容撰写，计10万字；李永果（济宁市公路管理局兖州公路局）负责第四章、第五章、第六章内容撰写，计10万字；周锁安（石家庄市藁城区公路管理站）负责第二章、第三章内容撰写，计8万字。

本书从构思开始直到书稿完成，在各个环节上都付出了巨大的努力，特别是在各章初稿写作完成后，作者还就本书在结构布局、内容繁简、逻辑关系等方面存在的问题进行了认真修改，对不甚规范的句式标点也一一作了校正。但由于作者水平有限，书中的不足之处敬请各位读者批评指正，以便在日后修订中日益完善。

目　录

CONTENTS

第一章　现代公路桥梁施工概述

第一节　公路工程基本建设程序

一、基本建设及其内容构成

基本建设工作应包括以下内容。

（一）建筑工程

建筑工程是指消耗建筑材料，使用工程机械，通过施工活动建成的工程实体，如路基、路面、桥梁、隧道、厂房、水坝等构筑物。

（二）安装工程

安装工程是指基本建设项目需用的各种机械和设备的安设、装配、调试等工作，如工业生产设备、公路及大型桥梁所需的各种机械、设备、仪器的安装及调试等，包括生产设备和生活设施。

（三）设备、工具及器具的购置

设备、工具及器具的购置是指属于固定资产的机器、设备、工具、器具等用品的购置，如渡口设备、隧道照明、消防、通风的动力设备；高等级公路的收费监控通信、供电设备，路面养护用的沥青混合料拌和设备，摊铺机械和工具、器具等。

（四）勘察、设计及相关工作

勘查、设计及相关工作是指编制建筑安装工程施工依据的勘察设计文件所进行的工作，如公路工程的可行性研究、初步设计、施工图设计等，以及勘察、设计过程中必须进行的地质调查、钻探、材料试验和技术研究工作，评价、评估、咨询、招标、投标、造价编制、试验研究工作等。

（五）其他基本建设工作

其他基本建设工作是指为确保基本建设工程的顺利实施和正常运行而进行的基础工作，如土地征用、拆迁安置、人员培训工程质量监督、监理、工程定额测定、施工机构迁移工作等。

二、基本建设项目的划分

基本建设工程规模有大小之分，但无论大小都有其自身的复杂性，都要进行若干项技术的、经济的和物质形态的结合。为了加强对基本建设工作的管理，便于编制设计文件、概预算文件和施工组织设计文件，便于工程招投标工作和施工管理，必须对基本建设项目进行科学的分解和合理的划分。基本建设工程可以划分为建设项目、单项工程、单位工程、分部工程和分项工程。

（一）建设项目

建设项目也称基本建设项目，是指经批准在一个设计任务书范围内按同一总体设计进行建设的全部工程。建设项目由一个或几个单项工程组成，经济上实行统一核算，行政上实行统一管理，一般以一个企业（或联合企业）、事业单位或独立工程作为一个建设项目。公路工程以单独设计的公路路线、独立桥梁作为基本建设项目。

（二）单项工程

单项工程也称工程项目，是指建设项目中具有独立的设计文件，建成后可独立发挥生产能力或使用效益的工程。如工业建筑中的生产车间、办公楼、仓库，民用建筑中的教学楼、图书馆、实验室、住宅，公路工程中独立合同段的路线、大桥、隧道等属于单项工程。

（三）单位工程

单位工程是单项工程的组成部分，是指在单项工程中具有单独设计文件和独立施工条件，而又单独作为一个施工对象的工程。如生产车间的厂房修建、设备安装，公路工程中同一合同段内的路基、路面、桥梁、互通式立交、交通安全设施等属单位工程。由此可见，单位工程一般不能独立发挥生产能力和使用效益。

（四）分部工程

分部工程是按工程结构、构造或施工方法不同所作的分类，它是单位工程的组成部分。如房屋的基础、地面、墙体、门窗，公路路基的土石方、排水、涵洞、大型挡土墙，桥梁的上、下部构造及引道等均属分部工程。

（五）分项工程

分项工程是指通过较为简单的施工过程就能建造出来，并且可以用适当计量单位计算的"假定"的建筑或安装产品。如 10m³ 块石基础、100m³ 水泥混凝土路面，一台某型号龙门吊的安装等。必须指出，分项工程只是建筑或安装工程的一种基本构成因素，是为了确定施工资源消耗和计算工程费用而划分的一种假定产品，以便作为分部工程的组成部分。因此，分项工程的独立存在是没有意义的，它不像上述项目那样是完整的产品。

三、公路基本建设程序

公路基本建设程序是指基本建设全过程中各项工作必须遵循的先后顺序。这个顺序是由固定资产的建设过程，即基本建设发展进程的客观规律决定的。科学的基本建设程序能正确地处理基本建设工作中，制定建设规划、确定建设项目、勘察设计、组织施工、竣工验收等各阶段、各环节之间的关系，指导基本建设工作有计划、有步骤地进行。

（一）前期阶段

1. 项目建议书阶段

项目建议书是建设单位（业主）向国家提出的要求建设某一项目的建议文件，是对建设项目的轮廓构想，这种构想可来自国家、部门和地方的发展规划与计划安排，或来自市场调查研究，或来自某种资源发现。项目建议书应对拟建项目的社会需求进行分析研究，明确为满足此需求所要达到的建设目标，包括经济目标、社会目标和环境目标，并考虑可能承担的风险。

2. 可行性研究阶段

项目建议书批准后，由政府交通主管部门组织项目的可行性研究。可行性研究是对拟建项目在技术上和经济上是否"可行"进行科学分析和论证工作，为项目决策（该项目是继续实施还是放弃）提供依据。可行性研究的主要任务是通过多方案比较，提出评价意见，推荐最佳方案。

按可行性研究的工作深度，划分为预可行性研究和工程可行性研究两个阶段。预可行性研究应重点阐明建设项目的必要性，通过路勘和调查研究，提出建设项目的规模、技术标准，进行简要的经济效益分析。工程可行性研究应通过必要的测量

（高速公路、一级公路必须做）、地质勘探（大桥、隧道及不良地质地段等），在认真调查研究、查阅必要资料的基础上，对不同建设方案从技术上和经济上进行综合论证，提出推荐方案。

（二）设计阶段

1. 设计招投标及任务书阶段

根据可行性研究报告及可行性研究报告批复编制项目设计招标文件，进行项目设计招标，选择确定项目设计单位。

设计任务书是项目确定建设方案的决策性文件，是编制设计文件的主要依据。设计任务书可由建设单位自行提出，也可由工程咨询公司代为拟定，或由建设单位与设计单位协商确定。

设计任务书的内容包括：建设依据和建设规模；路线走向和主要控制点，独立大桥桥址和主要特点；地理位置、自然条件和社会经济现状；工程技术标准和主要技术指标；设计阶段及完成时间；环境保护、城市规划、抗震、防洪、防空、文物保护等要求和采取的措施方案；投资估算和资金筹措；经济效益和社会效益；建设期限和实施方案。

2. 公路设计阶段划分

公路基本建设项目一般采用两阶段设计，即初步设计和施工图设计。对于技术简单、方案明确的小型建设项目，也可采用一阶段设计，即一阶段施工图设计。对于技术上复杂、基础资料缺乏和不足的建设项目，或建设项目中的特大桥、互通式立交枢纽、地质复杂的长大隧道、高速公路和一级公路的交通工程及沿线设施中的机电设备等，必要时采用三阶段设计，即初步设计、技术设计和施工图设计。

3. 各阶段的设计依据

初步设计应根据批复的可行性研究报告、测设合同及勘测资料进行编制。一阶段施工图设计应根据批复的可行性研究报告、测设合同及定测、详勘资料进行编制。两阶段设计时，施工图设计应根据批复的初步设计、测设合同和定测、详勘资料（含补充资料）进行编制。三阶段设计时，技术设计应根据批复的初步设计、测设合同和定测、详勘资料进行编制；施工图设计应根据批复的技术设计、测设合同和补充定测、详勘资料进行编制。

4. 施工图设计文件组成

不论按几个阶段设计，其中的施工图设计文件都由以下十三篇及附件组成：总说明书、总体设计、路线、路基、路面及排水、桥梁、涵洞、隧道、路线交叉、交通工程及沿线设施、环境保护、渡口码头及其他工程、筑路材料、施工组织计划及施工图预算、附件。其中第二篇总体设计只用于高速公路和一级公路，附件内容为补充地质勘探、水文调查及计算等基础资料。

（三）施工阶段

项目在开工建设之前，要做好以下前期准备工作。

1. 预备项目

初步设计已经批准的项目可列为预备项目。国家的预备项目计划是对列入部门、地方编报的年度建设预备项目计划中的大中型项目和限额以上项目，经过对建设总规模、生产力布局、资源优化配置以及外部协作条件等方面进行综合平衡后安排和下达的。

2. 建设准备的内容

建设准备的主要工作内容有征地、拆迁和安置、完成施工用水、电路工程、设备、材料订货、准备施工图纸、监理、施工招标投标。

3. 申报项目施工许可

完成了规定的建设准备和具备开工条件以后，应申报项目施工许可。年度大中型项目和限额以上项目须经国务院批准，国家发展与改革委员会下达项目计划，其他项目可由部门和地方政府批准。

建设项目开工报告一经批准，项目便进入了建设施工阶段。本阶段是项目决策的实施、建成投入使用、发挥效益的关键，因此建设单位、施工企业、监理单位都应认真做好各自的工作。

公路项目开工建设的时间以开始进行土石方施工的日期作为正式开工日期。分期建设的项目，分别按各期工程开工的日期计算。施工活动应严格按照设计要求、技术规程、合同条款、预算投资、施工程序和顺序、施工组织设计，在保证质量、工期、成本等计划目标的前提下进行，达到竣工标准要求，经验收后移交使用。

（四）竣工验收及后评价阶段

1. 竣（交）工验收交付使用阶段

竣（交）工验收是建设全过程的最后一道工序，是投资成果转入使用的标志，是建设单位、设计单位和施工单位向国家汇报建设项目的生产能力或效益、质量、造价等全面情况及交付新增固定资产的过程。验收工作在建设项目按施工合同文件的规定内容全部完成后进行。

公路项目验收分为单项工程交工验收和整体项目竣工验收两个阶段。竣工验收由建设主管部门主持，在工程验收前，建设单位要做好以下准备工作：组织设计、施工等单位进行工程初验，并向主管部门提出验收报告；整理技术资料，包括各种文件；绘制竣工图，必须准确、完整、符合档案管理的要求；编制竣工决算。

验收合格的工程，应移交使用，并按有关规定办理交接手续。

2. 项目后评价阶段

公路建设项目正常运营一段时间后，再对项目的立项决策、设计施工、竣工验收、生产运营等全过程进行系统评价的技术经济活动，称为项目后评价，它是固定资产投资管理的最后一个环节。通过评价后可以肯定成绩、总结经验、探讨问题、吸取教训，并提出建议，作为今后改进投资规划、评估和管理工作的参考。

项目后评价应经过建设单位自评和投资方评价两个阶段，包括以下内容：评估项目的实际成效，确定项目是否达到了预期目标和设计要求；检查设计、施工各个环节的实际质量；重新计算实际财务效益和国民经济效益。

第二节　公路工程施工过程与管理

一、公路施工项目管理过程

施工企业通过投标承揽施工任务后，公路施工项目管理要依次经历施工准备阶段、施工阶段、竣（交）工验收阶段、用后服务阶段等，按工程施工承包合同的要求完成施工任务。对于不同规模、不同性质的具体工程项目，施工过程各阶段的具体工作内容不尽相同。

（一）投标与签订合同阶段

1. 投标决策

公路施工企业获得工程项目施工招标信息后，从本企业经营战略的高度并结合当前的施工任务情况，由企业决策层作出是否投标争取承包该项目的决策。

2. 收集信息

如果决定投标，就要力争中标。因此，应从当前工程市场的形势、施工项目现场的状况、竞争对手的实力、招标单位的情况，以及企业目前的自身力量等几个方面开始大量收集信息，为投标书的编制提供可靠资料。

3. 编制投标书

按照招标文件的规定和要求，充分发挥本企业自身的优势，编制既能盈利，又有竞争力，渴望中标的投标书。

4. 签订工程施工承包合同

如果中标，则在规定期限内与业主单位进行谈判，依法签订工程施工承包合同。

（二）施工准备阶段

1. 成立项目经理部

施工企业按照工程施工承包合同规定的基本条件确定施工项目经理，成立项目经理部，根据施工项目的规模大小和施工管理工作的实际需要建立管理机构，配备管理人员。

2. 制定施工项目管理实施规划

施工项目管理实施规划由施工项目经理负责组织编制。施工项目管理实施规划是整个工程施工管理的执行计划，在施工项目中它还要进一步分解，由施工项目经理、经理部各部门、各工程小组、分包人等在项目施工的各个阶段执行。

3. 进行施工现场准备

施工现场准备包括组织准备、技术准备、物资准备等工作，主要有熟悉和核对设计文件，补充调查资料，编制施工组织设计，建立临时生产与生活设施，施工测量、放样、劳务人员培训、材料试验、备料等。通过施工现场准备，使现场具备施工条件，有利于文明施工和现场管理。

4. 编写和提交开工报告

各项施工准备工作完成，并具备连续施工作业的条件后，按照施工承包合同规定的期限向监理工程师提交工程开工报告。开工报告的主要内容应包括施工机构的建立，质量检测体系、安全体系的建立和劳动力安排，材料、机械及检测仪器设备进场情况，水电供应，临时设施的修建，施工方案和总体施工组织设计等。

（三）施工阶段

1. 组织施工

收到监理工程师发布的工程开工令之后，施工项目应在投标书附录中规定的开工期内开工。根据工程设计图纸，按照施工项目管理实施规划的安排，精心组织施工和管理，使整个施工活动连续、均衡、协调地进行，直到施工项目竣工。

2. 对施工活动实施动态控制

实现施工项目的质量、进度、成本、安全等目标，是施工项目管理的根本目的。在施工项目的目标控制过程中，经常会受到各种客观因素的干扰，各种风险因素也可能随时发生，为确保按计划实现施工项目的阶段性目标和最终目标，对施工项目的各项目标都必须实施动态控制。

3. 管理好施工现场

良好的施工现场是实现施工项目的目标以及安全生产和文明施工的保障条件之一。管理好施工现场，使场地清新美观、材料放置有序、机械设备整洁、施工有条不紊，为施工项目提供一个能使相关各方都满意的作业环境。

4. 严格履行施工承包合同

开工后的整个施工过程中，项目经理部应严格履行施工承包合同，并认真做好工程分包、合同变更等工作。为顺利履行合同，还应协调和处理好内部与外部的各种关系。

5. 做好施工记录

施工记录包括施工原始记录、工序检查记录、隐蔽工程验收记录、材料试验与施工测量记录等。同时还应做好根据施工记录进行的协调、检查、整理、分析等工作，并按时编写和提交各项施工报告。

(四) 竣 (交) 工验收阶段

1. 工程收尾与自验

工程施工承包合同规定的施工任务基本完成后，施工项目应及时进行工程收尾工作，并为施工项目验收时应提交的资料做好准备，项目经理首先要安排好竣工自验工作。

2. 交工验收

交工验收由建设单位主持，主要是检查施工承包合同的执行情况和监理工作情况，提出工程质量等级建议。

承包人在全面完成所承包的工程并经监理工程师同意后，向建设单位提出交工验收申请。建设单位组织设计、监理、施工、质量监督、接管养护、造价管理等单位的代表组成交工验收组，对工程项目进行全面验收。交工验收的施工单位要提交验收项目的竣工图表、施工资料、工程施工情况报告等文件供交工验收组审议。验收组将提出交工验收报告，由建设单位报上级交通主管部门核定。

3. 竣工验收

按照建设项目的大小，竣工验收由交通运输部或地方交通主管部门主持，主要是全面考核建设成果，总结经验，综合评价建设项目，确定工程质量等级。

经过交工验收各标段均达到合格以上的工程，由建设单位向竣工验收主持单位提出竣工验收申请。竣工验收委员会由验收主持单位、建设单位、交工验收组代表、质量监督、接管养护、造价管理、环境保护、有关银行等单位的代表组成。施工单位要向竣工验收委员会提交关于工程施工情况的报告。

4.竣工结算与总结

工程经竣工验收合格后，业主与承包人之间根据监理工程师签发的"最终支付证书"办理竣工结算。

（五）用后服务阶段

这是施工项目管理的最后一个阶段，主要包括施工项目在缺陷责任期和保修期的工作。其目的是保证使用单位正常使用，发挥效益。

交工验收合格的工程，在合同规定的期限内移交业主，施工项目即进入缺陷责任期。在缺陷责任期内，应尽快完成在交工证书中承诺的未完成工作，对本工程存在的缺陷、病害或其他不合格之处按监理工程师的指令进行修补、重建及复建。

二、公路施工项目管理的方法与内容

（一）施工项目管理及其特点

1.施工项目管理的主体是建筑企业

施工项目管理由建筑施工企业独立实施。建设单位和监理单位在工程施工阶段对施工项目进行的管理（如征地、进度和质量控制、验收等）属于建设项目管理的范围，不能算作施工项目管理。设计单位不进行施工项目管理。

2.施工项目管理的对象是施工项目

施工项目管理工作针对特定的施工项目开展，管理工作的周期从工程投标开始到项目保修期结束时止。施工项目管理的特殊性主要表现在：生产活动与市场交易活动同时进行；先有交易活动，后有产品（竣工项目）；交易双方都要进行生产管理，生产活动和交易活动很难分开。

3.施工项目管理的内容是按阶段变化的

从施工投标开始到工程保修期满为止的各个阶段，施工项目管理的内容差异很大，因此必须针对不同阶段的具体情况进行动态管理，优化组合施工资源，提高施工效率和效益。

4.施工项目管理要求强化组织协调工作

公路施工项目是必须一次完成的单件性土木产出物，一旦发生工程质量不合格、影响环境或其他问题，则难以补救，将产生严重后果。另外，施工项目工期长、大量的野外露天作业、施工人员流动性大、需要巨额资金和种类繁多的资源，加之施工活动还涉及复杂的经济、技术、法律、行政和人际等关系，因此，施工项目管理中的组织协调工作就显得十分重要。

（二）施工项目管理的基本方法

1. 目标管理法

目标管理以被管理活动的目标为中心，将经济活动和管理活动的任务转换成具体的目标，运用现代管理技术和行为科学，借助人们的事业心、能力、自信、自尊等，实行自我控制，促成目标实现，从而完成经济活动的任务。目标管理的全体成员要亲自参加工作目标的制定，并以目标指导行动，因此，目标管理是面向未来的管理，是主动的、系统性的整体管理，是特别重视人的主观能动性、参与性和自主性的管理。

2. 网络计划方法

网络计划方法是控制施工项目进度最有效的方法，尤其对复杂的大型项目的进度控制，更显其示不可替代的优越性。随着计算机在网络计划技术中的应用日益普及，网络计划方法将在项目管理的进度控制中发挥越来越大的作用。

应用网络计划方法应注意以下几点：认真执行网络计划的有关标准，使网络计划规范化、进度管理集约化；遵循网络计划应用的一般程序，即准备、绘制网络图、时间参数计算与确定关键线路、优化并正式编制网络计划、实施与调整网络计划、总结与分析；采用先进的网络计划应用软件，对施工项目进度进行快速、准确的有效控制；不断总结和积累应用网络计划的经验，提高进度控制的水平，处理好网络计划技术与流水作业计划的关系，应根据项目的具体情况选用适合的进度控制方法。

3. 可控责任成本管理方法

成本是施工项目中各种消耗的综合价值体现，也是施工项目管理效果的重要指标，因此，施工项目管理必须进行成本控制。可控责任成本方法是成本控制的主要方法。施工项目的操作者和管理者都有控制成本的责任，可控责任成本是指责任者可以控制住的那部分成本，可控责任成本方法是通过明确每个责任者的可控责任成本目标而达到对每个生产要素进行成本控制，最终实现有效控制施工项目总成本的方法。该方法的本质是成本控制责任制，也是"目标管理法"责任目标落实的方法。

4. 安全责任制

安全责任制是通过制度规定每个施工项目管理成员的安全责任，是施工项目安全控制的主要方法。安全责任制是岗位责任制的组成内容，项目经理、管理部门的成员、作业人员都要承担相应岗位的安全责任。安全责任制中还包含承担安全责任的保证制度，即进行安全教育，加强安全监督、检查与考核等。

第三节　桥梁施工基本操作

一、模板

由于混凝土拌和初期，其状态介于固体和液体之间，不具有强度，所以混凝土工程施工中需要模板作为临时承重结构物。模板不仅控制着构件的形状和尺寸，还直接影响混凝土工程进度及工程造价。

（一）模板的种类

1. 木模板

木模板采用木材拼接出所需要的形状和尺寸，其一般由模板、肋木、立柱组成。模板厚度通常为 3 ～ 5cm，板宽 15 ～ 20cm，木模板制作容易，且可做成任意可能的形状，但对木材的损耗大、成本高且施工效率低，故木模板常应用在定型模板（如钢模）不易实现的混凝土构件中。

2. 钢模

目前，桥梁构件的尺寸趋向标准化，这给使用定型组合模板提供了可能。钢模板多是根据国家标准制作出的具有一定规格尺寸的模板，亦可根据实际工程进行制作。

钢模板是以钢板作为模板，以角钢代替肋木和立柱，钢板厚度一般为 4mm。钢模板造价虽高，但由于周转次数多，实际成本低，而且其接缝严密，能承受强烈振捣，浇筑后的混凝土质量好，所以目前被广泛应用于桥梁建设中。

3. 钢木结合模

肋木、立柱采用角钢，将木模板用平头开槽螺栓固定于角钢上。这种模板节约木材、成本低，而且具有较大的刚度和稳定性。

4. 纤维板或塑料板模板

以木材或钢材作为内架，以纤维板或塑料板作为模板，这种模板拼接容易，混凝土表面平整。目前，采用该模板日益增多。

（二）常用模板的构造

1. 上部结构模板

（1）实心板模板：模板为单元可拆式的。设置模板的地基应整平夯实。

（2）空心板模板：它采用四合式活动模板，为了便于搬运装拆，按板长分为两节，每节由四块单元组成。芯模在底板混凝土浇筑后架立，顶上用临时支架固定，当两侧混凝土浇筑高度达芯模的2/3时，可将顶上的临时支架拆除。

（3）T梁模板：施工时先将组合构件拼装成箱框，然后拼装成整片T梁模板，拆模时只需将每个箱框下落外移。枕木下的地基必须夯实整平，以免在施工中发生不均匀沉陷，必要时可打小木桩。

2.下部结构模板

这种模板的位置是固定的，整个桥墩模板由壳板、肋木、立柱、撑木、拉条、枕梁和铁件组成。肋木间距取决于板壳厚度及混凝土侧压力的大小，肋木跨径 L 等于立柱间的距离，可根据计算决定。如果水平肋木与立柱的每个交点处都有设置拉杆，则立柱不易弯曲。

立柱与底框可采用圆木，肋木一般用方木制成。圆形部分的拱肋木条由 2～3 层木板交错重叠用铁件组合，里面做成与墩面相配合的曲线形状。墩端圆头部分混凝土的压力，假定垂直作用于模板表面，有使拱肋木与相接的直肋木拉开的趋势。因此连接拱肋木的螺栓或钉子应根据计算设置。

为了保证模板在风力作用下的稳定，安装好的模板就用临时内部连接杆与拉索固定起来。

（1）镶板式模板：镶板式模板是把桥墩模板划分为若干块制造，划分时应考虑力求减少规格，尽量用同一类型，以便运输和安装。

（2）滑动式模板：滑动式模板是一种先进的节约材料的模板，适用于建造高桥墩。它由顶架、模板、围圈、千斤顶、工作平台等部分组成。当混凝土浇筑一定量后，千斤顶提升模板向上滑动，不断浇筑混凝土，不断提升模板，直至预定高程。滑升原理如下：当人工螺杆千斤顶手柄旋转时，螺杆即沿螺母旋转向下，由于千斤顶凸球面端是支撑在一端与顶杆连接的带凹球面的支撑座上，当千斤顶向支撑座施加压力，顶杆的反力作用于顶架，就带动整个模板做了提升滑动。

（三）模板的制作（选用模块）

1.木模板的制作

木模板可在工厂或施工现场制作，制作时应严格控制各部分形状和尺寸，木模板与混凝土接触的表面应平整、光滑，多次重复使用的木模应在内侧加薄钢板。木模的接缝可做成平缝、搭接缝和企口缝。平缝加工简单，只需将缝刨平，大多工程采用。企口缝结合紧密，但制作较困难、费料、费时，故只在要求模板精度较高的情况下采用。搭接缝制作容易，费工料不多，同时具有平缝和企口缝优点，也常被采用。

2. 钢模板的制作

钢模板宜采用标准化的组合模板，制作钢模板及其配件应按批准的加工图纸加工，成品经检验合格后方可使用，制作时应考虑模板尺寸的模数化。

（四）模板的安装

模板安装前应在模板上涂刷脱模剂，便于脱模。

模板的安装应与钢筋安装工作配合进行，妨碍钢筋绑扎的模板应待钢筋安装完毕后安装。安装模板时，应防止模板移位，可设置必要的支撑。模板安装完毕后应对其平面位置、顶部高程、节点连接及纵横向稳定性进行检查，合格后方可浇筑混凝土。浇筑时若发现模板超过允许偏差变形，应及时纠正。

（五）模板的拆除

模板的拆除期限应根据工程特点、模板位置及混凝土所达到的强度来决定，非承重模板一般应在混凝土抗压强度达到 2.5MPa 时方可拆除；芯模应在混凝土强度能保证其表面不发生塌陷和裂缝时拆除，一般混凝土强度为 0.4 ~ 0.8MPa；钢筋混凝土的承重模板，应在混凝土强度能承受其自重及其他可能的荷载时拆除，跨径不大于 4m 及大于 4m 时，其混凝土强度符合设计强度标准值的 50% 及 75% 后方可拆除。

模板的拆除应按一定顺序进行，现浇钢筋混凝土桥的落架工作，应从挠度最大的支架上开始卸落，然后对称地向支点展开，务必使整个承重结构逐渐受力，以免突然受力而遭受损害。

二、钢筋

（一）钢筋加工前的准备工作

1. 钢筋的检验与保存

钢筋进场后，应检查出厂试验证明书，若未附有适当的证明文件或对钢筋质量有疑问，应做拉力和冷弯试验。如钢筋需要焊接，需加做可焊性试验，试验应符合下列规定。

（1）钢筋试验应分批进行，每批重量不能超过 200kN。

（2）每批钢筋中取试件 9 根，3 根做拉力试验（确定屈服点、极限强度和伸长率），3 根做冷弯试验，3 根做电弧焊接工艺试验。

（3）做拉力试验时，应同时确定抗拉强度、屈服点和伸长率三个指标。在第一次拉力试验时，如果有一个指标不符合规定，即作为拉力试验项目不合格，应再做拉力试验，重新测定三个指标。第二次试验中，如仍有一个指标不符合规定，不论这个指标在第一次试验中是否合格，拉力试验项目都视为不合格。

（4）做冷弯试验时，应按要求将试件绕一定直径的芯棒弯曲至规定角度，其背后不发生裂纹、断裂等现象为合格。

（5）若有任何一项试验结果不合格，允许重做该项试验，重做试验时应另从其他钢筋中选取试件，试件数量应为第一次试件数量的 2 倍。第二次重做试验仍有不合格时，则认为该批钢筋不合格。

钢筋进场后，应注意妥善保管，钢筋应严格按照钢筋类型、直径大小、钢号、批号等条件分别堆放，不得混淆；不要和酸、盐、油类物品一起存放，以免污染；堆放场地宜选择在地势较高处。

2. 钢筋的调直

为便于钢筋的运输与保管，钢筋在出厂时，直径 10mm 以下的 I 级钢筋常卷成盘形，粗钢筋常弯成"发卡"形或截断成 8~10m 长。因此钢筋在使用前，必须予以调直，然后加工弯制。

钢筋调直的方法常用的有三种。

（1）用绞车或卷扬机调直钢筋：将盘形钢筋放开，将其截成 30~40m 的长度，一端固定，另一端用绞车或卷扬机拉伸，调直钢筋时要控制伸长率不宜大于 2%，用这种方法调直钢筋，具有设备简单、操作方便、易控制伸长率等特点，但调直后的钢筋屈服极限上升很少。

（2）冷拉调直钢筋：在常温下，对钢筋进行拉伸，使钢筋应力超过本身的屈服极限且小于抗拉极限强度。这种方法调直的钢筋，其屈服极限有所上升，并使钢筋有所伸长，所以可以达到节约钢材的目的；同时可以检验钢筋焊接质量，避免了钢筋在张拉过程中接头突然断裂；并可对钢筋进行除锈工作，简化了加工工序。

（3）冷拔调直钢筋：冷拔工艺是以强力拉拔的方法，将直径为 6~8mm 的 I 级光圆钢筋，在常温下通过比其直径小 0.5~1mm 的拔丝模，从而抽拔成比原直径小的钢丝。钢筋调直后，塑性降低，呈硬钢性质，无明显的屈服台阶，弹性模量变化不大，但强度提高，从而可以节约钢材 30% 左右。

3. 钢筋配料注意事项

（1）对于有接头的钢筋，配料时应注意使接头设置在内力较小处，并错开布置，且符合下列规定。

①当采用焊接接头时，在接头长度区段内，同一根钢筋不得有两个接头，配置在接头长度区段内的受拉钢筋，其接头截面面积不得超过总截面面积的 50%，并保证接头处的钢筋有足够的间隙以注入混凝土。焊接接头长度区段是指 35d（d 为钢筋

直径) 的长度范围，但不得小于 500mm。

②当采用绑扎接头时，在绑扎接头区段内，其接头面积在受拉区的不得超过主钢筋总面积的 25%，受压区为 50%。绑扎接头长度区段是指 1.3 倍的搭接长度。

③电弧焊接和绑扎接头与钢筋弯曲处的距离不应小于 10 倍的钢筋直径，也不宜位于构件最大弯矩处。

④受拉钢筋绑扎接头的搭接长度应符合规定；受压钢筋绑扎接头的搭接长度，应取受拉钢筋绑扎接头搭接长度的 0.7 倍。

(2) 当施工图中采用的钢筋材质或规格与库存材料不一致时，可参考以下原则进行钢筋代换。

①等强度代换，结构构件系强度控制时，钢筋按强度相等原则进行代换，等强度代换后的钢筋强度应不小于原有钢筋强度。

②等面积代换，结构构件系最小配筋率控制时，钢筋则按面积相等原则进行代换。

③结构构件系受裂缝宽度或抗裂性要求时，钢筋代换时需进行裂缝和抗裂性验算。应当注意，钢筋代换只能在上下一个幅度内代换；代换后，若有多出的钢筋仍应放在结构内；代换后的钢筋直径、根数还应满足构造要求。

4. 钢筋的切断

目前常用电动切割机切断钢筋，它适用于切割 40mm 以下的钢筋，对直径较细的钢筋一次可切断数根。对 10mm 以下的光圆钢筋，可采用剪筋刀剪断。

(二) 钢筋加工

1. 钢筋接长

钢筋配料中，当长度不能满足需要时，就需将钢筋接长。接长方法有闪光接触对焊、竖向钢筋电渣压力焊接、电弧焊 (搭接焊、绑条焊)、螺套及套筒挤压连接和绑扎 5 种。一般均应使用焊接接头；当结构钢筋特别长，无法运输，可将钢筋用螺套及套筒挤压连接；当焊接有困难时，才可用绑扎接头。

(1) 闪光接触对焊：用闪光接触对焊接长的钢筋，其优点是钢筋传力性能好、节省钢筋，能适应直径大于 10mm 的各种钢筋，避免钢筋净间距变小，便于混凝土浇筑，故钢筋接长首选方案为对焊。其原理是在进行对焊过程中，钢筋的两端面轻微接触，使变压器的次级产生短路，同时获得强大的电流，使接触点钢筋熔化，在钢筋两端进行加压，断开电源，钢筋便对焊成功。

钢筋对焊完毕，除外观检查外，还应按规定切取部分接头进行机械试验，对预应力混凝土使用的钢筋 (对焊接头)，必须进行试拉，以防止对焊接头不牢固。

对焊以后的钢筋其外观接头具有适当的镦粗和均匀的金属毛刺；表面没有裂纹和明显的烧伤；接头无弯折、轴线无偏移。

抗拉试验时，断裂部位不能出现在接头处，最小极限强度不能小于该种钢筋抗拉极限强度；取一定直径的芯棒做90°冷弯试验时，不得出现裂纹，亦不得沿焊接部位破坏。

（2）竖向钢筋电渣压力焊接：当桥墩墩身的预埋钢筋较长而无法固定时，先预埋短钢筋，再用竖向钢筋电渣压力焊接机进行现场竖向对焊接长。其操作过程如下。

安装上下夹具并夹牢钢筋使其接触，以400V的初始电压通电20s进行预热，当接头处与焊剂开始发红时，继续加大电压至600V并用手柄逐渐加压30s，接头焊接完毕，冷却后拆除焊接机并观察焊接点是否有镦粗。

用此法焊接的优点是避免了竖向钢筋过长需要固定，可随焊随接长，墩身混凝土浇一段，钢筋可向上接一段，亦可同时采用几个焊接机一起焊接钢筋，既加快了焊接速度，又降低了劳动强度；缺点是较难采取试件，对施工人员要有一定的技术要求。

（3）电弧焊：电弧焊焊接过程是一根导线接在被焊钢筋上，另一根导线接在夹有焊条的焊钳上。合上开关，将焊条轻触钢筋，产生电弧，此时立即将焊条提起2～3mm进行焊接。由于电弧温度最高可达4000℃，能熔化焊条和钢筋，移动焊条并汇合成一条焊缝，至此焊接过程结束。

在绑条焊和搭接焊中，预制钢筋骨架多采用双面焊缝，其焊缝长度不得小于5mm；而在模板内焊接的钢筋，多采用单面焊缝，其焊缝长度不得小于10mm。钢筋焊接时，焊条应根据设计规定采用。

（4）螺套及套筒挤压连接：当构件特别长如连续梁内的纵向构造钢筋，很难做到先焊接、后放入模板内。可先将钢筋两端用钢筋套丝机床绞一段锥形螺纹，再用特制的螺套连接器将钢筋连接起来（如同自来水管接长）；也可不绞螺纹，在两根待接钢筋的端头处先后插入一个优质钢套筒，用压接器在侧向将钢筋接头处的钢套筒压紧，当套筒塑性变形后，即与变形钢筋紧密咬合，达到连接效果。螺套及套筒挤压连接用于20～40mm的Ⅱ级螺纹钢筋，优点是使用方便，缩短工期，适用范围大；缺点是需要大量钢材，成本较高。

（5）钢丝绑扎搭接：当无条件焊接时，可用18～22号钢丝绑扎搭接。绑扎前，先将钢丝在火中烧红后放入冷水中，可提高绑扎钢丝的硬度。对轴心受拉构件的接头，均应采用焊接，不得采用绑扎接头。

2.钢筋弯制成形

用于构件中的钢筋，应符合设计形状和尺寸。弯制钢筋时，应采用冷弯，不得加热。弯曲时，应缓慢进行，避免弯曲处发生裂缝。弯制钢筋可采用人工弯制或机械弯制。

人工弯制钢筋，采用弯筋器在成型台上弯制。人工弯筋器由扳子和底盘组成。底盘固定于成型台两端，其上安有粗圆钢制成的板柱，应较弯曲的最大直径大2mm。当弯制较细钢筋时，应套以适当厚度的钢套，以防弯制时钢筋滑动。人工弯制钢筋效率较低。

3. 钢筋骨架的焊接

为减少在现场的钢筋安装工作，构件内的钢筋宜预先在工厂或工地制成平面或立体骨架，当跨径较大时，可采用分段制成骨架。钢筋骨架的焊接一般采用电弧焊，先焊成单片平面骨架，然后将平面骨架组焊成立体骨架。制作骨架时应焊接牢固，使骨架有足够的刚度，以便吊装和运输。

第四节　现代公路建设新技术应用趋势

一、勘测手段

（一）车载激光移动测量

车载激光移动测量技术是一种集激光扫描、全球导航卫星系统（GNSS）、惯性导航系统（INS）、摄影测量、计算机等技术于一体的新型道路测绘数据采集技术，可在车辆行进过程中快速、精细、准确地获取道路两侧三维激光点云数据。

高速公路改扩建项目需要准确地拟合出既有高速公路平纵线形，精确计算相关路面工程量，要求既有高速公路路面测点数据的平面精度优于 ±5 cm、高程精度优于 ±2 cm。

车载激光移动测量采集的三维激光点云数据，密度可达厘米级，结合高精度POS 定位定姿数据和靶标校正数据，经平差优化处理后其平面精度可优于 ±5 cm，高程精度可优于 ±2 cm，不仅可生成路面高精度数字高程模型，还可精确提取路面车道线等特征点位，被广泛应用于高速公路改扩建工程路线平纵横设计。

车载激光移动测量优势主要有以下几点。

（1）车载激光点云数据可提供详尽的高速路面点云数据，点云间距1～2 cm，相当于将路面信息进行完整数字化。而传统工程测量方法得到的高速路面数据为离散的点，点之间间距大，无法满足高速公路改扩建精细化设计的需求。

（2）车载激光点云成果平面精度优于 ±5cm，高程精度优于 ±2 cm，外业效率及内业数据处理自动化程度较高，产品制作周期得到有效缩短。而传统工程测量只能采用 GNSSRTK 和四等水准相结合的方法，逐个断面进行散点测量，效率低下。

（3）车载激光移动测量方法只需测量人员沿着应急车道外侧边缘，按照固定距离间隔布设靶标点，之后驾驶载有激光雷达设备的车辆沿着应急车道行驶即可获得路面激光点云数据，无须封闭行车道，不会对高速公路的正常通行造成影响。而传统工程测量方法需对高速公路行车道进行封闭，不可避免地会影响高速公路正常通行。

（4）车载激光移动测量方法仅在应急车道外侧边缘进行短暂的作业，外业安全得到一定保障。而传统工程测量方法在开展高速公路路面测量时，需测量人员持仪器设备至高速公路路面逐一进行散点测量，作业过程中测量人员需要到高速公路路面上进行短暂停留，存在极大的现场作业安全隐患。

（5）利用车载激光移动测量技术，可为数字公路建设、三维建模、BIM 公路设计等提供丰富的数据产品，如既有高速公路数字模型和车载影像等。

（二）机载激光雷达测量

机载激光雷达测量技术是集激光扫描、全球导航卫星系统（GNSS）、惯性导航系统（INS）、摄影测量、计算机等多种技术于一体的空间测量技术，一次飞行即可快速精确地获取地表三维信息及影像数据，同时由于具有多回波特性，还可获取树下地形，快速制作大比例尺数字线划图（DLG）、数字正射影像（DOM）及数字高程模型（DEM），特别适用于条带状区域大比例尺数字测图。

机载激光雷达测量优势主要有以下几点。

（1）机载激光雷达测量搭载了激光雷达设备，采用主动性工作方式，主动发射激光脉冲，并接收目标反射回来的信息，能获取树下地形，直接获取真实地面的高精度三维空间坐标信息数据。

（2）生产周期短，自动化程度高，受地形条件影响小，能够快速、准确地获取大面积的目标空间信息，实现空间数据及时采集，快速制作大比例尺数字线划图（DLG）、数字正射影像（DOM）及数字高程模型（DEM）。

（三）倾斜摄影测量

传统影像数据主要源于垂直角度或倾角很小的航空或卫星影像，这些影像大多只有地物顶部信息特征，缺乏地物侧面的详细轮廓及纹理信息，不利于全方位模型重建和场景感知，且这些影像上建筑物容易产生墙面倾斜、屋顶位移和遮挡压盖等问题，不利于后续的几何调整和辐射处理。倾斜摄影测量技术是指通过在同一飞行平台上搭载多台传感器，同时从垂直、倾斜等不同角度采集影像，获取地面物体更为完整准确的信息，可自动建模，生成逼真、直观的现状三维模型。

倾斜摄影测量主要有以下特点。

（1）由于搭载了多台传感器同时从不同角度采集影像，获取的地表信息更为完整。

（2）自动建模，生成逼真、直观的现状三维模型。后期可将高速公路设计模型与倾斜摄影模型进行叠加，可基于真实地形地貌进行三维方案的比选，从全方位角度考虑方案的优缺点，在满足各方面需求的情况下控制工程规模。

二、探地雷达在公路检测中的推广应用

对于公路改扩建工程，由于公路通行年限较长，路基路面结构层内部可能存在一定的隐患，而路基路面结构内部质量对改扩建工程的实施方案影响较大，因此需对既有路基路面内部结构完整性进行检测评价。但目前常规的结构内部质量状况检测方法（钻芯、坑探）存在检测不够全面、对路面破坏严重、效率低等问题，具有一定的局限性。

探地雷达是近年在国内开始逐渐推广并应用于公路检测的一项新技术。这种检测方法具有快速、全面、客观、无损的特点，并且检测过程中不影响正常交通。它不仅可以进行路面各层厚度检测，还可以分析各结构层松散情况、沥青交界面的剥落情况、基层（路基）的压实松散情况、桥面铺装剥离状况等。因此可用其对既有路基路面的结构完整性进行检测和评价，以指导路面改造方案设计和实施。

三、路基智能压实技术

压实是道路工程施工中重要的工序之一，直接影响道路的质量和耐久性。压实质量包括压实度、均匀性和稳定性三个方面的内容。传统压实质量检测主要依靠现场抽样试验进行，属于点控制和事后控制，难以实现过程控制和全面控制，存在欠压、漏压和过压现象；采用抽检方式获得的压实度指标不能全面反映压实质量。因此，采用实时的、能够对整个碾压面压实质量进行全面监控和检测的智能压实控制技术，是提高路基质量的一条新途径。

路基智能压实技术采用后装式智能压实控制系统，对碾压质量实行施工过程控制。智能压实控制系统由车载感应器与智能压实控制系统软件组成，其原理是将振动压路机作为一个动态加载设备，在碾压过程中振动轮同时受到来自压路机本身的激振力和路基的反力，其力学参数变化与路基填料的压实度有密切关系，二者的共

同作用引起振动轮的竖向振动响应，基于这种竖向振动响应的采集信号，通过智能压实控制系统软件实时处理，建立相应的评定与控制体系，实现碾压过程中的压实质量实时监测和反馈控制。

路基压实过程中通过安装在压路机上的车载感应器进行采集和分析，将压实轨迹、遍数、温度、速度等数据合成画面信息，供操作手和管理人员参考。

路基智能压实技术最早应用于铁路路基分层填筑压实，近年来已推广应用到高速公路路基施工中，实践证明其能够为业主、监理和施工单位各方提供全过程的压实信息，是加强高速公路路基质量的一种新的解决途径，对确保高速公路路基施工质量、实现施工质量实时监测和反馈具有重要的理论和现实意义。

第二章 公路工程施工技术

第一节 路基施工技术

一、填筑路基土石方工程施工

（一）填方路基施工

1. 路基填料的选择

（1）路基填料的一般要求

含草皮、生活垃圾、树根、腐殖质的土严禁作为填料。

泥炭、淤泥、冻土、强膨胀土、有机质土及易溶盐超过允许含量的土，不得直接用于填筑路基。确需使用时，必须采取技术措施进行处理，经检验满足设计要求后方可使用。

液限大于50%、塑性指数大于26、含水率不适宜直接压实的细粒土，不得直接作为路堤填料。需要使用时，必须采取技术措施进行处理，经检验满足设计要求后方可使用。

粉质土不宜直接填筑于路床，不得直接填筑于冰冻地区的路床及浸水部分的路堤。

（2）路基填料的工程性质

①石质土

石质土由粒径大于2mm的碎（砾）石，其含量由25%～50%及大于50%两部分组成。如碎（砾）石土，其空隙度大、透水性强、压缩性差、内摩擦角大、强度高，属于较好的路基填料。

②沙土

沙土没有塑性，但透水性好，毛细水上升高度很小，具有较大的摩擦系数。沙土路基强度高，水稳定性好。但沙土黏性小，易于松散，受水流冲刷和风蚀易损坏，在使用时可掺入黏性大的土改善其质量。

③沙性土

沙性土是良好的路基填料，既有足够的内摩擦力，又有一定的粘附力。一般遇水干得快、不膨胀，易被压实，易构成平整坚实的表面。

④粉质土

粉质土不宜直接填筑于路床，必须掺入较好的土体后才能用作路基填料，且在高等级公路中，只能用于路堤下层（距路槽底 0.8m 以下）。

⑤轻、重黏土

轻、重黏土不是理想的路基填料，规范规定，液限大于 50%、苏醒指数大于 26%、含水量不适宜直接压实的细粒土，不得直接作为路基填料，需要使用时，必须采取技术措施进行处理，经检查满足设计要求后方可使用。

⑥黄土、盐渍土、膨胀土

黄土、盐渍土、膨胀土等特殊土体不得已必须用作路基填料时，应严格按其特殊的施工要求进行施工。泥炭、淤泥、冻土、有机质土、强膨胀土、含草皮土、生活垃圾、树根和含有腐殖物质的土不得用作路基填料。

⑦煤渣、高炉矿渣、钢渣、电石渣

满足要求（最小强度 CBR、最大粒径、有害物质含量等）或经过处理之后满足要求的煤渣、高炉矿渣、钢渣、电石渣等工业废渣可以用作路基填料，但在使用过程中应注意避免造成环境污染。

2. 路堤填筑

（1）土方路堤填筑

①填筑要求

性质不同的填料不能混合在一起，而是根据填料的性质水平分层、分段填筑，最后分层压实。需要注意的是，每种填料的填筑层在完全压实之后的厚度最低为 500mm，最后一层的厚度最低为 100mm。

路基的最上层应该填筑对潮湿或者冻害敏感度低的材料。越是强度小的材料，越应该填筑在底层。如果路基施工的地带存在地下水或者临水，那么填料应该选择透水性好的材料。

在透水性不好的压实层上填筑透水性较好的填料前，应在其表面设 2% ~ 4% 的双向横坡，并采取相应的防水措施。不得在由透水性较好的填料填筑的路堤边坡上覆盖透水性不好的填料。每种填料的松铺厚度应通过试验确定，每一填筑层压实后的宽度不得小于设计宽度。

路堤填筑时，应从最低处起分层填筑、逐层压实；当原地面纵坡大于 12% 或横坡陡于 1∶5 时，应按设计要求挖台阶，或设置坡度向内并大于 4%、宽度大于 2m

的台阶。

填方分几个作业段施工时，接头部位如不能交替填筑，则先填路段，应按1∶1的坡度分层留台阶；如能交替填筑，则应分层相互交替搭接，搭接长度不小于2m。

②一般填筑方法

a.水平分层填筑

填筑时按照横断面全宽分成水平层次，逐层向上填筑。如原地面不平，应由最低处分层填起。每填一层，经压实合格后再填上一层。此法施工操作方便、安全，压实质量易保证。

b.纵坡分层填筑

适用于推土机或铲运机从路堑取土填筑运距较短的路堤。依纵坡方向分层、逐层推土填筑。原地面纵坡小于20°的地段可用此法施工。

c.横向填筑

从路基一端按各横断面的全部高度，逐步推进填筑，适用于无法自下而上分层填土的陡坡、断岩或泥沼地区。此法不易压实，且还有沉陷不均匀的缺点。为此，应采用必要的技术措施：如选用高效能的压实机械（振动压路机）碾压，采用沉陷量较小的沙性土或废石方作填料等。

d.混合填筑

当高等级公路路线穿过深谷陡坡，尤其是要求上部的压实度标准较高时，下层施工应采用横向填筑，上层施工应采用水平分层填筑，此种方法称为混合填筑法。

③机械填筑路堤作业方式

a.推土机填筑路堤作业方式

推土机作业包含四个环节：切土、推土、堆斜和空反，对推土机的工作效率影响最大的环节为切土与推土。切土环节的速度以及推土过程中对能量的利用程度是决定推土机推土效率的主要因素。推土机的作业方式很多，常见的有坑槽推土、波浪式推土、并列推土、下坡推土和接力推土。

b.挖掘机填筑路堤作业方式

填筑路堤这项工作也可以由挖掘机来完成。

挖掘机有两种工作方式：第一，挖掘机直接从路基的一层挖土，然后将这些土卸向另一侧，用来进行路堤填筑。一般情况下，采用这种方式施工时，人们会使用反铲挖掘机。第二，使用运土车辆配合挖掘机进行工作。挖掘机将挖出的土壤装至运土车内，由运土车将土壤运送到需填筑路堤的路段。这是目前使用较为广泛的作业方式，尤其是取土场地比较集中、运送距离相对较长的工作环境，且正铲挖掘机与反铲挖掘机都能够适应这种工作方式。

（2）填石路堤的填筑

①基底处理

填方地段的基地需要进行严格处理。如果地面的坡度大于1∶2.5，那么应挖台阶，如果基底下有淤泥、地下水等，需要进行特殊处理，在施工之前需要报请监理工程师，得到批准签字之后，才能进行施工。

填石路堤的填料相对来说较为坚硬，进行压实工作比较困难，填石材料又具有较高的透水性，水非常容易漫过路面、边坡等位置进入基底，导致路基潮湿，严重时可能使路面产生不均匀沉降等问题。

为了防止这一问题的发生，在施工过程中，除了满足土质路堤表面处理的规定之外，还应该满足不同路堤填高对地基承载力的要求。

如果路堤高度在10m以内，那么地基的承载力必须大于150kPa；如果路堤高度在10～20m，那么地基的承载力必须大于200kPa；如果路堤高度大于20m，此时路基需要在岩石地基面上进行填筑。

②填筑要求

填石路堤填筑应根据试验路段得出的施工技术参数，按照运输车辆运量测算的尺寸，用白灰画柜卸填料（方格不小于4m×4m），严格进行拉线施工，控制每层的松铺厚度。

在进行填石路堤施工时，每填筑一层，都需要对其宽度进行放样处理，将设计边线清晰地标记出来，以便后期能随时检查，避免填筑的宽度不符合要求。需要注意的是，在用白灰绘制设计边线时，路基碾压应从超填宽度的边缘起，由外向内推进。

用大型推土机按其松铺厚度摊平，个别不平处人工找平。在整修过程中，发现有超粒径的石块应予以剔除，做到粗颗粒分布均匀，避免出现粗颗粒集中现象。

填石路堤应进行边坡码砌，边坡码砌石料强度要求不低于30MPa，码砌石块最小尺寸不小于30cm，石块须规则。

填高小于5m的填石路堤，边坡码砌厚度不小于1m；填高5～12m的填石路堤，边坡码砌厚度不小于1.5m；填高大于12m的填石路堤，边坡码砌厚度不小于2m。

应分层填筑、分层压实。最后一层碎石粒径应小于15cm，其中小于0.05mm的细粒含量不应小于30%，当上层为细粒土时，应设置土工布作为隔离层。

填石路堤的填料如其岩性相差较大，特别是岩石强度相差较大时，应将不同岩性的填料分层或分段填筑。

③填筑方法

a. 竖向填筑法

竖向填筑法主要用于铺设二级及二级以下的低级路面公路，在陡峻山坡施工特别困难或大量爆破以挖作填路段，以及无法自下而上分层填筑的陡坡、断岩、泥沼地区和水中作业的填石路堤。该方法施工路基压实、稳定问题较多。

b. 分层压实法

分层压实法是目前采用最为普遍且作业质量较高的方法之一。分层压实法从下到上分为若干个层次，依次填筑、压实。一级公路、高速公路以及某些高级路面的填石路施工都采用分层压实法施工。

填石路堤将填方路段分为四级施工台阶、四个作业区段、八道工艺流程进行分层施工。

四级施工台阶：在路基面以下 0.5m 为第 1 级台阶，0.5～1.5m 为第 2 级台阶，1.5～3.0m 为第 3 级台阶，3.0m 以下为第 4 级台阶。

四个作业区段：填石区段、平整区段、碾压区段、检验区段。施工中，填方和挖方作业面形成台阶状，台阶间距视具体情况和适应机械化作业而定，一般长为100m 左右。填石作业自最低处开始，逐层水平填筑，每一分层先是机械摊铺主集料，平整作业铺撒嵌缝料，将填石空隙以小石或石屑填满铺平，采用重型振动压路机碾压，压至填筑层顶面石块稳定。

c. 冲击压实法

冲击压实法的冲击碾周期性大，振幅低频率地对路基填料进行冲击，压密填方；强力夯实法用起重机吊起夯锤从高处自由落下，利用强大的惯性冲击，迫使岩土颗粒位移，提高填筑层的密实度和地基强度。

(3) 土石路堤施工

①填筑要求

利用卵石土、块石土、红砂岩等天然土石混合材料填筑的路堤称为土石混填路堤。在土石混合填料中不得采用倾填法施工，应进行分层填筑、分层压实，分层松铺厚度宜为 0.3m（应根据压实机械类型和规格经试验后确定），石料最大粒径不得超过压实厚度的 2/3。

当土石混合填料中石料含量小于 70% 时，应将土、石混合分层铺填、整平压实，避免尺寸较大的石块集中。当石料含量大于 70% 时，应执行填石路基技术规范和设计要求。

在路床顶面以下 0.8m 的范围内，应填已有适当级配的土石混合料，最大粒径不超过 100mm。

天然土石混合填料中，中硬、硬质石料的最大粒径不得大于压实层厚的 2/3；石料为强风化石料或软质石料时，其 CBR 值应符合相关技术规范，石料最大粒径不得大于压实层厚。

压实后透水性差异大的土石混合材料应分层或分段填筑，不宜纵向分幅填筑；如确需纵向分幅填筑，应将压实后渗水良好的土石混合材料填筑于路堤两侧。

填料由土石混合材料变为其他填料时，土石混合材料最后一层的压实厚度应小于 300mm，该层填料最大粒径宜小于 150mm，压实后，该层表面应无孔洞。

中硬、硬质石料的土石路堤，边坡的石料强度、尺寸及码砌厚度应符合实际要求。边坡码砌与路基填筑宜基本同步进行。软质石料土石路堤的边坡按土质路堤边坡处理。

土石混填压实必须使用 18t 以上的羊足碾和重型振动压路机、大功率推土机及平地机分层组合压实。

②施工方法

土石路堤不允许采用倾填方法，均应分层填筑、分层压实，每层铺填厚度应根据压实机械类型和规格来确定，一般不宜超过 40cm。施工方法主要包括以下几点。

按填料渗水性能来确定填筑方法。即压实后渗水性较大的土石混合填料应分层、分段填筑，如需纵向分幅填筑，则应将压实后渗水性较好的土石混合填料填筑于路堤两侧。

按土石混合料不同来确定填筑方法。即当所有土石混合料岩性或土石混合比相差较大时，应分层分段填筑。如不能分层或分段填筑时，应将硬质石块混合料铺筑于填筑层下面，且石块不得过分集中或重叠，上面铺含软质石料混合料，然后整平碾压。

按填料中石料含量来确定填筑方法。即当石料含量超过 70% 时，应先铺填大块石料，且大面向下，放置平稳，然后铺填小块石料、石渣或石屑嵌缝找平，最后碾压。当石料含量小于 70% 时，土石可以混合铺筑，且硬质石料（特别是尺寸大的硬质石料）不得集中。

3. 桥涵及其他构造物处的填筑

(1) 填筑要求

台背及与路堤间的回填施工应符合以下规定。

二级及二级以上公路应按设计做好过渡段，过渡段路堤压实度应不小于 96%，并应按设计做好纵向和横向防排水系统；二级以下公路的路堤与回填的连接部，应按设计要求预留台阶；台背回填部分的路床宜与路堤路床同步填筑；桥台背和锥坡的回填施工宜同步进行，一次填足并保证压实整修后能达到设计宽度要求。

涵洞回填施工应符合以下规定。

洞身两侧，应对称分层回填压实，填料粒径宜小于150mm；两侧及顶面填土时，应采取措施防止压实过程对涵洞产生安全隐患。

（2）施工方法

①填料

由于路基压缩沉陷和地基沉降，桥涵端头会产生跳车现象。为了保证台背处路基的稳定，填料除设计文件另行规定外，应尽可能采用沙类土或透水性材料。选用非透水性材料时，应在土中增加外加剂，如石灰、水泥等。应特别注意的是，不要将构造物基层挖出的土混入填料中。

②填土范围

台背后填筑不透水材料，应满足一定长度、宽度和高度的要求。

一般情况下，台背填土顺路线方向的长度，顶部距翼墙尾端不小于台高2m，底部距基础内缘不小于2m，拱桥台背填土长度不小于台高的3～4倍，涵洞每侧不小于孔径长度的2倍；填筑高度应从路堤顶面起向下计算，在冰冻地区一般不小于2.5m，无冰冻地区填至高水位处。

③填筑

桥台背后填土宜与锥形护坡同时进行；涵洞缺口填土应在两侧对称均匀分层回填压实；回填土时对桥涵圬工的强度等要求应按照有关规定进行处理；分层松铺厚度宜小于20cm；当采用小型夯实设备时，松铺厚度不宜大于15cm；涵洞顶部的填土厚度为50～100cm时，不得允许重型机械设备通过。

挡墙背面填料宜选用砾石或沙类土；墙趾部分的基坑应及时回填压实，并做成向外倾斜的横坡；在填土过程中，应防止水的侵害；回填完成后，顶部应及时封闭。

（二）挖方路基施工

1. 土质路堑施工

（1）土质路堑施工注意事项

①路堑排水

路堑区域施工时，应保证在施工过程中和竣工后能顺利排水。因此，应先在适当的位置开挖截水沟、设置排水沟，以排除地面水和地下水。

路堑设有纵坡时，下坡的坡段可直接挖到底，上坡的坡段必须先挖成向外的斜坡，最后挖去剩下的土方；路堑为平坡时，两端都要先挖成向外的斜坡，最后挖去余下的土方。

②废方处理

路堑挖出的土方，除利用外，多余的土方应进行废弃，并不得妨碍路基的排水和路堑边坡的稳定。同时，弃土应尽可能用于改地造田、美化环境。

③设置支挡工程

为了保证土方路堑边坡的稳定，应及时设置必要的支挡工程。开挖时，应自上而下、逐层进行，以防边坡塌方，尤其在地质不良地段，应分段开挖、分段支护。

(2) 路堑开挖的方法

路堑开挖是将路基范围内设计标高之上的天然土体挖除并运到填方地段或其他指定地点的施工活动。深长路堑工程量往往巨大，开挖作业面狭窄，常常是路基施工的控制性工程。因此，应综合考虑工程量大小、路堑深度和长度、开挖作业面大小、地形与地质情况、土石方调配方案、机械设备等因素，确定切实可行的开挖方法。根据路堑深度和纵向长度，开挖时可按下列几种方法进行。

①横向挖掘法

a. 单层横挖法

单层横挖法是从路堑的一端或两端按路堑横断面全高和全宽，逐渐地向前开挖，挖出的土石，一般是向两头运送。这种开挖方法，因工作面小，仅适用于短而浅的路堑，可一次性挖到设计标高。

b. 多层横挖法

如果路堑较深，可以在不同高度上分成几个台阶同时开挖，每一开挖层都有单独的运土出路和临时排水措施，做到纵向拉开、多层、多线、多头出土，这种开挖方法称为多层横挖法。这样能够增加作业面、容纳更多的施工机械，形成多向出土以加快工程进度。

②纵向挖掘法

a. 分层纵挖法

沿路堑全宽，以深度不大的纵向分层挖掘前进的作业方式称为分层纵挖法。本法适用于较长的路堑开挖。

施工中，路堑长度较短（小于100m），开挖深度不大于3.0m，地面较陡时，宜采用日推土机作业，其适当运距为20~70m，最远不宜大于100m。当地面横坡较平缓时，表面宜横向铲土，下层宜纵向推运。当路堑横向宽度较大时，宜采用两台或多台推土机横向联合作业。当路堑前方为陡峻山坡时，宜采用斜铲推土。

b. 通道纵挖法

沿路堑纵向挖掘一通道，然后将通道向两侧拓宽，上层通道拓宽至路堑边坡后，再开挖下层通道，按此方向直至开挖到挖方路基顶面标高，称为通道纵挖法。这是一种快速施工的有效方法，通道可作为机械行驶和运输土方车辆的道路，便于挖掘和外运的流水作业。

c.分段纵挖法

沿路堑纵向选择一个或几个适宜处，将较薄一侧路堑横向挖穿，将路堑在纵方向上，按桩号分成两段或数段，各段再纵向开挖，称为分段纵挖法。本法适用于路堑较长、弃土运距较远的傍山路堑或一侧的堑壁不厚的路堑开挖。

③混合式开挖法

混合式开挖法即将横挖法与通道纵挖法混合使用，这种方法适用于路堑纵向长度和深度都很大时。先将路堑纵向挖通，然后沿横向坡面进行挖掘，以增加开挖坡面。为了加快工程进度，施工中，每一个坡面分别设置一个机械施工班组进行作业。

2.石质路堑施工

(1)开挖要求

确定开挖程序之后，根据岩石的条件、开挖尺寸、工程量以及施工技术要求，选择合适的开挖方法。石质路堑开挖的基本要求如下。必须保证施工安全与开挖质量；保证开挖强度，并且能够在既定工期内完工；施工方法要有利于维护岩体的完整和边坡的稳定性；减少辅助工程的数量。

(2)开挖方法

①爆破法

a.光面爆破

在开挖限界的周边，适当排列一定间隔的炮孔，在有侧向临空面的情况下，用控制抵抗线和药量的方法进行爆破，使之形成一个光滑平整的边坡。

b.预裂爆破

在开挖限界处按适当间隔排列炮孔，预先炸出一条裂缝，使拟爆体与山体分开，作为隔震减震带，起保护和减弱开挖限界以外山体或建筑物的地震破坏作用。

c.微差爆破

两相邻药包或前后排药包以毫秒的时间间隔（一般为 15～75ms）依次起爆，称为微差爆破，亦称毫秒爆破。多发一次爆破最好采用毫秒雷管。多排孔微差爆破是浅孔和深孔爆破发展的方向。

d.洞室爆破

为使爆破设计断面内的岩体大量抛掷（抛坍），减少爆破后的清方工作量，保证路基的稳定性，可根据地形和路基断面形式，采用抛掷爆破、定向爆破、松动爆破的方法。

②松土法

利用岩体的各种裂缝和结构面可以采用松土法开挖。该方法是先用推土机牵引松土器将岩体翻松，再用推土机、装载机与自卸汽车配合，将翻松的岩块搬运到指定地点。

松土法开挖避免了爆破作业的危险性，有利于挖方边坡的稳定和附近建筑设施的安全。凡能用松土法开挖的石方路堑，应尽量不采用爆破法施工。随着大功率工程机械的产生和使用，松土法越来越多地应用于石质路堑的开挖，而且开挖的效果越来越好，适用的施工范围也越来越广。

采用松土法开挖时，岩体需具有较大的岩体破裂面或风化程度较严重。当岩体已裂成小石块或呈粒状时，松土只能劈成沟槽，效率较低。沉积岩有沉积层面，比较容易松开，沉积层越薄则越容易松开。变质岩松开的难易程度和破裂面发育程度有关。对于岩浆岩，由于其不呈层状或带状，松开比较困难，较少采用松土法开挖。

③破碎法

破碎法开挖是利用破碎机凿碎岩块，然后进行挖运等作业。这种方法是将凿子安装在推土机或挖土机上，利用活塞的冲击作用使凿子产生冲击力以凿碎岩石，其破碎岩石的能力取决于活塞的大小。

破碎法主要用于岩体裂缝较多、岩块体积小、抗压强度低于 100MPa 的岩石。由于开挖效率不高，只能用于前述两种方法不能使用的局部场合，作为爆破法和松土法的辅助作业方式。

石质路堑开挖前和施工过程中，应随时检查坡顶、坡面的危石、裂缝和其他不稳定情况，并及时处理。

（三）路基压实

1.路基压实的意义与作用机理

（1）路基压实的意义

路基施工破坏了土体的天然状态，致使其结构松散、颗粒重新组合。试验研究表明，土基压实后，土体的密实度提高，透水性降低，毛细水上升高度减小，避免了因水分积聚和侵蚀而导致的土基软化，或因冻胀而引起的不均匀变形，提高了路基的强度和水的稳定性。

因此，路基的压实工作，既是路基施工过程中的一个重要工序，也是提高路基强度与稳定性的根本技术措施之一。

（2）路基压实机理

路基土是由土粒、水分和空气组成的三相体系。三者具有各自的特性，并相互制约共存于一个统一体中，从而构成土的各种物理特性——渗透性、黏滞性、弹性、塑性和力学强度等。若三者的组成情况发生改变，则土的物理性质也随之改变因此，要改变土的特性，就得从改变其组成着手。

压实路基就是利用机械的方法，改变土的结构，以达到提高土的强度和稳定性的目的。路基土受压时，土中的空气大部分被排出土外，土粒则不断靠拢，重新排列成密实的新结构。土粒在外力作用下不断靠拢，使土的内摩阻力和黏结力也不断增加，从而提高土的强度。同时，由于土粒不断靠拢，水分进入土体的通道减少，阻力增加，降低了土的渗透性。

2. 土质路基的压实

（1）影响土质路基压实的因素

①含水量对压实的影响

土中含水量对压实效果的影响比较显著。当含水量较小时，由于粒间引力使土保持着比较疏松的状态或凝聚结构，土中空隙大都互相连通，水少而气多，在一定的外部压实功能作用下，虽然土空隙中气体易被排出，密度可以增大，但由于水膜润滑作用不明显以及外部功能不足以克服粒间引力，土粒相对移动不容易，因此压实效果比较差。当含水量逐渐增大时，水膜变厚，引力缩小，水膜起润滑作用，外部压实功能比较容易使土体相对移动，且压实效果渐佳。土中含水量过大时，空隙中出现了自由水，压实功能不可能使水排出，压实功能一部分被自由水所抵消，减小了有效压力，压实效果反而降低。然而，含水量较小时，土粒间引力较大，虽然干密度较小，但其强度可能比最佳含水量时还要高。可此时因密实度较低，空隙多，一经饱合，其强度会急剧下降。这又得出结论：在最佳含水量情况下，压实的水土稳定性最好，最佳含水量和最大干密度是两个十分重要的指标，对路基设计和施工很有用处。

②土质对压实效果的影响

不同的土质具有不同的最佳含水率及最大干密度，其压实效果也不同。土粒越细，比面积越大，土粒表面的水膜越多。加之黏土中含有亲水性较高的胶体物质，因此，分散性（液限、黏性）较高的土，其最佳含水率较高而最大干密度较低。对于沙土，由于其颗粒粗呈松散状，水分易于散失，故最佳含水率对其没有更多的实际意义。

③压实功能对压实效果的影响

压实功能是指压实机具重力、碾压次数、作用时间等，压实功能是影响压实效果的又一重要因素。通常对同一种土，随着压实功能的增强，最佳含水率会随之减小，最大干密度会随之增加。因此，增强压实功能是提高土基密实度的另一种方法。由于压实功能增加到一定程度后，土的密度增长就不明显了，因此，这种方法有一定局限性。最经济的办法是严格控制工地现场含水率，使碾压在接近最佳含水率时进行，这样便容易达到规定的压实度。

(2) 压实工作的技术要领

以压实原理为依据，以尽可能小的工作量获得良好的压实效果为目的，压实工作必须做好周密计划并注意以下要点。

填土层在压实前应先整平，可自路中线向路堤两边作 2% ~ 4% 的横坡；压实机具应先轻后重，以适应逐渐增长的土基强度；碾压速度应先慢后快，以免松土被机械推走；压实机具的工作路线，应先两侧后中间，以便形成路拱，再从中间向两边顺次碾压；在弯道部分设有超高时，由低的一侧边缘向高的一侧边缘碾压，以便形成单向超高横坡，前后两次轮迹 (或夯击) 须重叠 15 ~ 20cm；压实时应特别注意均匀，否则可能引起不均匀沉陷；经常检查土的含水量，并视需要采取相应措施。

3. 填石路基的压实

填石路基在压实前，应用大型推土机摊铺平整，个别不平处，应用人工配合以细石屑找平。由于压实施工是将各石块之间的松散接触状态改变为紧密咬合状态，因此，应选择工作质量在 12t 以上的重型振动压路机、工作质量在 2.5t 以上的重锤或 25t 以上的轮胎式压路机压 (夯) 实。

填石路基在压实时，应先碾压两侧 (靠近路肩部分) 再碾压中间，压实路线对于轮碾应纵向互相平行，反复碾压。对夯锤应成弧形，当夯实密实程度达到要求后，再向后移动一夯锤位置。行与行之间应重叠 40 ~ 50cm，前后相邻区段应重叠 100 ~ 150cm。其余注意事项与土质路基相同。

4. 土石路基的压实

土石路基的压实方法与技术要求，应根据混合料中巨粒土含量多少来确定。当巨粒土的含量大于 70% 时，应按填石路基的方法和要求进行压实；当巨粒土的含量小于 50% 时，应按填土路基的方法和要求进行压实。

二、特殊路基施工技术

(一) 软土路基施工技术

1. 换填法施工

换填法即将地基软弱层全部或部分挖出，换填以强度较高、透水性好、性能稳定、无侵蚀性的材料，并压实，以提高地基承载力，减少沉降量。换填的材料有碎 (砾) 石、沙、灰土、素土或煤渣等。换填方法有开挖换填法、抛石挤淤法、爆破排淤法等。

（1）开挖换填法

将需要处理的软弱层挖出，采用适当换填材料回填并压实。此法适用于软弱土层埋藏较浅，挖换深度不超过3m的情况。

（2）抛石挤淤法

一般采用块径不小于30cm的片石，沿路中线向前抛填，再渐次向两侧扩展，或者从软弱层底面由高向低依次抛填，从而将基底的淤泥或泥炭等软弱土挤出。此法适用于排水困难的洼地，软弱土层较薄易于流动，表层无硬壳的情况。

（3）爆破排淤法

在软弱土层中实施爆破作业，利用爆破冲击力将软弱土层中淤泥或泥炭排走，再用良好的填料置换回填。此法换填深度大、功效高，但注意应避免爆破对周围环境造成不良影响。

2. 排水固结法施工

（1）排水固结法概述

排水固结法是在软土地基中设置竖向排水体，然后对软土地基预先施加一个外部荷载，使得软土土体中的孔隙水逐渐被排出加固区外而固结，从而使土的含水量降低，孔隙比减小，抗剪强度提高，以达到提高地基承载力和减少工后沉降的目的。

（2）施工方法

①沙井法

用锤击、振动、射水等方式成孔，在孔内灌沙形成沙井。沙井表面铺设0.5～1.0m厚的沙垫层或砂沟。排水固结速度与堆载量大小、加载速度、沙井直径、间距、深度等因素有关。

预压加载量大致与设计荷载接近，预压至80%的固结度。就路基而言，加载工作往往可以直接用填土取代。填土速度根据施工工期、地基强度增长情况分级填筑，以每昼夜地面沉降量不超过1.5cm、坡脚侧向位移不超过0.5cm来控制。

②排水板法

用纸板、纤维、塑料或绳子代替沙井的沙做成排水井。其原理和方法完全与沙井排水法相同。基本上以带沟槽的塑料芯板作为排水板，因此，又称塑料板法。

③盲沟排水法

在路堤填方前深挖纵向、横向沟，回填碎石，排出地下水，以达到路基稳固的目的。此外，排水固结法还包括降水预压和真空顶压等新技术。

3. 其他特殊地基处理方法

（1）砂桩挤密法

砂桩挤密法指用振动、冲击或水冲等方式在软弱地基成孔后，再将砂挤压入已成的孔中，形成大直径的沙所构成的密实桩体。

（2）碎石挤密桩法

碎石挤密桩加固软弱地基，主要是利用夯锤的垂直夯击填入孔中的碎石，夯击能量通过碎石向孔底及四周传递，将孔底及桩周围的土挤密，并有一些碎石挤入碎石桩四周的软土中。在形成碎石桩的同时，桩周也形成一个与碎石胶结的挤密带，提高原地基的承载力，碎石桩与桩间地基土形成复合地基，共同承担上部荷载。

（3）CFG 桩法

水泥粉煤灰碎石桩简称 CFG 桩，是在碎石桩基础上加进一些石屑、粉煤灰和少量水泥，加水拌和制成的一种具有一定黏结强度的桩，和桩间土、褥垫层一起形成复合地基。CFG 桩法也是近年来新开发的一种地基处理技术。

（4）树根桩法

树根桩是一种用压浆方法成桩的微型桩。树根桩是指桩径在 70～250mm，长径比大于 30，采用螺旋钻成孔、加强配筋和压力注浆工艺成桩的钢筋混凝土就地灌注桩。

（5）夯实扩底桩与混凝土薄壁管桩法

夯实护底灌注桩（简称夯实扩底桩），通过击入沉管全部现浇混凝土，利用重锤夯击桩端新灌混凝土，在最大限度扩大桩头的同时，对桩端地基强制夯实挤密。通过桩端截面的增大和对地基土的压实，显著提高桩头地基的承载能力，进而提高桩端竖向承载力。然后现浇混凝土桩身，形成桩侧摩阻力。

（二）湿陷性黄土地区路基施工

1.湿陷性黄土路基病害

在自重湿陷性黄土地区，由于降雨或灌溉在路侧形成积水的持续下渗，湿陷性黄土层发生湿陷，在地表面形成平面为椭圆形湿陷坑。一般的陷坑直径为 15～30cm，中心坑深为 30～60cm。最大的湿陷坑直径为 500～600cm，中心湿陷坑深度为 90～100cm。在湿陷坑范围内的路基、路面、桥涵、挡土墙随之发生沉陷、变形、开裂和破坏。

2.湿陷性黄土路基施工

（1）湿陷性黄土填筑路堤

路床填料不得使用老黄土。路堤填料不得含有粒径大于 100mm 的块料；在填筑横跨沟堑的路基土方时，应做好纵横向界面的处理；黄土路堤边坡应拍实，并应及时予以防护，防止路表水冲刷；浸水路堤不得用黄土填筑。

（2）湿陷性黄土路堑施工

路堑施工前，应做好堑顶地表排水导流工程；路堑施工期间，开挖作业面应保持干燥；路堑路床土质符合设计规定时，则应将其挖除，另行取土，分层摊铺、碾压至规定的压实度，挖除厚度根据道路等级对路床的要求而定，高速公路、一级公路宜挖除50cm，其他公路可挖除20cm；路堑施工中，如边坡地质产生变形，应采取措施进行边坡的防护加固。

（三）膨胀土地区路基施工

1. 膨胀土的工程特性

膨胀土在受潮后体积会扩大，也就是人们所说的膨胀；而在失水后体积会变小，产生收缩开裂的现象。膨胀土中的主要矿物成分以强亲水性矿物蒙脱石和伊利石为主。一般情况下，膨胀土多以硬塑或坚硬状态存在于自然界中，表面存在裂隙，并且裂隙会随着气候的变化扩大或者缩小。膨胀土在二级或者二级以上的阶地、山前丘陵和盆地边缘，地形坡度平缓，无明显自然陡坎的位置较多，主要特征有胀缩性、裂隙性和超固结性。膨胀土地区的路基更易发生剥落、冲蚀、泥流、溜坍、塌滑、滑坡、沉陷、纵裂、坍肩等病害。

2. 膨胀土路基施工

（1）路堤填筑

强膨胀土稳定性差，不应作为路堤填料；中等膨胀土宜经过加工后作为填料，用于二级及二级以上公路路堤填料时，变性处理后胀缩总率应不大于0.7%；弱膨胀土可根据当地气候、水文情况及道路等级加以应用。

对于直接使用中、弱膨胀土填筑路堤时，应及时对边坡及顶部进行防护，高度不足1m的路堤，应按设计要求采取换填或改性处理等措施。表层为过湿土，应按设计要求采取换填或进行固化处理等措施。填土高度小于路面和路床的总厚度，基底为膨胀土时，宜挖除地表0.30～0.60m的膨胀土，并将路床换填为非膨胀土或掺灰处理。若为强膨胀土，挖除深度应达到大气影响深度。

（2）路堑开挖

挖方边坡不要一次挖到设计线，沿边坡预留厚度30～50cm，待路堑挖完时，再削去边坡预留部分，并立即浆砌护坡封闭。膨胀土地区的路堑，高速公路、一级公路的路床应超挖30～50cm，并立即用粒料或非膨胀土分层回填或用改性土回填，按规定压实，其他各级公路可用膨胀土掺石灰处治。

（3）路基填筑

膨胀土路基填筑松铺厚度不得大于300mm；土块粒径应小于37.5mm。路基完成后，当年不能铺筑路面时，应按设计要求做封层，其厚度应不小于 200mm，横坡不小于 2%。

（四）盐渍土地区路基施工

1. 盐渍土路基的主要病害

易溶盐在土中的移动（垂直移动、水平移动、灌区的移动），造成盐渍土路基的一些主要病害，通常有溶蚀、盐胀、冻胀、翻浆等。

（1）溶蚀

主要是氯盐渍土，其次是硫酸盐渍土，受水对土中盐分溶解，可形成雨沟、洞穴，甚至湿陷、塌陷等路基病害。

（2）盐胀

路基边坡和路肩表层在昼夜温度变化所引起的盐胀反复作用下，变得疏松、多孔，易遭风蚀，并伴随沉陷。

（3）冻胀

氯盐渍土，当含盐量在一定范围内，由于冰点下降，水分积聚流动时间加长，可加重冻胀。当含盐量更多时，由于冰点降低很多，路基将不冻结或减少冻结，从而不产生冻胀或只产生轻冻胀。硫酸盐渍土具有和氯盐渍土类似的作用，但冰点降低不如氯盐多，因此影响不如氯盐显著。

（4）翻浆

氯盐渍土，当含盐量在一定范围时，不仅可以加剧冻胀，也可以加重翻浆。这是因为氯盐渍土不仅聚冰多，而且液塑限低、蒸发缓慢。

当含盐量更多时，也因不冻结或冻结而不翻浆或减轻翻浆；硫酸盐渍土在降低冰点方面，其作用和氯盐渍土类似。因此，可以加重翻浆，但不如氯盐渍土显著。

春融时，结晶硫酸盐脱水可引起加重翻浆的现象；铝盐渍土，由于透水性差，可减轻冻胀和翻浆。

2. 盐渍土路基施工

（1）路基基底的处理

盐渍土地区路堤基底，必须先行处理。

一般含盐量大的土层多分布于地表，所以必须严格清除表层植被、盐壳、腐殖土等；在具有湿陷性地段，必须挖除表层湿土后进行换填，换填厚度不应小于 30cm。换填砂砾石，分层碾压密实，然后分层填筑砂砾料，碾压达到规定压实度。

本工程对路基基底（包括护坡道内）范围内表层的盐霜、盐壳、高含量盐土、腐殖质土等和植被及其根系进行严格清除，清除表土深度不小于 30cm；清除后的基底做成双向 1.5% 左右的外倾横坡并按规定回填，严格压实。

（2）路基毛细水隔断层的设置

设置毛细隔断层时，在路基边缘以下 0.4～0.6m 处（或路基底部）的整个路基宽度上设置。隔断层的材料可用卵石、碎石或其他粒径为 5～50mm 的砂砾，厚度采用 0.15～0.3m，并在上、下面各铺设一层 5～10cm 厚的粗沙或石屑作为反滤层，以防止隔断层失效。

（3）路基高度

根据有关地区的经验，碱土地段路基填土高度可比非盐渍土地段适当降低；在过干地区深度饱和的地下盐水地段，路基填土高度可比低矿化度或淡水的地下水情况适当降低。

第二节　路面施工技术

一、路面基层施工技术

（一）路面基层概述

1. 基层、垫层的含义

（1）基层

基层是面层的下卧层，主要承受由面层传来的车辆载荷的垂直力，并将其传入到下面的垫层和土基中，它是路面结构中的承重层，应具有足够的刚度和强度。虽然位于面层之下，但是仍有可能经受地下水和渗入雨水的侵蚀，所以应具有足够的水稳定性和冰冻稳定性，以及足够的抗冲刷能力。

（2）垫层

垫层介于土基与基层之间，它的功能是改善土基的湿度和温度状况，以保证面层和基层的强度、刚度和稳定性不受土基水温状况变化造成的不良影响。另外，可以将基层传下的车辆荷载应力加以扩散，以减小土基产生的应力和变形。

2. 路面基层的分类

（1）有结合料的稳定类

有机结合料稳定类包括热拌沥青碎石或乳化沥青碎石混合料、沥青贯入碎石等。

无机结合料稳定类主要包括以下几种。

水泥稳定类：水泥稳定砂砾、砂砾土、碎石土、未筛分碎石、石屑、土，以及经加工性能稳定的钢渣、矿渣等。

石灰稳定类：石灰稳定土（石灰土）、天然砂砾土、天然碎石土，以及用石灰土稳定级配砂砾、级配碎石和矿渣等。

综合稳定类：石灰粉煤灰类包括石灰粉煤灰、二灰土、二灰砂、二灰碎石、二灰矿渣等；石灰粉煤灰包括水泥粉煤灰砂砾、碎石及砂等；石灰煤矿渣包括石灰煤渣、石灰煤渣土、石灰煤渣碎石、石灰煤渣砂砾等。

（2）无结合料的粒料类

嵌锁型包括泥结碎石、泥灰结碎石、填隙碎石等。

级配型包括级配碎石、级配砾石、符合级配的天然砂砾、部分经轧制掺配而成的级配砾石、碎石等。

3.路面基层的作用

沥青类路面通过厚度较薄的柔性面层分布传递荷载于基层，常须铺筑较厚的基层作为承重层；有时当基层厚度较大时，还可视受载情况和当地材料供应情况等，分两层铺筑。

直接位于沥青面层（可以是一层、二层或三层）下用高质量材料铺筑的上层为主要承重层，称作基层；位于主要承重层下用质量较差一些的材料铺筑的下层为次要承重层，称作底基层。

水泥混凝土路面通过厚度较厚的刚性路面板（面层）极大地扩散荷载，故分布于基层的荷载很小，水泥混凝土路面板本身就起到了承重作用。但是水泥混凝土是脆性材料，变形能力较小，抗弯拉强度仅有抗压强度的 1/6 或 1/7 左右。

（二）半刚性基层施工

1.半刚性材料的概念和特点

半刚性路面基层是指在路面基层材料中掺入一定比例的石灰、水泥、粉煤灰或其他工业废渣等结合料，加水拌和形成的混合料，经摊铺压实及养护后形成的路面基层，与传统的全柔性路面基层（级配碎石、级配砾石、填隙碎石等）相比，半刚性路面基层具有较高的强度、刚度，以及良好的板体性、水稳性和一定的抗冻性，大大提高了路面的承载能力，因而被称为半刚性材料。

2.半刚性基层施工工艺

（1）路拌法施工

①准备下承层

当石灰稳定土用作基层时，要准备底基层；当石灰稳定土用作底基层时，要准备土基。对土基必须用 12t~15t 三轮压路机或等效的碾压机械进行碾压作业。

在碾压过程中如发现土过干、表层松散，应适当洒水；如土过湿，发生"弹簧"现象，应采用挖开晾晒换土、掺石灰或水泥等措施进行处理；在槽式断面的路段，两侧路肩上每隔一定距离（如 5 ~ 10cm）应交错开挖泄水沟（或做盲沟）。

②施工放样

在底基层、老路面或土基上恢复中线；直线段每 15 ~ 20m 设一桩，平曲线段每 10 ~ 15m 设一桩，并在两侧路肩边缘外设指示桩；进行水平测量；在两侧指示桩上用明显标记标出水泥稳定土层边缘的设计高。

③备料

根据灰土层的宽度、厚度及最大干密度，计算出需要干燥土的数量；再根据土的含水量和所用运料车辆的吨位，计算每车料的堆放距离和每平方米灰土需要的石灰用量，确定石灰摆放的纵横间距。

按照松铺厚度将土摊铺均匀一致，有利于机械化施工；铺土后，先用推土机大致推平，然后用平地机整平，清余补缺，保证厚度一致，表面平整。

④洒水闷料

如果已经整平的土含水量过低，那么需要在土层上洒水闷料；需要注意的是，洒水要均匀，杜绝出现局部水分过多的现象，严禁洒水车在洒水段内停留和掉头。

⑤摆放和摊铺石灰

按计算所得的每车石灰的纵横间距，用石灰在土层上做标记，同时画出摊铺石灰的边线；用刮板将石灰均匀摊开，石灰摊铺完后，表面应没有空白位置。测量石灰的松铺厚度，根据石灰的含水量和体积，校核石灰用量是否合适。

⑥拌和与洒水

对于二级及二级以上公路，使用生石灰粉时，宜先用平地机或多铧犁将石灰翻到土层中间，但不能翻到底部；对于三、四级公路的石灰稳定细粒土和中粒土，在没有专用拌和机械的情况下，可用农用旋转耕作机与多铧犁或平地机相配合拌和四遍；为石灰稳定级配碎石或砂砾时，应先将石灰和需添加的黏性土拌和均匀，然后均匀地摊铺在级配碎石或砂砾层上，再一起进行拌和；用石灰稳定塑性指数大的黏土时，应采用两次拌和。第一次加 70% ~ 100% 预定剂量的石灰进行拌和，闷放 1 天到 2 天，此后补足需用的石灰，再进行第二次拌和。

⑦整形与碾压

混合料拌和均匀后应立即用平地机初平。

一般在直线段，由两侧向路中心刮平；在曲线段，由内侧向外侧刮平。然后，用轮胎压路机、轮胎拖拉机或平地机快速碾压。不平整的地方，用齿耙把表面 5cm 耙松，必要时，用新拌的混合料找平，再进行碾压。每次整平碾压，均需按要求调整坡度和路拱。为避免出现薄层贴补，在总厚度满足要求的情况下，摊铺时宜宁高勿低，整平时宜宁刮勿补。

整平后当混合料处于最佳含水量为 1%～2% 时，进行碾压。如表面水分不足，应适当洒水。在人工摊铺和整平的情况下，应先用拖拉机、6～8t 两轮压路机或轮胎轧路机碾压 1～2 遍，再用重型轮胎压路机、振动压路机或 12t 以上的三轮压路机进行碾压。碾压结束之前，用平地机终平一次，使高程、路拱和超高符合设计要求，局部低洼之处不得找补，以免出现薄层贴补现象。

⑧接缝和调头处的处理

两个工作段之间，需要采用对接的形式进行搭接。在上一部分拌和之后，留下 5～8m 的距离不进行碾压工作。当进行下一路段的施工时，再与上一段没有碾压的部分共同进行拌和。需要注意的是，在实际的施工过程中，由于工作需要，拌和机械常常需要掉头，但是在已压成的石灰稳定土层上不允许拌和机械掉头。其他拌和机械的掉头位置需要采取必要的保护措施，例如，在上面覆盖 10cm 左右厚的沙或者砂砾等，使得石灰稳定土层的表面不被机械破坏。

在石灰稳定土层阶段的施工过程中，需要避免纵向接缝的出现，如果必须分两幅施工，纵缝与纵缝之间不能够出现斜接的情况。

(2) 厂拌法施工

①准备工作

向驻施工现场监理单位报送"基层开工报告单"，经同意后方可进行基层施工；土基、垫层、底层及其中埋设的各种沟、管等隐蔽构造物，必须经过自检合格，报请驻场监理单位检验、签字认可后，方可铺筑其上面的基层；各种材料进场前，应检查其规格和品质，不符合技术要求的不得进场；材料进场时，应检查其数量，并按施工平面图堆放，而且应按规定项目对其抽样检查，其抽样检查结果，报驻场监理单位；水泥稳定土基层施工前应铺筑试验段。

②施工放样

恢复中心线，每 10m 设标桩，桩上画出基层设计高和基层松铺的厚度。

$$松铺厚度 = 压实厚度 \times 松铺系数$$

中心线两侧按照路面设计图设计标桩，在标桩上画出基层设计高和基层松铺厚度，这样做的目的是使基层的高度、厚度和平整度达到标准。

③拌和与摊铺

拌和时应按混合料配合比要求准确配料，使集料级配、结合料剂量等符合设计，并根据原材料实际含水量及时调整向拌和机内的加水量。水泥稳定土混合料的含水量可比最佳含水量大 1～2 个百分点，这样可获得较好的压实效果。

拌和好的水泥稳定类混合料应尽快运到施工现场摊铺并碾压成型，以免因时间过长而使混合料强度损失过大。运输混合料的距离较长时，应用篷布等覆盖混合料以免水分损失过大。

对于二级及二级以上公路，应采用专用稳定土拌和机进行拌和，并设专人操作拌和机，随时检查拌和深度并配合拌和机操作员调整拌和深度。拌和深度应达稳定层底并宜侵入下承层 5~10mm，以利于上下层黏结，严禁在拌和层底部留有素土夹层。

④整形碾压

在整形施工过程中，平土机是最受欢迎的施工机械。除了使用机械之外，还可以直接人工整形。

但需要注意的是，高速公路施工作业一般都使用机械进行整平；在初步整平的阶段，使用轻型的机械快速碾压路面，进而将潜在不平整的位置暴露出来，再进行整平工作也就更加方便了。

一般情况下，整形要进行 1 到 2 次；路面局部地区可能出现低洼现象，那么需要使用齿耙把低洼路面表层 5cm 耙松，再使用新拌的混合料进行找补、整平；在整形工序进行过程中，路面不能有任何车辆通过；在整形工作完成以后，使用大于 12t 的三轮压路机、重型轮胎压路机或振动压路机碾压。

⑤接缝处理

横向接缝的处理方式主要包括以下几点。

使用摊铺机将混合料摊铺，混合料摊铺是持续的过程，不能被中断，如果有特殊情况造成摊铺作业中断 2h 以上，再施工时应该设置横向接缝，并且摊铺机要远离混合料的末端。

末端的混合料需要进行人工整平，在混合料的边缘放置两根方形的木棍，方木的高度需要与混合料压实的厚度相等，将方木附近的混合料整平；方木的另一侧用砂砾或碎石回填，回填的距离为 3m 左右，并且回填的高度应该高于方木几厘米；在重新进行摊铺工作之前，把方木、砂砾或者碎石全部清理，下承层也需要进行彻底清扫；此时将摊铺机放置到已压实层的尾部，重新进行混合料的摊铺工作。

⑥养生及交通管制

养生期应采取洒水保湿措施，在铺筑上层之前，至少养生 7d。养生方法根据情况可采用洒水、覆盖沙等方法。未采用覆盖措施时，应封闭交通。采用覆盖沙或喷洒沥青膜养生，不能封闭交通时，应限制车速不得超过 30km/h。养生期结束，应立即施工上层，以免产生收缩裂缝；或先铺封层，开放交通，待基层充分开裂后，再施工上层，以减少反射裂缝。

(三) 粒料类基层施工

1. 路拌法施工

(1) 准备下承层

级配碎石路拌法施工的下承层表面应保持平整,具有规定的路拱、平整度和压实度应符合规范规定。需要注意的是,下承层断面不宜做成槽式。

(2) 测量放样

应该按照规范的具体规定逐个断面检查下承层的标高。

(3) 备料

计算材料用量根据各路段的基层或底层的宽度、厚度及规定的压实干密度并按确定的配合比,分别计算各段需要的未筛分碎石和石屑的数量,或不同粒级碎石和石屑的数量,并计算每车料的堆放距离。

未筛分碎石的含水量较最佳含水量宜大 1% 左右。未筛分碎石和石屑可按预定比例在料场混合,同时水加湿,使混合料的含水量超过最佳含水量的 1%。

(4) 运输与摊铺

集料装车时,应控制每车料的数量基本相等。在同一料场供料的路段内,宜由远到近卸置集料。卸料距离应严格掌握,避免料不够或过多。未筛分碎石和石屑分别运送时,应先运送碎石。

(5) 拌和及成型

施工时根据拟定的混合料配合比、基层宽度与厚度及预定达到的干密度等计算确定各规格集料的用量,以先粗后细的顺序将集料分层平铺在下承层上,然后用人工或平地机进行摊平;级配碎(砾)石混合料可用稳定土拌和机、自动平地机、多铧犁与缺口圆盘耙相配合拌和,拌和应均匀,避免出现集料离析现象,确保级配碎(砾)石基层具有良好的整体强度。应边拌和边洒水,使混合料达到最佳含水量。表面整理成规定的路拱横坡,随后用拖拉机、平地机或轮胎压路机在初平的混合料上快速碾压 1~2 遍,使潜在的不平整部位暴露出来,再用平地机整平。

(6) 碾压

整形后,当混合料的含水量等于或略大于最佳含水量时,轮压路机、振动压路机或轮胎压路机进行碾压。直线和不设超高的平曲线段,由两侧路肩开始向路中心碾压,在设超高的平曲线段,由内侧路肩向外侧路肩进行碾压。

(7) 接缝处理

位于两个作业段之间衔接处的横缝,需要进行搭接拌和;在施工过程中,应该尽量避免纵缝的出现,如果实在难以避免纵缝,那么纵缝也需要进行搭接拌和。

2. 填隙碎石基层施工

填隙碎石基层施工的顺序为：准备下承层→施工放样→运输和摊铺粗骨料→稳压→撒布石屑→振动压实→第二次撒布石屑→振动压实→局部补撒石屑并扫匀→振动压实，填满空隙洒水饱和（湿法）或洒少量水（干法）→碾压。其中，运输和摊铺粗骨料及振动压实是确保施工质量的关键。

填隙碎石施工时，细集料应干燥；采用振动压路机充分碾压，尽量使粗碎石骨料的空隙被细集料填充密实，而填隙料又不覆盖粗碎石表面而自成一层，粗碎石应"露子"。

填隙碎石的压实度用固体体积率来表示，用作基层时，不应小于83%；用作底基层时，不应小于85%。填隙碎石基层碾压完毕，铺封层前禁止开放交通。

二、沥青路面施工技术

（一）沥青路面概述

1. 沥青路面的特点

沥青路面由于使用了黏结力较强的沥青材料，使经嵌挤压实的矿料之间的黏结力大大加强，路面的使用质量和耐久性都大为提高。表面平整、坚实、无接缝、行车平稳舒适、噪声小。

路面强度可根据矿料的粒径、颗粒级配和沥青用量的不同进行调节，以适应不同的需要。面层透水小，特别是密实沥青混凝土面层透水更小，能大大防止地表水进入路面基层和路基，从而使路面强度稳定。同时，土基和基层内水分也难以排出。

2. 沥青路面的分类

（1）按强度构成原理划分

沥青路面按强度构成原理划分可分为密实类路面和嵌挤类路面。

密实类沥青路面要求矿料的级配按最大密实原则设计，其强度和稳定性主要取决于混合料的黏聚力和内摩阻力。

密实类沥青路面按其空隙率的大小可分为闭式和开式两种：闭式混合料中含有较多的小于 0.6mm 和 0.074mm 的矿料颗粒，空隙率小于 6%，混合料致密而耐久，但热稳定性较差；开式混合料中小于 0.6mm 的矿料颗粒含量较少，空隙率大于 6%，其热稳定性较好。

嵌挤类沥青路面要求采用颗粒尺寸较为均一的矿料，路面的强度和稳定性主要依靠骨料颗粒之间相互嵌挤所产生的内摩阻力，而黏聚力则起着次要的作用。按嵌挤原则修筑的沥青路面，其热稳定性较好，但因空隙率较大、易渗水，且耐久性较差。

（2）按施工工艺划分

按施工工艺，沥青路面可分为层铺法、路拌法和厂拌法。

层铺法是用分层洒布沥青，分层撒铺矿料和碾压的方法修筑，其主要优点是工艺和设备简便、功效较高、施工进度快、造价较低；其缺点是路面成型期较长，路面需要经过炎热季节行车碾压之后方能成型，用这种方法修筑的沥青路面有沥青表面处治和沥青贯入式两种。

路拌法是在道路现场用机械将矿料和沥青材料就地拌和、摊铺和碾压密实形成沥青面层的方法。

（3）按沥青路面材料技术特点划分

①沥青混凝土路面

沥青混凝土路面指按级配原理选配的矿料与适量沥青在严格控制条件下均匀拌和、经摊铺碾压而成型的沥青路面。沥青混凝土是经人工选配具有一定级配组成的矿料（碎石或轧碎砾石、石屑或砂、矿粉等）与一定比例的路用沥青材料，在严格控制条件下拌制而成的混合料。

热拌的沥青混合料宜在集中地点用机械拌制。一般选用固定式热拌厂，在线路较长时宜选用移动式热拌机。冷拌的沥青混合料可以集中拌和，也可就地路拌。沥青混凝土根据厚度不同可铺设于各级路面。

②热拌沥青碎石路面

热拌沥青碎石路面指由一定级配的集料与适量的沥青在要求的控制条件下均匀拌和、经摊铺碾压而成型的沥青路面。热拌沥青碎石适合于三、四级公路。

③乳化沥青碎石路面

乳化沥青碎石路面指用乳化沥青作结合料与相关集料在要求的控制条件下均匀拌和、经摊铺碾压而成的沥青路面。乳化沥青是将黏稠沥青加热至热熔状态，经机械的强力搅拌作用，使沥青以细微液滴状态分布在含有乳化剂的水溶液中，成为水包油状的沥青乳液。乳化沥青碎石适合于三、四级公路。

（二）沥青路面施工

1. 沥青材料的选择

（1）沥青路面原材料的选择

沥青路面原材料包括沥青、粗集料、细集料、填料等。

①沥青材料

a. 石油沥青

沥青路面一般采用道路石油沥青，或经过乳化、稀释、调和、改性等工艺加工处理的石油沥青产品作为结合料。有时也采用煤沥青，但是由于煤沥青对人体健康有害，因此很少采用。我国道路石油沥青以针入度为指标分为 7 个标号，每一种标号的沥青，都分为 A、B、C 三个等级，分别适用于不同等级的公路和不同的结构层次。

b. 乳化沥青

乳化沥青是石油沥青或煤沥青在乳化剂、稳定剂的作用下经乳化加工制得的均匀的沥青产品，也称沥青乳液。按乳化沥青的使用方法分为喷洒型（用 P 表示）及拌和型（用 B 表示）乳化沥青两大类。

c. 改性沥青

改性沥青是掺加橡胶、树脂、高分子聚合物、磨细的橡胶粉或其他填料等外掺剂（改性剂），或采取对沥青轻度氧化加工等措施，使沥青或沥青混合料的性能得以改善制成的沥青结合料，使用改性沥青通常对改善沥青路面高温及低温稳定性有明显效果。

改性沥青使用范围如下：改性道路沥青主要用于机场跑道、防水桥面、停车场、运动场、重要交通路面、交叉路口和路面转弯处等特殊场合的铺装应用。近年来，欧洲将改性沥青应用到公路网的养护和补强，较大地推动了改性道路沥青的普遍应用。

②粗集料

沥青混合料用粗集料，可以采用碎石、破碎砾石、筛选砾石、矿渣等。沥青混合料用粗集料，应该洁净、干燥、无风化、不含杂质。在力学性质方面，压碎值和洛杉矶磨耗率应符合相应道路等级的要求。

③细集料

细集料是指集料中粒径小于 4.75mm（或 2.36mm）的那部分材料。沥青面层的细集料可采用机制沙、天然沙、石屑。细集料应洁净、干燥、无风化、无杂质，并有适当的颗粒等级。

④填料

填料的粒径小于 0.6mm，沥青与填料混合而成的胶浆是沥青混合料形成强度的重要因素，所以填料必须采用由石灰岩或岩浆岩中的强基性岩石等憎水性石料经磨细的矿粉。矿粉要求干燥、洁净、能自由地从矿粉仓流出，其质量应符合技术要求。有时为提高沥青混合料的黏结力，也可掺加部分消石灰或水泥作为填料，其用量一般为矿料总量的 1%～3%。

（2）沥青混合料的选择

①沥青混合料的特性

良好的力学性能。沥青混合料是一种黏弹性材料，采用它修筑的路面，夏季具有一定的高温稳定性，冬季具有一定的低温抗裂性。路面平整无接缝且有弹性，特别是在高速公路上可使客运快捷、舒适，货运损坏率低。

②沥青混合料的选择

沥青混合料类型的选择主要满足以下要求。

沥青面层集料的最大粒径宜从上至下逐渐增大，并与压实层厚度相匹配；沥青面层一般应采用双层或三层式结构，各层之间应联结成为整体，在沥青层下必须浇洒透层油，沥青层与沥青层之间必须喷洒黏层油；沥青路面应满足耐久性、抗碾压、抗裂、密水、抗滑等多方面性能要求，便于施工，并应根据施工机械、工程造价等实际情况选择沥青混合料的种类；可对上面层或中面层沥青结合料采取改性措施，或采用 SMA 等特殊的矿料级配；保证各层的组合不致发生早期破坏，并在此基础上优先或侧重考虑各层的服务功能做出选择；高速公路的紧急停车带（硬路肩）沥青面层应采用与车行道相同的结构，但表面层一般应采用密级配沥青混凝土混合料铺筑；各层沥青混合料应满足所在层位的功能性要求，便于施工，不容易离析。各层应连续施工并连接成为一个整体。当发现混合料结构组合及级配类型的设计不合理时，应进行修改、调整，以确保沥青路面的使用性能。

2. 沥青混合料路面施工

（1）施工准备

材料准备：做好配合比设计，报送监理工程师审批，对各种原材料进行符合性检验。选购经调查试验合格的材料进行备料，矿粉应分类堆放且不得受潮，必要时做好矿粉场地的硬化处理、场地四周排水及搭设库房或储存罐。

测量放样：沥青混合料路面施工前，应在下承层上重新恢复道路中线，放样边桩根据摊铺机的宽度和摊铺方案控制纵向摊铺条带的划分。

机械准备：检查、调试沥青混合料路面施工机械的工作状态，确保机械性能正常，摊铺机、压路机组合、运料车及其他机械设备各就各位。

下承层准备：铺筑沥青层前，应检查基层或下卧沥青层的质量，检查下承层的高程、路拱、平整度等参数，不符合要求的不得铺筑沥青面层。旧沥青路面或下承层已被污染时，必须清洗或经铣刨处理后方可铺筑沥青混合料。仔细清扫下承层，待干燥后洒布黏层油。

试验段：各层开工前在监理工程师批准的现场备齐全部机械设备进行试验段铺筑，以确定松铺系数、施工工艺、机械配备、人员组织、压实遍数，并检查压实度、沥青含量、矿粉级配、沥青混合料、马歇尔各项技术指标等。注意气象预报，加强工地现场、沥青拌和场及气象台站之间的联系，待天气条件合适，其他准备工作均已就绪，就可以开始混合料的摊铺作业。

（2）混合料配合比设计

沥青混合料配合比设计的主要任务就是确定粗集料、细集料、矿粉和沥青材料相互配合的最佳组成比例，使之既能满足沥青混合料的技术要求又符合经济的原则。连续级配的沥青混合料配合比设计，通常按下列两个步骤进行。

第一，根据沥青混合料的矿料最佳级配范围，计算各组成矿料的配合比。矿料的最佳级配范围可以通过理论计算的方法并结合生产实践经验予以确定。实际施工时，人工轧制的各种矿料的级配往往很难完全符合某一级配的范围。这就必须采用两种或两种以上符合质量要求的矿料，分别进行筛析试验，并测定各种矿料的相对密实度。根据各种矿料的颗粒组成，确定达到级配曲线要求时各种矿料的配比，并按配比配合起来，以满足级配要求。矿料配比确定方法有试算法、正规方程法、图解法等。

第二，确定最佳沥青用量。现行规范采用马歇尔试验确定沥青混合料的最佳沥青用量，以 OAC 表示。沥青掺量可以采用油石比或沥青用量两种表达方式。

油石比是指沥青占矿料总量的百分比；沥青用量是指沥青占沥青混合料总量的百分比。确定最佳沥青用量，首先应根据当地的实践经验选择适宜的沥青用量，分别制作几组混合配比的马歇尔试件，初选一组满足或接近设计要求的级配作为设计级配，再进行马歇尔试验确定最佳沥青用量。

（3）沥青混合料的拌制与运输

沥青混合料必须在拌和场采用拌和机械拌制。拌和机械分为连续式和间歇式两种，前者的单位时间生产能力大于后者。拌和设备的选型应根据工程量和工期综合考虑，并且拌和设备的生产能力应与摊铺能力相匹配，最好略高于摊铺能力。拌和机可以是固定式的或移动式的。

热拌沥青混合料采用较大吨位的自卸卡车运输到铺筑工地。运输车的运能应略大于拌和能力和摊铺速度。运送路途中，应在混合料上覆盖篷布，防止雨淋或污染环境。

（4）沥青混合料的摊铺

热拌沥青的混合料使用沥青摊铺机械进行摊铺工序，在摊铺机械的受料斗事先要涂一层薄薄的隔离剂，或者涂防黏结剂。

在高速公路、一级公路、城市快速路或者主干道铺筑沥青混合料的过程中，如果是双车道，那么一台摊铺机进行铺筑的宽度需要在 6m 以上；如果是 3 车道或者大于 3 车道，那么一台摊铺机进行铺筑的宽度需要在 7.5m 以上。

一般情况下，铺筑作业最少使用两台机械进行作业，摊铺机两两之间错开 10～20m 的距离同时进行铺筑工作。在两幅之间需要进行搭接，搭接的宽度应该控制在 30~60mm。搭接部分需要避开车轮印迹，上下层的搭接位置最少需要错开200mm。

在施工前的半小时到 1 小时之内摊铺机就要开始进行预热，在施工过程中，熨平板的温度应该在 100℃以上。铺筑时，要调整好熨平板的振捣或夯锤压实装置的振动频率和振幅，保证路面初始压实度符合标准需求。熨平板加宽连接应仔细调节至摊铺的混合料没有明显的离析痕迹。摊铺机运行速度不需要过快，但是必须保证摊铺机能够匀速行驶，以确保能够均匀摊铺混合料，并且摊铺作业是一个连续的过程，尽量避免在摊铺过程中出现停顿。

一般情况下，摊铺机的摊铺速度为 2~6m/min。如果在摊铺过程中混合料出现了离析、龟裂或者拖痕等问题，施工人员应该马上分析出现这些问题的原因，并且在最短的时间内将问题解决。

摊铺机应采用自动找平方式，下面层或基层宜采用钢丝绳或路缘石、平石引导的高程控制方式，上面层宜采用平衡梁或雪橇式摊铺厚度控制方式，中面层根据情况选用找平方式，直接接触平衡梁的轮子不得黏附沥青。铺筑改性沥青或 SMA 路面时宜采用非接触式平衡梁，沥青混合料的松铺系数应根据混合料类型施工，机械和施工工艺等应通过试验段确定，试验段长不宜小于 100m。摊铺过程中应随时检查摊铺层厚度及路拱、横坡。

摊铺机的螺旋布料器也需要进行均衡、稳定的转动。一般情况下，摊铺机的螺旋布料器的转动速度与摊铺机的摊铺速度相对应。在摊铺机的两侧有大于或者等于送料器高度 2/3 的混合料，这是为了避免混合料在摊铺作业中出现离析。

使用摊铺机进行作业过程中，最好不要频繁地进行人工修正。如果出于某些原因必须使用人工进行局部的摊铺或者进行混合料的更换工作，要求人工施工必须小心仔细，如果出现特别严重的问题，那么应该将整层全部清理干净，重新进行摊铺。

在路面狭窄部分、平曲线半径过小的匝道或加宽部分，以及小规模工程不能采用摊铺机铺筑时可用人工摊铺混合料。人工摊铺沥青混合料应符合下列要求。

半幅施工时，路中一侧宜事先设置挡板；沥青混合料宜卸在铁板上，摊铺时应扣锹布料，不得扬锹远甩。铁锹等工具宜沾防黏结剂或加热使用；边摊铺边用刮板整平，刮平时应轻重一致，控制次数，严防集料离析；摊铺不得中途停顿，并加快碾压。

如因故不能及时碾压时，应立即停止摊铺，并对已卸下的沥青混合料覆盖苫布保温；低温施工时，每次卸下的混合料应覆盖苫布保温；在雨季铺筑沥青路面时，应加强气象关注，已摊铺的沥青层因遇雨未行压实的应予以铲除。

（5）碾压成型

压路机在施工过程中的速度需要与上一阶段摊铺机的工作速度相适应。压路机每次应由两端折回的阶梯形位置随摊铺机向前推进，使每一次折回的位置最终都不在同一个横断面之上。摊铺机如果一直在正常工作，没有出现停顿，那么压路机也应该持续进行作业，从而保证碾压温度始终保持在正常的范围内波动。

在实际作业过程中，如果是较为平缓的路段，那么压路机的驱动轮可以适当靠近摊铺机，这样可以减少波纹或者热裂缝的出现。在碾压过程中，压路机的轮子可能附着沥青混合料，影响路面的平整度和压实度，此时绝对不能向碾压轮喷洒柴油，只需要喷洒少量的水或者洗衣粉溶液。

在碾压的末尾处，如果此时压路机能够稍微转动方向，就可以将摊铺机后面的压痕减至最小。在作业过程中，压路机不允许在没有经过碾压成型的路段上停顿、停车以及掉头。在已成型的路面上，振动压路机在行驶时必须将振动装置关闭。

（6）接缝处理

沥青路面的各种施工缝（包括纵缝及横缝）都必须密实、平顺。

纵向接缝施工：摊铺时采用梯队作业的纵缝应采用热接缝；半幅施工不能采用热接缝时，宜加设挡板或采用切刀切齐；铺另半幅前必须将缝边缘清扫干净，并涂洒少量黏层沥青，摊铺时应重叠在已铺层上 5~10cm。

横向接缝的施工：对高速公路和一级公路，中下层的横向接缝时可采用斜接缝，在上面层应采用垂直的平接缝。其他等级公路的各层均可采用斜接缝。平接缝应做到紧密黏结、充分压实、连接平顺。

三、水泥混凝土路面施工技术

（一）水泥混凝土路面材料组成

1. 水泥

公路、城市道路、厂矿道路应采用硅酸盐水泥或普通硅酸盐水泥（简称普通水泥），水泥强度等级不应低于42.5级。

当条件受限制时，可采用矿渣水泥，其强度不应低于42.5级；中轻交通等级道路强度等级不宜低于32.5级，并严格控制用水量，适当延长搅拌时间，加强养护工作；亦可采用325号普通水泥，但应采取掺外加剂、干硬性混凝土或真空吸水措施。

民航机场道路和高速公路必须采用强度不低于42.5级的硅酸盐水泥，水泥应有出厂合格证（含化学成分、物理指标），并经复验合格，方可使用。不同强度等级、厂牌、品种、出场日期的水泥，不得混合堆放，严禁混合使用。出场期超过3个月或受潮的水泥，必须经过试验，按其试验结果决定正常使用或降级使用。已经结块的水泥不得使用。

2. 粗集料

粗集料的最大公称粒径，碎砾石不应大于 26.5mm，碎石不应大于 31.5mm，砾石不宜大于 19.0mm；钢纤维混凝土粗集料最大粒径不宜大于 19.0mm。混凝土所用的集料应坚硬耐磨、表面粗糙、有棱角，并符合规定级配。

3. 沙（细集料）

混凝土的细集料是指细度模数在 2.5 以上的天然沙、机制沙或混合沙，海沙不得直接用于混凝土面层。淡化海沙不应用于城市快速路、主次干道，但可用于支路混凝土。用沙应质地坚硬、耐久、洁净。其技术指标与级配符合规范要求。

4. 水

饮用水可直接作为混凝土搅拌和养护用水。非饮用水应进行水质检验，并应符合有关规定，还应与蒸馏水进行水泥凝结时间与水泥胶沙强度的对比试验。

5. 外加剂

（1）流变剂

流变剂是改善新拌混凝土流变性能的外加剂，工程中常用的流变剂为减水剂。常用的减水剂有木质素系减水剂（简称 M 剂）、萘系减水剂（简称 NF、MF 剂等），水溶性树脂（蜜胺树脂）类减水剂等。

（2）调凝剂

调凝剂是调节水泥混凝土凝结时间的外加剂，通常有早强剂、促凝剂、速凝剂和缓凝剂。早强剂常用的有氯化钙和三乙醇胺复合早强剂。促凝剂常用的有水玻璃、铝酸钠、碳酸钠、氟化钠、氯化钙和三乙醇胺等。速凝剂是使水泥混凝土迅速凝结和硬化的外加剂，可用于冬季施工。

（3）引气剂

引气剂能在混凝土中形成细小的、均匀分布的空气微泡，对新拌混凝土可改善其工作性、减少泌水和离析，对硬化后的混凝土，可缓冲其水分结冰膨胀带来的外力。常用的有松香热聚物、烷基磺酸钠和烷基苯丙酸钠等。

（二）水泥混凝土面层施工技术

1. 施工准备

（1）施工机械选择

常见的水泥混凝土路面的摊铺机械有滑模摊铺机、轨道摊铺机、三辊轴机组、小型机具和碾压混凝土摊铺机等。

（2）技术准备

当采用自拌混凝土时，应选择合适的拌和场地，要求运送混合料的运距尽量短，水、电等方便，有足够面积的场地，能合理布置拌和机和沙、石堆放点，并能搭建水泥库房等；有碍施工的建筑物、灌溉渠道和地下管线等均应在施工前拆迁完毕；混凝土摊铺前，对基层进行整修，检测基层的宽度、路拱、标高、平整度、强度和压实度等各项指标达到设计和规范要求，并经监理工程师同意后进行。混凝土摊铺前，基层表面应洒水润湿，以免混凝土底部水分被干燥基层吸收。

2. 模板与钢筋

模板安装应符合下列规定：支模前应核对路面标高、面板分块、胀缝和构造物位置；模板应安装稳固、顺直、平整，无扭曲，相邻模板连接应紧密、平顺，不应错位；严禁在基层上挖槽嵌入模板；使用轨道摊铺机应采用专用钢制轨模。

3. 混凝土搅拌

混凝土的搅拌时间应按配合比要求与施工对其工作性要求，经试拌确定最佳搅拌时间，每盘最长总搅拌时间宜为80~120s；外加剂宜稀释成溶液，均匀加入进行搅拌；混凝土应搅拌均匀，出仓温度应符合施工要求。

4. 混凝土拌和物的运输

（1）机动车运送

在路面施工中，为了便于混凝土的摊铺，一般采用自卸车运送混凝土拌和物（工程量一般，现场条件有一定限制时，也可以使用机动翻斗车）。机动车运送混凝土拌和物，主要的风险类型是车辆伤害，其风险控制的重点在于以下几点。

杜绝超载、超速行驶的不安全行为；遇视线不良天气（大雾、沙尘暴等）时，严防快速行驶的不安全行为；卸料前，严防不确认车厢上方无电线或障碍物（尤其是乡村公路）的不安全行为；车厢处于举升状态时，杜绝作业人员上车厢清除残料的不安全行为；卸料后，杜绝在车厢倾斜情况下行驶的不安全行为。

（2）手推车运送

在工程量很小或现场条件不适合使用大中型运输车时，可使用现场拌和混凝土，采用手推车将混凝土运送到摊铺现场。手推车运送混凝土拌和物的风险控制重点在于以下几点。

杜绝猛跑、撒把溜车等不安全行为，以免手推车倾翻而导致机械伤害（很可能是伤害他人）；严防车斗内载人的不安全行为，以免造成机械伤害；多车推送混凝土时，防止前后车之间距离过近（一旦后车控制不住手推车，很可能造成前车的推车人受到挤压伤害）。

5. 混凝土拌和物的摊铺

(1) 人工小型机具施工

人工小型机具施工水泥混凝土路面层，应符合下列规定。

混凝土松铺系数宜控制在 1.10 ~ 1.25；摊铺厚度达到混凝土板厚度的 2/3 时，应拔出模内钢钎，并填实钎洞；混凝土面层分两次摊铺时，上层混凝土的摊铺应在下层混凝土初凝前完成，且下层厚度宜为总厚度的 3/5；混凝土摊铺应与钢筋网、传力杆及边缘角隅钢筋的安放相配合；一块混凝土板应一次连续浇筑完毕；混凝土采用插入式振捣器振捣时，不应过振，且振动时间不宜少于 30s，移动间距不宜大于 50cm。使用平板振捣器振捣时应重叠 10 ~ 20cm，振捣器行进速度应均匀。

(2) 三辊轴机组铺筑

三辊轴机组铺筑应符合下列规定。

三辊轴机组铺筑混凝土面层时，辊轴直径应与摊铺层厚度相匹配，且必须同时配备一安装插入式振捣器组的排式振捣机，振捣器的直径宜为 50 ~ 100mm，间距不应大于其有效作用半径的 1.5 倍，且不得大于 50cm；当面层铺装厚度小于 15cm 时，可采用振捣梁，其振捣频率宜为 50 ~ 100Hz，振捣加速度宜为 4 ~ 5g（g 为重力加速度）；当一次摊铺双车道面层时，应配备纵缝拉杆插入机，并配有插入深度控制和拉杆间距调整装置。

(三) 滑模式摊铺机施工

1. 施工前的准备

铺筑前需要保证基层平整，设有沙垫层的，垫层表面应平整、密实；模板尺寸、位置、高程等应满足设计要求，支撑牢固稳定，隔离剂涂刷均匀，模板接缝严密、模内洁净；预埋胀缝板的位置正确；边缘、角隅及其他部位的钢筋安装牢固，位置准确，传力杆与胀缝垂直，绑扎牢固，套筒安装齐全、位置准确；各种检查井井盖、井座、雨水口箅子、箅圈应预先安装完成，且安装牢固，位置准确，标高与路面标高协调一致；水泥混凝土运输应确保及时、连续；设有纵缝的水泥混凝土路面层，在成型水泥混凝土板块侧立面，应按要求涂刷隔离剂。

2. 混凝土搅拌与运输

搅拌前应先检查搅拌设备的各机构是否运转正常，并根据实验室提供的配料单将各材料数据输入搅拌设备微机里，接到前方通知后，进行搅和。

搅和时应根据搅和物黏聚性、均质性及强度稳定性试拌确定最佳拌和时间。所生产的拌和物应色泽一致，如有生料、干料、离析或外加剂成团的非均质混合物时，严禁用于路面铺筑。

把搅拌好的混凝土拌和物运到摊铺现场，在运输过程中要保证不漏浆、不变干、不离析，卸料时尽量不要堆积太高。卸料高度不应超过 1.5m。远距离运输或运输桥面、钢筋混凝土路面混凝土拌和物时，宜采用混凝土运输车。机前布料尽量使混凝土在全宽方向厚度较均匀，中间可高一点，布料高度一般比成型后的路面高出 6～10cm 为宜。

3. 铺筑作业技术要领

（1）摊铺速度

操作滑模摊铺机应缓慢、匀速、连续不间断地作业。摊铺速度应根据拌和物稠度、供料多少和设备性能控制在 0.5～3.0m/min，一般宜控制在 1m/min 左右。拌和物稠度发生变化时，应先调振捣频率，后改变摊铺速度。

（2）松方控制

应随时调整松方高度板控制进料位置，开始时宜略设高些，以保证进料。正常摊铺时应保持振捣仓内料位高于振捣棒 100mm 左右，料位高低上下波动宜控制在 ±30mm 之内。为了摊铺高平整度的路面，挤压底板的料与振动仓内的混凝土之间，应始终维持相互间压力的均衡，才不至于因挤压力忽大忽小而影响平整度。

（3）振捣频率控制

正常摊铺时，振捣频率可在 6000～11000r/min 调整，宜采用 9000r/min 左右的频率。应防止混凝土过振、欠振或调振。应根据混凝土的稠度大小，随时调整摊铺的振捣频率或速度。摊铺机起步时，应先开启振捣棒振捣 2～3min，再缓慢平稳推进。摊铺机脱离混凝土后，应立即关闭振捣棒组。

（4）纵坡施工

滑模摊铺机满负荷时可铺筑的路面最大纵坡为上坡 5%、下坡 6%。

上坡时，挤压底板前仰角宜适当调小，并适当调轻抹平板压力，坡度较大时，为了防止摊铺机过载，推不动，宜适当调整挤压底板前仰角；下坡时，前仰角宜适当调大，并适当调大抹平板压力。板底不小于 3/4 长度，接触路表面时抹平板压力适宜。

（5）纵缝拉杆安置

摊铺单车道时，必须根据路面设计配置单侧或双侧打拉杆机械装置，打拉杆装置的正确插入位置应在挤压底板下的中部或偏后部，无论采用何种方式打入拉杆，其压力应满足一次打到位。打入拉杆位置必须在板厚中间，中间和侧向拉杆的高低和左右误差不得大于 ±2mm。

第三节　公路附属工程施工技术

一、路缘石施工技术

(一) 路缘石的种类

路缘石可根据使用要求和条件选用水泥混凝土预制块、条石、砖等材料，最常用的是工厂化生产的水泥预制块。

水泥预制块平石为矩形，长 30 ~ 100cm，宽 7 ~ 15cm；侧石大多为矩形，长 30 ~ 100cm，高 30 ~ 35cm，厚 8 ~ 13cm；只有小半径曲线用特制弧形块。城市道路边缘石采用立式，缘石宜高出路面边缘 10 ~ 20cm。隧道内、重要桥梁、道路线形弯曲路段或陡峭路段等处的缘石可高出 25 ~ 40cm，并应有足够的埋深，以保证稳定和行车安全。斜式缘石便于儿童车、轮椅及残疾人通行，而在分隔带端头或交叉口的小半径处，缘石宜做成曲线式。另外，考虑无障碍设计，道路上人行道多采用牛腿式出入口，平石沿人行道边向前延伸，侧石向下降至 1 ~ 2cm，或侧石向出入口转弯。

(二) 路缘石施工

1. 施工材料

(1) 水泥

水泥应选用强度等级不低于 42.5 级的硅酸盐水泥、矿渣水泥，并应有出厂合格证。散装水泥及袋装水泥出厂日期不明或已超过 3 个月，应经复验合格后方能使用。已受潮或结块的水泥不得使用。

散装水泥应按牌号、批号分仓储存；袋装水泥应按牌号、批号架高堆存离地至少 30cm，并苫盖，以免混杂和受潮。使用时按出厂日期择先使用。如掺用外加剂，应经试验合格后方能使用。

(2) 沙 (细集料)

细集料应清洁、坚硬，不得含有团块、片状颗粒，土及云母等有害物质，含量不超过总干重的 5%；必要时应过筛清洗。

粗沙平均粒径不得小于 0.5mm；中沙平均粒径应为 0.35 ~ 0.5mm。

(3) 石料 (粗集料)

石料中不得含有煤、煤渣、石灰、碎砖或其他杂物；如料堆中的粗颗粒呈分离状态时，必须重新混合以符合要求的级配；粗集料最大尺寸不得超过 25mm，最好不大于20mm。

（4）拌和水

拌和水时一般可饮用的水均可使用。如使用其他水源，pH应大于4，硫酸盐含量不大于1%。

2. 施工工艺

（1）测量放线

柔性路面侧、缘石应在路面基层完成后，未铺筑沥青面层前施工；水泥混凝土路面应在路面完成后施工。

侧、缘石可以在铺筑路面基层后，沿路面边线刨槽、打基础安装；也可在修建路面基层时，在基础部位加宽路面基层作为基础；还可利用路面基层施工中基层两侧自然宽出的多余部分作为基础，基础厚度及标高应符合设计要求。

路面中线校核后，在路面边缘与侧石交界处放出侧缘石线，直线部位10m一个桩；曲线部位5~10m一个桩；路口及分隔带、安全岛等圆弧处1~5m一个桩，也可用皮尺画圆并在桩上标明侧、缘石顶面标高。

（2）刨槽与处理

人工刨槽：按桩的位置拉小线或打白灰线，以线为准，按要求宽度向外刨槽，一般为一平铁宽（约30cm）。靠近路面一侧，比线位宽出少许（水泥混凝土路面刨至路面边缘），一般不大于5cm，不要太宽以免回填夯实不好，造成路边塌陷。刨槽深度可比设计加深1~2cm，以保证基础厚度，槽底要修理平整。

机械刨槽：使用侧、缘石刨槽机，刀具宽度应较侧、缘石宽出1~2cm，按线准确开槽，深度可比设计加深1~2cm，以保证基础厚度，槽底应修理平整。

（3）侧石的选用和施工

侧石在直线段中采用长80~100cm；曲线半径大于15m时采用长度为100cm或60cm的侧石；曲率半径小于15m或圆角部分，可视半径大小采用长度为60cm或30cm的侧石。

侧石施工应根据施工图确定的平面位置和顶面标高所放出的样线执行，但对于人行道斜坡处的侧石，一般放低至比平石高出2~3cm，两端接头（与正常侧石衔接处）则应做成斜坡连接。

（4）安装侧、缘石

安装侧石前应按侧石顶面宽度误差的分类分段铺砌，以达到美观的效果。安装时先拌制1:3（体积比）石灰砂浆铺底，砂浆厚度1~2cm，缘石可不用石灰砂浆铺底，可用松散过筛的石灰土代替找平基础。

按桩橛线及侧、缘石顶面测量标高拉线绷紧（水泥混凝土路面侧石，可靠板边安装，必要处适当调整），按线码砌侧缘石。需事先算好路口间的侧石块数，切忌中间用断侧石加楔。曲线处侧、缘石应注意，外形圆滑的相邻侧石间缝隙用 0.8cm 厚的木条或塑料条掌握。缘石不留缝，侧石铺砌长度不能用整数侧石除尽时，剩余部分可用调整缝宽的办法解决，但缝宽应不大于 1cm。不得已必须使用断侧石时，应将断头磨平。

（5）回填石灰土

①侧石

在侧石安装前要按照侧石宽度误差的分类分段砌筑，使顶面宽度统一美观。安装后，按线调整顺直圆滑，侧石里侧用长木板大铁橛背紧，外侧后背用体积比为 2：8 的石灰土，也可以利用修建路面基层时剩余石灰土，回填夯实里侧缝用体积比为 2：8 的石灰土夯填。

侧、缘石两侧同时分层回填，在回填夯实过程中，要不断调整侧、缘石线，使之达到顺直圆滑和平整的要求。夯实后拆除两面铁橛及木板。夯实灰土，外侧宽度不小于 30cm，里侧与路面基层接上。

②平缘石

在平缘石安装后，人工刨槽的槽外一侧沟槽用体积比为 2：8 石灰土分层填实，宽度 ≥ 30cm，层厚 ≤ 15cm，也可利用路面基层剩余的路拌石灰土填实。外侧经夯实后与路缘石顶面齐平，内侧用上述同样材料分层夯实，夯实后要比缘石顶面低一个路面层厚度，待油面铺筑后与缘石顶面齐平。

（6）勾缝

路面完工后，安排侧石勾缝。勾缝前必须进行挂线，调整侧石至顺直、圆滑、平整，方可进行勾缝。先把侧石缝内的土及杂物剔除干净，并用水润湿，然后用体积比为 1：2.5 的水泥砂浆灌缝填实勾平，用弯面压子压成凹形，并不得在路面上拌制砂浆。砂浆初凝后，用软扫帚扫除多余灰浆，并应适当泼水养护，养护时间不少于 3 d，最后达到整齐美观。

二、人行道施工技术

（一）人行道施工准备

1. 材料要求

沥青混凝土人行道应采用细粒或微粒式沥青混凝土。沥青混凝土铺装层厚不应小于 3cm，沥青石屑、沥青砂铺装层厚不应小于 2cm。压实度不应小于 95%。表面应平整，无明显轮迹。

水泥混凝土预制砌块必须整齐统一，抗压强度应符合设计规定；设计未规定时，不宜低于 30MPa，要求各面平整、无缺边掉角，表面光泽一致、无蜂窝麻面；利用多种异形表面在铺砌时相互连锁的要求稳定。

建筑材料贴面，尺寸形状按设计要求确定，做到表面平整、色泽一致、无缺边掉角。料石、预制砌块宜由预制厂生产，并提供强度、耐磨性能试验报告及产品合格证。进场后经检验合格后方可使用。料石应表面平整、粗糙，色泽、规格、尺寸应符合设计要求，其抗压强度不宜小于 80MPa。

2. 作业条件

地面下的暗管、沟槽和附属构筑物等工程已验收合格，场地已平整；原材料经取样检验合格；方案已获监理工程师批准；根据现场与周边环境条件、交通状况，与道路交通管理部门研究制定交通疏导或导行方案，并实施完毕。

施工中影响或阻断既有人行交通时，在施工前应采取措施，保障人行交通畅通、安全。设置排水沟、集水坑，及时将路基里的积水或地下水排走，确保路基上无积水。

施工用水、用电已经接通。根据工程规模、环境条件，修筑临时施工道路。临时施工道路应满足施工机械调运和车辆通行安全要求，且不得妨碍施工。

对作业层队伍进行全面技术、安全、质量、环保内容的交底。

无雨、雪天气。采用干铺时，环境温度不应低于 0℃。采用掺有水泥的砂浆铺设时，环境温度不应低于 5℃。

3. 人行道施工准备注意事项

（1）地下管线的保护

在基槽开挖之前，应全面掌握人行道下的管线种类、结构、水平位置、埋深等情况。在地下管线埋深较浅处，采用人工开挖基槽，人工或小机具夯实，以免损伤地下管线。

（2）相邻构筑物的协调

人行道上常有树穴、绿化带、各种检查井、电杆穴等构筑物，因此，在人行道施工时，必须与有关部门互相协作配合，避免在工序上发生冲突，并应保护好测量标志，保证人行道的标高和横坡。

（3）环境保护

在喷洒乳化沥青或涂沥青漆和摊铺沥青混凝土时，侧石及相邻构筑物应用旧报纸、牛皮纸等加以覆盖，以防止污染。

（4）盲道设置

按设计及规范规定设置施工步骤与施工工艺；行进盲道砌块与提示盲道砌块不

得混用；盲道避开树池、检查井、杆线等障碍物；路口处盲道应设为无障碍。

(二) 人行道施工

1. 基槽施工

基槽施工要点如下。

按设计图样实地测高程桩与放线，人行道直线段，一般 10m 一桩，曲线段适当加密，并在桩上标出面层设计标高，或放在建筑物上画线表明设计标高。若人行道外侧已按标高安装站石时，则以站石顶面标高为准，按设计横坡放样。

新建道路，可将土路床施工至人行道基槽标高，不必反开挖；路垫开挖接近基槽标高时，适当保留厚度，找平碾压达到设计压实度后再进行检查平整。草地软土应换填或用石灰稳定处理。开挖基槽前要对地下管网进行全面检查，并采取相应的保护措施。雨、冬期施工，必须做好相应的排水、防冻措施。

2. 基层施工

人行道基层有石灰土基层、石灰水泥稳定石屑基层、水泥稳定碎石基层、素混凝土基层等。

沥青混凝土面层人行道一般采用石灰水泥稳定石屑、水泥稳定碎石等半刚性基层材料，以减少反射裂缝；水泥混凝土人行道多采用石灰土基层、石灰水泥稳定石屑、水泥稳定碎石等基层材料；建筑材料贴面的人行道一般采用素混凝土基层。

3. 面层施工

(1) 沥青混凝土面层施工

①铺筑面层

检查到达工地的沥青混凝土种类、温度及拌和质量等，冬季运输沥青混凝土必须注意保温。人工摊铺时要计算用量，分段卸料，卸料要卸在钢板上，松铺系数为 1.2 ~ 1.3。上料时要注意扣铁操作，摊铺时不要踩在新铺混合料上，注意轻拉慢推，搂平时注意粗细均匀，不使大料集中。

②碾压

用平碾纵向错半轴碾压，随时用 3 m 直尺检查平整度，不平处及粗麻处要及时修整或筛补，趁热压实。碾压不到处要用热夯或热烙铁拍平，或用振动夯板夯实。

③接槎

采用立槎涂油热料温边方法。低温施工应适当采取喷油措施和铺热沙措施，以保护人行道面层，防止掉渣。要求表面坚实，无松散、裂纹、掉渣、积水、粗细料集中等，接槎紧密平顺，与其他构筑物应接顺。

（2）现浇水泥混凝土面层施工

①摊铺面层

现浇水泥混凝土人行道面层铺筑厚度应不小于 10 cm。水泥混凝土拌和物应摊铺均匀。布料的松铺系数为 1.10～1.25。摊铺后表面应大致平整，不得有明显的凹陷。块混凝土板应一次连续摊铺完毕。

②振捣

当混凝土摊铺长度大于 10m 时，可以开始使用平板振捣器进行振捣作业，振动时间不宜少于 30s，应重叠 10～20cm，振捣器行进速度应均匀一致。振捣速度宜匀速缓慢，振捣应连续不间断地进行，其作业速度以水泥混凝土拌和物表面不露粗集料、泛出水泥浆为准。

③收面

透水水泥混凝土振捣后，宜使用抹平机对水泥混凝土面层进行收面，收面时必须保持模板顶面整洁，接缝处板面平整。抹面不宜少于 4 次，先找平抹平，待混凝土表面无泌水时再抹面，并依据水泥性质与气温来控制抹面间隔时间。

④切缝

根据环境温度在泥混凝土面层成活后 250℃/h，按设计要求间距采用切缝法施工横向缩缝。缩缝应垂直板面，宽度宜为 4～6mm。设传力杆时，不应小于面层厚的 1/3。切缝完成后，立即用高压水枪将残余砂浆冲洗干净。待缩缝干燥后，按设计要求进行填缝处理。

（3）路面砖铺砌层施工

①复测标高

按照设计图纸复核放线，用测量仪器打方格，并以对角线检验方正，然后在桩橛上标注该点面层设计标高。

②水泥砖装卸

预制块方砖的规格为 200×200×180（单位：mm），装运花砖时要注意强度和外观质量，要求颜色一致、无裂缝、不缺棱角。要轻装轻卸以免损坏。卸车前应先确定卸车地点和数量，尽量减少小搬运。砖间缝隙为 2mm，用经纬仪和钢尺测量放线，打方格时要把缝宽计算在内。

③拌制砂浆

采用 1:3 石灰砂浆或 1:3 水泥砂浆，石灰粗砂要过筛，配合比要准确，砂浆的和易性要好。

④修整基层

挂线或用测量仪器检查基层竣工高程，对小于等于 2 ㎡的凹凸不平处当低处小于等于 1cm 时，可填实，可填 1∶3 石灰砂浆或 1∶3 水泥砂浆；当低处大于 1cm 时，将基层刨 5cm，用基层的同样混合料填平拍实，填补前应把坑槽修理平整干净，表面适当湿润，高处应铲平，但如铲后厚度低于设计厚度的 90% 时，应进行反修。

⑤铺筑砂浆

在清理干净的基层上洒一遍水使之湿润，然后铺筑砂浆，厚度为 2cm，用刮板找平。铺砂浆应随砌砖同时进行。

⑥铺砌水泥砖

铺砖时，按控制桩高程，在方格内由第一行砖纵横挂线，根据标线按标准缝宽铺筑第一行样砖，然后纵线不动，横线平移，依次按照样砖铺砌。

铺步砖缝的直线要通、曲线要顺。扇形平面上铺步砖，要用电锯切割异形步砖与之相配，也可按直线顺延铺筑，然后用与预制步砖颜色相同的水泥沙浆补齐并刻缝。

⑦灌缝

灌缝一般采用 1∶3 水泥细沙干浆，先在步砖表面均匀撒铺一层沙浆，然后用扫帚或板刷将砂浆扫入缝中，然后可用小型振动碾压机振实或浇水灌实。灌缝要反复进行几道，直至缝隙饱满。施工完毕后，面上的沙浆要清扫干净，用扫帚扫出步砖本色。

（4）其他形式的人行道面层施工

①彩色板（砖）和触感板（砖）人行道的施工

彩色人行道方砖要采用刚性或半刚性基层及干拌水泥沙浆黏结层。基层和黏结层的材料、厚度、强度应符合设计要求。基层的施工可按照规程的有关规定执行。

②水泥混凝土连锁砌块铺装

由于连锁砌块条块窄小，因而对平整度的要求更高，块与块的连接必须紧密、齐平，不得有错落现象。铺砌不留缝，垫层用粗沙，使用专用的振平板振实，灌缝用细沙，其余操作均同铺水泥砖。完工后需要表面平整光洁、图案排列整齐、颜色一致，无麻面或者掉面、缺边现象，纵横坡度要符合设计要求。

③曲线段人行道板（砖）的施工

曲线段人行道的道面铺砌，可采用直铺法或扇形铺法进行铺砌，其中彩色人行道板（砖）应采用直铺法进行施工。铺板（砖）后所形成的楔形空缺和边、角空缺可采用同标号水泥混合料就地浇筑，彩色人行道板（砖）应按所需形状切割后拼砌，与预制道板（砖）面平，并进行养护。

4. 特殊部位的施工

（1）各种井的周边施工

按设计标高、纵坡、横坡，调整井圈高程；对已破坏或跳动的井盖、井圈进行更换；检查井周围，不得使用锯割的步砖嵌砌，步砖与井周空缺应及时用细石混凝土填补好；建筑材料贴面可使用切割后材料与检查井接顺。

（2）树穴施工

按设计要求间隔和尺寸留出树穴；树穴与路缘石或站石要方正衔接；树穴边缘按设计要求用水泥混凝土预制件、水泥混凝土缘石或大理石等围成，尺寸、高程按设计要求确定；人行横道线、公共汽车站处不设树穴。

（3）无路缘石部位施工

对人行道、广场等无路缘石人行道边缘，应采用混凝土止挡法或步砖沙浆黏结法固定。

（4）与建筑衔接处施工

人行道面层高于建筑物地面时，应调整人行道横坡接平，或将建筑通行范围降低接顺；当建筑物地面与人行道高差较大时，应设置踏步或挡土墙。

5. 人行道的保养与修理

（1）人行道保养

应经常保持人行道整洁，及时清除人行道上的尘土污泥和杂物；两侧建筑物的管道排水，不得浸流人行道上；禁止机动车辆在人行道上行驶或停放；经常保持块料铺装人行道块体的稳定，发现松动应及时补充嵌缝材料，填充稳固；若垫层不平引起人行道砌块松动，应将砌块挖出，整修垫层重新铺筑；应保养好整体铺装人行道的伸缩缝、施工缝及人行道同检查井口的接缝，发现损坏应及时修补；侧石及平石的接缝要定期清缝及勾缝；对损坏及歪斜的侧石及平石，应及时调整或更换；因树根挤坏人行道及侧石而影响行人及排水时，应同有关部门联系解决。

（2）人行道修理

人行道的修理应针对破损原因（如排水不良、路面树根部的发育、集中堆放重型物资或机动车辆驶入等）采取相应措施进行修补。修复时应符合下列规定。

处理部分要比损坏边缘扩大 10 cm 以上，开挖前应清理尘土、杂物；要按照修理时画出的轮廓开挖，边缘应垂直整齐。如果修理砌块面层，则应按砌块接缝线前 10 cm 进行画线开挖；人行诮路面损坏需要修整并更换侧石和平石，必须在更换侧石和平石后再修整路面；结构组合应按原人行道结构恢复，回填土及基层压实度应符合规定要求；修理部分要将四周边缘结合至密实平整，检查井的周围要细致地修复，黑色混合料铺筑的人行道结构，槽壁要涂黏结剂浇沥青，水泥混凝土人行道按原规格、原花纹恢复；新开人行道根据道路口宽度、侧石设置、转弯半径等采用不同形式，并要考虑行人行走方便。

三、其他附属工程施工技术

(一) 路肩施工

1. 路肩的作用及宽度

各级公路都要设置路肩。路肩的作用主要有以下几个方面：由于路肩紧靠在路面的两侧设置，具有保护及支撑路面结构的作用；供发生故障的车辆临时停放之用，有利于防止交通事故和避免交通混乱；作为侧向余宽的一部分，能增进驾驶的安全感和舒适感，对保证设计车速是必要的，尤其在挖方路段，还可以增加弯道视距，减少行车事故；提供道路养护作业、埋设地下管线的场地，对未设人行道的道路，可供行人及非机动车等使用；精心养护的路肩，能增加公路整体的美观。

2. 路肩施工

路肩石可以在铺筑路面基层后，沿路面边线刨槽、打基础安装；也可以在修建路面基层时，在基础部位加宽路面基层作为基础；也可以利用路面基层施工中基层两侧宽出的多余部分作为基础，厚度及标高应符合设计要求。

路面中线校正后，在路面边缘与侧石交界处放出路肩石线，直线部位 10 米桩；曲线部位 5~10 米桩；路口及分隔带等圆弧 1~5 米桩。也可以用皮尺画圆并在桩上标明路肩石顶面高程。

刨槽施工时，按要求宽度向外刨槽，一般为 30cm，靠近路面一侧比线位宽出少许，一般不大于 5cm，太宽容易造成回填夯实不达标及路边塌陷。为保证基础厚度，刨槽深度可比设计加深 1~2cm，槽底应修理平整。若在路面基层加宽处安装路肩石，则将基层平整即可，免去刨槽工序。

(二) 雨水口施工

1. 雨水口施工工艺

雨水口施工步骤主要有以下几点：根据设计图样，放出雨水口井位，打定位桩，并标定高程；按照定位线开挖基槽，井周每侧留出 30cm 的余量，控制设计标高，清理槽底，进行夯实；浇筑底板，底板按设计图施工养护达到一定强度时再砌筑井体；砌筑井体前要按墙身位置挂线，先在底板铺上一层沙浆后，再开始砌筑墙身，要保证墙身垂直，井底应采用水泥沙浆抹出雨水口泛水坡。

2. 施工注意事项

位置应符合设计要求，不得歪扭；井箅与井墙应吻合；井箅与道路边线相邻边的距离应相等；内壁抹面必须平整，不得起壳裂缝；井箅必须完整无损、安装平稳；

井内严禁有垃圾等杂物，井周回填土必须密实；雨水口与检查井的连接应顺直、无错口；坡度应符合设计规定。

（三）检查井施工

1.检查井的构造

（1）井基

井基包括基础和流槽。按照土壤及水文地质条件，采用灰土、碎砖、碎石或卵石作垫层。上铺混凝土或砌砖基础。基础上部按上下游管道管径大小砌成流槽。

（2）井身

检查井身的材料应采用砖、石、混凝土或钢筋混凝土。我国目前多采用砖砌，以水泥沙浆抹面。井身在构造上分为工作室、渐缩部分和井筒三部分。工作室的平面形状有圆形、矩形和扇形。

（3）井盖、盖座

井盖盖在井筒上面，井盖座在盖座上，井盖和路面、人行道安装平整，防止行人、车辆，或其它物品落入井内。一般用铸铁制作，也有用混凝土制作的。

（4）爬梯

爬梯供工作人员上下井用，用铸铁制作，也有用砖砌的脚窝，交错地安装在井壁上。

2.检查井的施工要点

施工前先熟悉图样，确定检查井的尺寸、样式；砌筑检查井，应在管道安装后立即进行；砌井前检查基础尺寸和过程；基础清理干净后，先铺一层砂浆，再进行墙体砌筑，砌砖时每砌完一层，就要灌一次沙浆，使缝隙内沙浆饱满，上下两层砖间竖向要错缝，所用沙浆与砖的强度要求由设计确定；井壁与混凝土管相接部分，必须用沙浆坐满，在混凝土管上砌砖，以防漏水，管外壁接头处要提前洗刷干净；井身上部收口按设计标准图集所要求坡度砌筑，砌井也应边砌边完成井内沙浆抹面。

（四）雨水支管施工

1.挖槽

测量人员按设计图上的雨水支管位置、管底高度定出中心线并标记高程。

根据开槽宽度，撒开槽灰线，槽底宽一般采用管径外皮之外每边各加宽 3.0cm；根据道路结构厚度和支管覆土要求，确定在路槽或一步灰土完成后反开槽，开槽原则是能在路槽开槽就不在一步灰土反开槽，以免影响结构层整体强度；挖至槽底基础表面设计高程后挂中心线，检查宽度和高程是否平顺，修理合格后再按基础宽度与深度要求，立槎挖土直至槽底做成基础土模，清底至合格高程即可打混凝土基础。

2. 四合一法施工

四合一法施工即基础、铺管、八字混凝土、抹箍同时施工。

（1）基础

浇筑强度为 C10 水泥混凝土基础，将混凝土表面做成弧形并进行捣固，混凝土表面要高出弧形槽 1~2cm，靠管口部位应铺适量 1：2（体积比）的水泥沙浆，以便稳管时挤浆使管口与下一个管口黏结严密，防止接口漏水。

（2）铺管

在管子外皮一侧挂边线，以控制下管高程顺直度与坡度，要洗刷管子保持湿润。

将管子稳在混凝土基础表面，轻轻揉动至设计高程，注意保持对口和中心位置的准确。雨水支管必须顺直，不得存在错口，管子间留缝最大不准超过 1cm。灰浆挤入管内用弧形刷刮除，如出现基础铺灰过低或揉管时下沉过多，应将管子撬起一头或起出管子，铺垫混凝土及沙浆，且重新揉至设计高程。

（3）八字混凝土

当管子稳定并完成捣固工作之后，按照要求角度抹出八字。

（4）抹箍

管座八字混凝土灌好后，立即用 1：2 水泥沙浆抹箍。

抹箍的材料规格，水泥用强度等级 32.5 以上水泥，沙用中沙，含泥量不大于 5%；接口工序是保证质量的关键，不能有丝毫马虎。抹箍前先将管口洗刷干净，保持湿润，沙浆应随拌随用。

抹箍时先用沙浆填管缝压实略低于管外皮，如沙浆挤入管内用弧形刷随时刷净，然后刷水泥素浆一层宽 8~10cm，再抹管箍压实，并用管箍弧形抹子赶光压实；为确保管箍和管基座八字连接一体，在接口管座八字顶部预留小坑，当抹完八字混凝土立即抹箍，管箍灰浆要挤入坑内，使沙浆与管壁黏结牢固；管箍抹完初凝后，要盖草袋洒水养护，注意勿损坏管箍。

3. 包管加固

凡支管上覆土不足 40cm，需上大碾碾压者，应做 360° 包管加固。在第一天浇筑基础下管，用沙浆填管缝压实略低于管外皮并做好平管箍后，于次日按设计要求打水泥混凝土包管，水泥混凝土必须插捣振实，注意养护期内的养护，完工后支管内要清理干净。

4. 支管沟槽回填

回填应在管座混凝土强度超过 50% 时进行；应在管子两侧用 8% 灰土同时进行雨水支管预拌回填，管顶 40cm 范围内用人工夯实，夯实度要与道路结构层相同。

5. 升降检查井

城市道路在路内有雨污水等各种检查井，在道路施工中，为了保护原有检查井井身强度，一般不准采用砍掉井筒的施工方法。

开槽前用竹竿等物逐个在井位插上明显标记，堆土时要离开检查井 0.6～1.0m，不准使用推土机正对井筒直推，以免将井筒挤坏。井周土方采取人工挖除，井周填石灰土基层时，要采用火力夯分层夯实。

凡升降检查井取下井圈后，按要求高程升降井筒，如升降量较大，要考虑重新收口，使检查井结构符合设计要求。

井顶高程按测量高程在顺路方向井两侧各 2m，垂直路线方向井每侧各 1m，挂十字线稳好井圈、井盖。

第三章　桥梁的施工技术

第一节　桥涵工程主要施工机械

一、打桩、拔桩机械

（一）振动沉拔桩锤

1. 作用与特点

振动沉拔桩锤广泛应用于各类钢桩和混凝土预制桩的沉拔作业。与相应的桩架配套后，也可用于混凝土灌注桩、石灰桩、砂桩等各种类型的地基处理作业。

振动沉拔桩锤有如下特点：贯入力强，沉桩质量好；不仅可用于沉桩，还可用于拔桩；使用方便，施工速度快，成本低；结构简单，维修保养方便；与柴油打桩机相比，噪声小，无大气污染。

2. 分类

振动沉拔桩锤可按照动力、振频和结构进行分类。

①按动力可分为电动振动沉拔桩锤和液压振动沉拔桩锤，前者动力是耐振电动机，后者是柴油发动机驱动液压泵—马达系统；②振动锤的振动器是一个带偏心块的转轴，按其产生的振动频率可分为低频（300～700 r/min）、中频（700～1500 r/min）、高频（2300～2500 r/min）、超高频（约6000r/min），以适应不同地基的土质情况；③按振动偏心块结构可分为固定式偏心块和可调式偏心块。

3. 主要结构

振动沉拔桩锤主要由以下几个部分组成：原动机、振动器、夹桩器和减振器。

（二）柴油桩锤

柴油打桩机由柴油桩锤和桩架两部分组成。柴油桩锤按其动作特点可分为导杆式和筒式两种。导杆式柴油桩锤冲击体为气缸，构造简单，但打桩能量小，只适用于打小桩，已逐渐被淘汰；筒式柴油桩锤冲击体为活塞，打击能量大，施工效率高。

1. 筒式柴油桩锤的工作循环及原理

筒式柴油桩锤是目前使用最广泛的一种打桩设备。下面以筒式柴油桩锤为例介绍柴油桩锤的工作原理。

（1）扫气、喷油

上活塞在重力作用下降落，进行扫气；当上活塞继续下降时，触及燃油泵的曲臂，把适量的燃油射入下活塞凹形球碗内。

（2）压缩

上活塞继续下降，把吸排气口关闭，气缸内的空气被压缩，空气的压力、温度升高，为燃烧做好准备。

（3）冲击

上活塞继续下降与下活塞相碰撞，产生强大的冲击力使桩下沉，这一冲击力是沉桩的主要作用力。

（4）爆发

上活塞冲击下活塞的同时，下活塞球碗中的燃油受冲击而飞溅雾化（这一过程叫"冲击雾化"）。雾化的燃油与高温气体混合而爆发燃烧，爆发所产生的压力又给桩一个下沉力；同时，使上活塞向上跳起。

（5）排气

上活塞升至一定高度时，吸排气口打开，燃烧的废气在膨胀压力作用下：由吸排气口排出。当上活塞越过燃油泵的曲臂以后，曲臂在弹簧作用下恢复原位，吸入一定量的燃油，准备下一次的喷油。

（6）吸气

在惯性作用下，活塞继续上升，这时气缸内部产生负压，新鲜空气被吸入气缸内。

（7）降落

上活塞的动能全部转化成势能后再次下降，重复上述各过程。

2. 柴油桩锤的结构

柴油桩锤主要由锤体、燃油供给系统、润滑系统、冷却系统及起落架等部分组成。

（1）锤体

锤体是桩锤的主要部件，由导向缸、上气缸、下气缸、上活塞、下活塞、安全装置缓冲装置及导向装置等零件组成。

（2）燃油供给系统

燃油供给系统由燃油箱、滤油器、输油管、燃油泵等组成。

（3）润滑系统

润滑系统采用惯性润滑和强制润滑两种方式。上活塞采用惯性润滑；下活塞采用强制润滑，由油箱、三通阀、润滑油泵、分油器和注油阀等组成强制润滑系统。

（4）冷却系统

桩锤一般采用水冷机，其冷却系统由上、下水箱等组成。水箱中的水是自然循环，桩锤长时间工作时，水沸腾是允许的。

（5）起落架

起落架是用来提升上活塞进行起动和提升整个桩锤的。提升上活塞是利用钩子，当整个起落架下降杠杆碰到气缸上的下碰块时，杠杆向上抬起，摆杆顺时针摆动，推动连接钩子抬起并伸入气缸内，起落架上升，钩子就在上活塞的凸肩上把上活塞提起。当杠杆碰到气缸上的上碰块时，摆杆逆时针摆动，使钩子退回，上活塞脱钩下落。

（三）液压锤

液压锤是以压力油作为动力的冲击式打桩锤。按其结构和工作原理可分为单作用式与双作用式两种。

单作用式液压锤是通过液压油将冲击体提升到一定高度后快速释放，冲击体以自由落体方式冲击桩头。

双作用式液压锤是冲击体通过液压油提升到一定高度后，由液压系统控制，液压油改变方向，推动冲击体以更大的加速度冲击桩头，这时的势除了冲击体的重力外，还有压力油的强大推力。因此，双作用式液压锤的冲击能量要比单作用式液压锤大，打桩工作效率高。

液压锤由液压系统、冲击块、桩帽、起吊导向框架及导向板组成。

1. 液压系统。

液压系统是液压锤的重要机构，它由双层液压缸、蓄能器、活塞和活塞杆、连接冲击块的球头等组成。

2. 冲击块

冲击块的功能类似柴油桩锤中的上活塞，但由于冲击块不存在对油的雾化等问题，所以结构简单，对加工精度要求不高，一般由铸钢件加工而成。

冲击块是液压锤的主要冲击能量，根据不同桩长的需要，可以在一个锤体上使用几种重量级的冲击块，而且操作容易。

4. 起吊导向框架

起吊导向框架的作用相当于柴油桩锤气缸的一个作用，即导向作用。冲击块的两侧均留有凹槽，冲击块即通过凹槽在起吊导向架中上下运动，以保证锤击的中心。同时，起吊导向框架还兼有控制锤体整体升降的作用，不需另配备起落架。

5.导向极在框架后面装有四块导向板，根据桩机导杆的形式配备不同的导向板。

（四）桩架

所有冲击式打桩锤都需要相应的桩架支持，并为之导向。桩锤配上相应的桩架才能进行打桩作业，也才能成为完整的冲击式打桩机。桩架的形式多种多样，水上打桩是把桩架固定在船上，而陆地上除了个别特殊的桩锤配有专用桩架（如有拔桩功能的打桩机）外，能适用于多种桩锤和桩具的通用桩架不外乎两种基本形式：一种是沿轨道行驶的万能桩架，另一种是装在履带底盘上的桩架。万能桩架因其要在预先铺设的水平轨道上工作，机构庞大，占用施工现场工作面大，组装和搬运麻烦，因而近年来已很少使用。而履带底盘式桩架发展较为迅速，很受工程届欢迎，这里仅就这种桩架进行介绍。

1.悬挂式履带桩架

悬挂式履带桩架是以履带起重机为底盘，用吊臂悬吊桩架立柱，立柱下面与车体以支撑连接而成。由于桩架、桩锤的重量较大，重心高且前移，容易使起重机失稳，所以通常在车体上增加一些配重。立柱在吊臂端部的安装比较简单。为了能方便地调整立柱的垂直度，立柱下端与车体支撑连接一般都是采用丝杠和液压式伸缩可调的机构。

2.三点式履带桩架

三点式履带桩架也同样是以履带式起重机为底盘，但在使用时必须做较多的改动。首先要拆除吊臂，增加两个斜撑，斜撑下端用球铰持在液压支腿的横梁上，使两个斜撑的下端在横向保持较大的间距，构成稳定的三点支撑结构。

三点式履带桩架性能比较理想，工作幅度小，具有良好的稳定性。另外，还可通过斜撑的伸缩使立柱倾斜，以适应打斜桩的需要。

二、起重机械

（一）简单起重设备

简单起重设备一般只备有起升机构，用以起升重物。其构造简单、质量轻、便于携带、移动方便。常用的简单起重设备有液压千斤顶、卷扬机和起重葫芦等。

1.液压千斤顶

千斤顶是一种起重高度小（小于1m）的简单的起重设备。它有机械式和液压式两种。机械式千斤顶又有齿条式与螺旋式两种。液压式千斤顶（简称液压千斤顶）结构紧凑、工作平稳、有自锁作用，故使用广泛。其缺点是起重高度有限（10~25cm）、起升速度慢。

2.卷扬机

卷扬机是最常用、最简单的起重设备之一，广泛应用在建筑施工中。它既可单独使用，也可作为其他起重机械上的主要工作机构，如起重机的起升机械和变幅机构、门式和井式起降机的动力装置等，用来起吊和运移各种物料。

3.起重葫芦

常用的起重葫芦有手动和电动两种。电动起重葫芦是一种具有起升和行走两个机构的轻小型起重机械，通常安装在直线或曲线工字钢轨上，用以起升和转运重物，重物只能在已安装好的线路上运行。

（二）汽车起重机

汽车起重机是在通用或专用载重汽车底盘上装上起重机设备而成，简称起重机。其本身自带行走装置，机动性好、快速，作业适应性好，多用于各种建设工程和设备安装工程。

起重机按臂架系统分，有桁架起重臂和液压起重臂两种；按传动系统分有机械传动式、液压传动式、电力传动式和电力—液压传动式；按起升质量分，有5t、8t、16t、40t等起重机。目前，起重机正向大吨位的方向发展。

第二节　桥梁基础施工技术

一、桥梁基础分类

桥梁基础按施工方法可分为扩大基础、桩基础、管柱、沉井等，下面分别介绍各类基础的分类及受力特点。

（一）扩大基础

所谓扩大基础，是将墩（台）及上部结构传来的荷载由其直接传递至较浅的支承地基的一种基础形式，一般采用明挖基坑的方法进行施工，故又称为明挖扩大基础或浅基础。

扩大基础按其施工方法分为机械开挖基坑浇筑法、人工开挖基坑浇筑法、土石围堰开挖基坑浇筑法、板桩围堰开挖基坑浇筑法。

扩大基础按其材料性能特点可分为配筋与不配筋的条形基础和单独基础。配筋扩大基础常用的有混凝土基础、片石混凝土基础等，不配筋基础的材料都具有较好的抗压性，但抗拉、抗剪强度不高，设计时必须保证发生在基础内的拉应力和剪应力不超过相应的材料强度设计值。钢筋混凝土扩大基础的抗弯和抗剪性能良好，可在竖向荷载较大、地基承载力不高以及承受水平力和力矩荷载下使用。

扩大基础是由地基反力承担全部上部荷载，将上部荷载通过基础分散至基础底面，使之满足地基承载力和变形的要求。扩大基础主要承受压应力，一般用抗压性能好、抗弯拉、抗剪性能较差的材料(如混凝土、毛石、三合土等)建造，适用于地基承载力较好的各类土层，根据土质情况分别采用铁镐、十字镐、挖掘机、爆破等设备与方法开挖。

扩大基础在埋置深度和构造尺寸确定以后，应先根据最不利(有存在的可能性)的情况下的荷载组合，计算出基底的应力，然后进行基础的合力偏心距、稳定性以及地基强度(包括持力层、弱下卧层的强度)的验算，必要时还应进行地基变形的验算。

(二)桩基础

桩基础是深入土层的柱形结构，其作用是将桩顶以上的结构物传来的荷载传到较深的地基持力层中去。当荷载较大或桩数量较多时需在桩顶设承台将所有基桩连接成一个整体共同承担上部结构的荷载。

桩是垂直或微斜埋置于土中的受力杆件，它的横截面尺寸比长度小得多，其所承受的荷载由桩侧土的摩阻力及桩端地层的反力共同承担。

(三)管柱

管柱基础是由管柱群和钢筋混凝土承台组成的基础结构，也有由单根大型管柱构成基础的。它是一种深基础，埋入土层一定深度，柱底尽可能落在坚实土层或锚固于岩层，作用在承台的全部荷载，通过管柱传递到深层的密实土或岩层上。

管柱基础因其施工方法和工艺较为复杂，所需机械设备较多，所以较少采用。但当桥址处的地质水文条件十分复杂如大型的深水或海中基础，特别是深水岩面不平、流速大或有潮汐影响等自然条件下，不宜修建其他类型基础时，可采用管柱基础。管柱基础主要适用于岩层、紧密黏土等各类紧密土质的基底，并能穿过溶洞、孤石支承在紧密的土层或新鲜岩层上，不适用于有严重地质缺陷的地区，如断层挤压破碎带或严重的松散区域。

（四）沉井

沉井基础是一种断面和刚度均比桩要大得多的井筒状结构，是依靠在井内挖土，借助井体自重及其他辅助措施而逐步下沉至预定设计标高，最终形成的一种结构深基础形式。沉井基础施工时占地面积小，坑壁不需设临时支撑和防水围堰或板桩围护，与大开挖相比较，挖土量少，对邻近建筑物的影响比较小，操作简便，无须特殊的专业设备。

当桥梁结构上部荷载较大，而表层地基土的承载力不足，但在一定深度下有好的持力层，扩大基础开挖工作量大，施工围堰支撑有困难，或采用桩基础受水文地质条件限制时采用沉井基础，与其他深基础相比，经济上较为合理。

沉井是桥梁墩台常用的一种深基础形式，有较大的承载面积，可以穿过不同深度覆盖层，将基底放置在承载力较大的土层或岩面上，能承受较大的上部荷载。

沉井基础强度大，有较大的横向抗力，抗震性能可靠，尤其适用于竖向和横向承载力大的深基础。

沉井基础按其制造情况可分为就地浇筑下沉沉井、浮式沉井；按其横截面形状分为圆形、矩形、椭圆形、圆端形、多边形及多孔井字形沉井等；按其竖向剖面形状可分为柱形、锥形、阶梯形沉井等；按材料可分为混凝土、钢筋混凝土、钢、砖、石、木沉井等。

二、明挖扩大基础施工

明挖扩大基础施工的内容包括基础的定位放样、基坑开挖、基坑排水、基底处理以及砌筑（浇筑）基础结构物等。

（一）准备工作

在开挖基坑前，应做好复核基坑中心线、方向和高程，并应按地质水文资料，结合现场情况，决定开挖坡度、支护方案以及地面的防水、排水措施。

放样工作是根据桥梁中心线与墩台的纵横轴线，推算出基础边线的定位点，再放线画出基坑的开挖范围。基坑底部的尺寸较设计平面尺寸每边各增加 0.5～1.0m，以便支撑、排冰与立模板（坑壁垂直的无水基坑坑底，可不必加宽，直接利用坑壁作基础模板亦可）。

（二）基坑开挖

1. 坑壁不加支撑的基坑

对于在干涸河滩、河沟中，或经改河、筑堤能排除地表水的河沟中，在地下水位低于基底，或渗透量少，不影响坑壁稳定，以及基础埋置不深、施工期较短、挖基坑时，不影响邻近建筑物安全的场所，可选用坑壁不加支撑的基坑。

黏性土在半干硬或硬塑状态，基坑顶无活荷载，稍松土质，基坑深度不超过 0.5m，中等密实（锹挖）土质基坑深度不超过 1.25m，密实（镐挖）土质基坑深度不超过 2.0m 时，均可采用垂直坑壁基坑。基坑深度在 5m 以内，土的湿度正常时，采用斜坡坑壁开挖或按坡度比值挖成阶梯形坑壁，每梯高度以 0.5 ~ 1.0m 为宜，可作为人工运土出坑的台阶。基坑深度大于 5m 时，坑壁坡度应适当放缓，或加做平台。土的湿度影响坑壁的稳定性时，应采用该湿度下土的天然坡度或采取加固坑壁的措施。当基坑的上层土质适合敞口斜坡坑壁条件时，下层土质为密实黏性土或岩石，可用垂直坑壁开挖，在坑壁坡度变换处，应保留至少 0.5m 的平台。

2. 坑壁有支撑的基坑

当基坑壁坡不稳定并有地下水，或放坡开挖场地受到限制，或基坑较深、放坡开挖工程数量较大，不符合技术经济要求时，可根据具体情况，采取加固坑壁措施，如挡板支撑、钢木结合支撑、混凝土护壁及锚杆支护等。

混凝土护壁一般采用喷射混凝土。根据经验，一般喷护厚度为 5 ~ 8cm，一次喷护需 1 ~ 2h。一次喷护如达不到设计厚度，应待第一次喷层终凝后再补喷，直至达到要求厚度。喷护的基坑深度应按地质条件决定，一般不宜超过 10m。

（三）基坑排水

桥梁基础施工中常用的基坑排水方法有：

1. 集水坑排水法

除严重流沙外，一般情况下均可采用。基坑坑底一般多位于地下水位以下，而地下水会经常渗进坑内，因此必须设法将坑内的水排除，以便于施工。集水坑（沟）的大小主要根据渗水量的大小而定，排水沟底宽不小于 0.3m，纵坡为 1% ~ 5%。如排水时间较长或土质较差时，沟壁可用木板或荆篱支撑。

2. 其他排水法

对于土质渗透较大、挖掘较深的基坑可采用板桩法或沉井法。此外，视现场条件、工程特点及工期等因素，还可采用帷幕法，即将基坑周围土用硅化法、水泥灌浆法、沥青灌浆法以及冻结法等处理成封闭的不透水的帷幕。这种方法除自然冻结法外，其余均因设备多、费用大，在桥涵基础施工时较少采用。

三、桩基础

（一）沉入桩

沉入桩所用的基桩主要为预制的钢筋混凝土和预应力混凝土桩。截面形式常用的有实心方桩和空心管桩两种。管桩一般由工厂以离心成型法制成，分为上、中、下三节，管壁厚度为 8 ~ 10cm。

1. 桩的制作

（1）制作方法

钢筋混凝土方桩可在工厂或施工现场预制。工厂预制利用成组拉模生产，用不小于桩截面高度的槽钢安装在一起组成。现场预制宜采用工具式木模或钢模板，支在坚实、平整的混凝土地坪上，用间隔重叠的方法生产，重叠层数不宜超过 4 层。

（2）制作程序

现场布置→场地整平与处理→场地地坪混凝土浇筑→支模→绑扎钢筋、安装吊环→浇筑混凝土→养护至 30% 强度拆模，再支上层模，涂刷隔离层→重叠生产浇筑第二层桩混凝土→养护至 100% 混凝土起吊、运输、堆放→沉桩。

（3）钢筋设置

桩内设纵向钢筋或预应力钢筋（丝）和横向钢箍，以承受桩在运输、起吊和沉桩过程中产生的弯曲应力和冲击应力。钢筋骨架的主筋连接应采用对焊或电弧焊，对于受拉钢筋，同一截面内的主筋接头数量不得超过 50%；相邻两根主筋接头截面的距离应大于主筋直径 35 倍。

（4）接桩方法

桩的接桩方法有焊接、法兰盘接及硫黄胶泥锚接三种。前面两种可用于各种土类，硫黄胶泥锚接适用于软土层，且对一级建筑桩基或承受拔力的桩宜慎重。

焊接接桩时，钢板宜用低碳钢，焊条宜用 E43；法兰盘接桩时，钢板和螺栓宜用低碳钢；硫黄胶泥锚接时，硫黄胶泥配合比应通过试验确定。

2. 施工要求

第一，沉桩前掌握桩基的工程地质、水文和试桩等资料。

第二，沉桩前对沉桩设备移动范围进行平整与加固，检验预制桩，并用油漆画出长度标志，测定墩、台、基桩的纵、横轴线并做好记录。

第三，桩的堆放、起吊与搬运。

3. 施工方法

沉桩顺序应根据现场地形条件、土质情况、桩距大小、斜桩方向、桩架移动的方便等来决定。同时应考虑使桩入土深度相差不多，土均匀挤密。

沉入桩的施工方法主要有锤击沉桩、射水沉桩、振动沉桩及静力压桩等。

（1）锤击沉桩

一般适用于中密砂类土、黏性土。由于锤击沉桩依靠桩锤的冲击能量将桩打入土中，因此一般桩径不能太大（不大于0.6m），入土深度在40m左右。

（2）射水沉桩

射水施工方法的选择视土质情况而异，在砂夹卵石层或坚硬土层中，一般以射水为主，以锤击或振动为辅；在亚黏土或黏土中，为避免降低承载力，一般以锤击或振动为主、以射水为辅，并适当控制射水时间和水量；下沉空心桩，一般用单管内射水。

（3）振动沉桩

振动沉桩一般适用于松软的或可塑性黏土和较松散的砂土中，在紧密黏性土和砂质土中可用射水配合施工。

振动锤的振动力应大于下沉桩的土摩阻力。振动打桩机和机座（桩帽）必须与桩顶连接紧密、牢固。

在插好桩后，初期宜依靠桩和振动锤的自重下沉，待桩身入土达到一定深度并确认桩位和竖直度符合要求后再振动下沉。每根桩的沉桩作业应连续完成，不可中途停顿过久，以免土的阻力恢复，使桩继续下沉困难。

采用振动为主射水配合沉桩时，桩尖沉至距设计高程2m时应停止射水并将射水管提高，应进行干振直至设计高程，当最后下沉贯入度小于试桩最后下沉贯入度、振幅符合规定时，即可认为沉桩合格。

（4）静力压桩

静力压桩是以设备本身自重（包括配重）作动力，液压驱动，用静压力将桩压入土中，即以压桩机的自重克服沉桩过程中的阻力，适用于高压缩性黏土或砂性较轻的亚黏土层。这种施工工艺具有无振动、无噪声、无污染、无冲击力和施工应力小等特点。有利于避免沉桩振动对邻近建筑物和精密设备的影响，避免对桩头的冲击损坏，降低用钢量。在沉桩过程中还可以测定沉桩阻力，为设计和施工提供参数，预估和验证单桩极限承载力，检验桩的工程质量。

（5）水中沉桩

在河流较浅时，一般可以搭设施工便桥、便道、土岛和各种类型的脚手架组成的工作平台，其上安置桩架并进行水中沉桩作业。在较宽阔的河中，可将桩安设在组合的浮体上或固定平台，亦可适用专门打桩船。

(二) 钻孔灌注桩基础施工

1. 钻孔灌注桩的特点及方法

(1) 钻孔灌注桩的特点

钻孔灌注桩桩长可以根据持力土层的起伏面变化，并按使用期间可能出现的最不良内力组合配置钢筋，该方法钢筋用量较少，便于施工，且承载能力强，故应用较为普遍。

(2) 钻孔灌注桩的方法

①冲击法

用冲击钻机或卷扬机带动冲锥，借助锤头自重下落产生的冲击力，反复冲击破碎土石或把土石挤入孔壁中，用泥浆浮起钻渣，或用抽渣筒或空气吸泥机排出而形成钻孔。

②冲抓法

用冲抓锥靠自重产生冲击力，切入土层或破碎土层，叶瓣抓土、弃土以形成钻孔。

③旋转法

用钻机通过钻杆带动锥或钻头旋转切削土，用泥浆浮起并排出钻渣形成钻孔。以上每种方法因动力与设备功能的不同而分为多种。

2. 钻孔灌注桩施工的主要工序

钻孔灌注桩施工的主要工序有埋设护筒、制备泥浆、钻孔、孔径检查与清孔、钢筋笼制作与吊装以及灌注混凝土等。

(三) 人工挖孔灌注桩

1. 挖掘成孔

人工挖孔灌注桩的直径除应满足设计承载力要求外，还应给施工人员提供足够的工作面。当用机械挖掘并用钢护筒护壁的孔，其孔径不宜小于 0.8m；用人力挖掘的方桩边长或圆桩孔径不宜小于 1.4m，孔深一般不宜超过 20m。挖孔时必须采取孔壁支撑，支撑形式视土质、渗水情况、工期与工地条件而定，一般可用就地灌注混凝土或用便于拆装的钢、木支撑。支护应高出地面，以防杂物滚入孔内，支护结构应经过验算。施工人员进入孔内必须注意安全；孔内有人施工时，孔上必须有人监督防护；孔内照明应用安全电压设置鼓风机，向孔内输送洁净空气，排除有害气体。当挖至设计标高时，必须对孔底进行鉴别、处理后方可灌注混凝土。

2. 浇筑混凝土

挖孔完毕并检查合格后应立即浇筑混凝土。有扩大端的先浇筑扩大端部分的混凝土，桩身混凝土应连续浇筑，分段振捣，每端高度不宜大于1m。浇筑时必须采用溜槽和串筒，不能直接从孔口倒入混凝土。

3.安全措施

人工挖孔桩成孔工作的劳动条件比较差，施工时必须采取严格的安全措施，以防止发生安全事故。①要了解孔内是否存在有害气体，深度超过10m的孔应有通风设施，风量应大于25L/s；②供施工人员上下的井道电葫芦、吊篮等应有自动卡紧保险装置，不得用单绳徒手蹬井壁凸缘上下，孔内必须设置应急软梯；③随时检查提升设备的完好情况；④暂时停止施工的孔口应加盖板并设护栏，挖出的土方应及时运走，不得堆放在孔口附近；⑤严守用电规程，各孔用电必须分闸，孔内电线必须有防潮湿、防折断的保护措施。

（四）沉管灌注桩

沉管灌注桩也称为套管成孔灌注桩，这种方法采用振动、静压或锤击的办法将钢管沉入土层中，然后边浇筑混凝土边拔管而成，称为振动沉管灌注桩、静压沉管灌注桩和锤击沉管灌注桩。

沉管灌注桩在成孔时有挤上作用，由于有钢管护壁，孔壁不会坍塌，但要注意在灌注混凝土的同时拔起钢管，钢管和混凝土之间具有一定的摩擦力影响混凝土的成型，在钢管已拔出的部分土体挤向尚未凝固的混凝土，这些过程如处理不当，会影响桩身质量。

套管钻机适用于砂类土和黏性土层钻孔，当地下水位以下有厚于5m的细砂层时，应选用上拔力较大的钻机。根据土层紧密情况和机械上拔力大小来决定套管下沉总深度。钻机就位后须用支腿将机身支平支牢，使套管竖直度满足设计要求。

套管钻机在开孔下套管时，钻进速度宜慢，并应反复上提下压套管，校正好位置和竖直度。中等密实或密实的土层中钻孔，宜随钻进随下套管；松散土层中钻孔，应先下套管并深入抓土面1~1.5m，然后钻进；地下水位较高的粉、细砂土层中，应随时向套管中补水，保持套管中水位不低于地下水位，防止翻砂。

钻孔作业过程中，应观察主机所在地面和支腿支承处地面变化情况，发现下沉现象应及时停机处理。因故停机时间较长时，应将套管口保险钩挂牢。

四、沉井基础

（一）施工方法

沉井法施工就是在墩台位置上，按照基础的外形尺寸，用钢筋混凝土或混凝土预先制成一段井筒，然后在井筒内挖土，随着挖土，井筒借助自重逐渐下沉，沉完一段，接筑一段，一直下沉到设计高程。

若为陆地基础，它在地表建造，由取土并排土以减少刃脚土的阻力，一般借自重下沉；若为水中基础，可用筑岛法，或浮运法建造。在下沉过程中，如侧摩阻力过大，可采用高压射水法、泥浆套法或"空气幕"等加速下沉。

泥浆套法是把拌制好的泥浆，用高压泥浆泵（压力 $150 \sim 500 \text{kN/cm}^2$），通过预埋在井壁中的压浆管，直送井筒下部，喷向井壁外部，在井壁外周形成一圈厚度为 $10 \sim 20 \text{mm}$ 的泥浆润滑套，使沉井下沉得又快又稳。

空气幕法则是向预埋在井壁四周的气管中压入高压气流，气流由喷气孔喷出壁外，沿沉井外壁上升，在井壁外周形成一圈压气层（亦称空气幕），使周围的土松动或激化，减少摩擦力，促使沉井顺利下沉。

（二）清底、封底及浇筑

1. 不排水清底

①沉井下沉至设计高程后基底面地质满足设计要求，如有不符须做处理时，其方法须征得设计单位同意，必要时取样检查。②基底土面或岩面尽量整平。基底面距隔墙底面的高度和刃脚斜面露出的高度，满足设计规定的最小高度。③基底浮泥或岩面残存物（风化岩碎块、卵石、砂等）均应清除，封底混凝土与基底间不得产生有害夹层。清理后的有效面积（沉井底面积扣除在刃脚斜面下一定宽度内不可能完全清除干净的面积）不得小于设计要求。④隔墙底部及封底混凝土高度范围内井壁上的泥污应清除。

2. 沉井在封底混凝土强度满足受力要求后方可抽水浇筑填充混凝土。

第三节　梁桥下部结构施工技术

一、承台施工

（一）围堰及开挖方式的选择

①当承台处于干处时，一般直接采用明挖基坑，并根据基坑状况采取一定措施后，在其上安装模板，浇筑承台混凝土。②当承台位于水中时，一般先设围堰（钢板桩围堰或吊箱围堰）将群桩围在堰内，然后在堰内河底灌注水下混凝土封底，凝结

后，将水抽干，使各桩处于干处，再安装承台模板，在干处灌注承台混凝土。③对于承台底位于河床以上的水中，采用有底吊箱或其他方法在水中将承台模板支撑和固定，如利用桩基，或临时支撑。承台模板安装完毕后抽水、堵漏，即可在干处灌注承台混凝土。④承台模板支承方式的选择应根据水深、承台的类型、现有的条件等因素综合考虑。

（二）承台底的处理

1. 低桩承台

当承台底层土质有足够的承载力，又无地下水或能排干水时，可按天然地基上修筑基础的施工方法进行施工。当承台底层土质为松软土，且能排干水施工时，可挖除松软土，换填 10～30cm 厚沙砾土垫层，使其符合基底的设计标高并整平，即立模灌注承台混凝土。

2. 高桩承台

当承台底以下河床为松软土时，可在板桩围堰内填入沙砾至承台底面标高。填砂时视情况决定，可抽干水填入或静水填入，要求能承受灌注封底混凝土的重量。

（三）模板及钢筋

①模板一般采用组合钢模，纵、横楞木采用型钢，在施工前必须进行详细的模板设计，以保证模板有足够的强度、刚度和稳定性，能可靠地承受施工过程中可能产生的各项荷载以保证结构各部形状、尺寸的准确。模板要求平整，接缝严密，拆装容易，操作方便。一般先拼成若干大块，再由吊车或浮吊（水中）安装就位，支撑牢固。②钢筋的制作要严格按技术规范及设计图纸的要求进行，墩身的预埋钢筋位置要准确、牢固。

（四）混凝土的浇筑

①混凝土的配制除要满足技术规范及设计图纸的要求外，还要满足施工的要求，如泵送对坍落度的要求。为改善混凝土的性能，根据具体情况添加合适的混凝土外加剂，如减水剂、缓凝剂、防冻剂等。②混凝土的拌和采用拌和站集中拌和，混凝土罐车通过便桥或船只运输到浇筑位置，采用流槽、漏斗或泵车浇筑，也可由混凝土地泵直接在岸上泵入。③混凝土浇筑时要分层，分层厚度要根据振捣器的功率确定，要满足技术规范的要求。

（五）混凝土养生和拆模

混凝土浇筑后要适时进行养生，尤其是体积较大，气温较高时要尤其注意，防止混凝土开裂。混凝土强度达到拆模要求后再进行拆模。

二、整体式墩台施工

（一）桥梁墩台的构成及典型墩台构造图

桥梁墩台主要由墩（台）帽、墩（台）身和基础三部分组成。主要作用是承受上部结构传来的荷载，并通过基础又将该荷载及自重传递给地基。

1. 桥墩

桥墩是指多跨桥梁的中间支承结构物，除承受上部结构的荷载外，还要承受流水压力，风力及可能出现的冰荷载、船只、排筏或漂浮物的撞击力。

2. 桥台

支撑桥跨结构物，同时衔接两岸接线路堤构筑物，起到挡土护岸和承受台背填土及填土上车辆荷载附加内力的作用。桥台分重力式桥台和轻型桥台两大类。

轻型桥台力求体积轻巧、自重小，借助结构物的整体刚度和材料强度承受外力，可节省材料，降低对地基强度的要求，可用于软土地基。

（二）整体式墩台施工要点

1. 混凝土及钢筋混凝土墩、台施工要点

①墩台施工前应在基础顶面放出墩、台中线和墩、台内，外轮廓线的准确位置。②现浇混凝土墩、台钢筋的绑扎应和混凝土的浇筑配合进行。在配置垂直方向的钢筋时应有不同的长度，以使同一断面上的钢筋接头能符合《公路桥涵施工技术规范》的有关规定。水平钢筋的接头也应内外、上下互相错开。③注意掌握混凝土的浇筑速度。④若墩、台截面积不大时，混凝土应连续一次浇筑完成，以保证其整体性。若墩、台截面积过大，应分段分块浇筑。⑤在混凝土浇筑过程中，应随时观察所设置的预埋螺栓、预埋支座的位置是否移动，若发现移位应及时校正。浇筑过程中还应注意模板、支架情况，如有变形或沉陷应立即校正并加固。⑥高大的桥台，若台身后仰，本身由于惯性偏心较大，为平衡台身偏心，施工时应在填筑台身四周路堤土方的同时砌筑或浇筑台身，防止桥台后倾或向前滑移。未经填土的台身施工高度一般不宜超过4m，以免偏心引起基底不均匀沉陷。⑦"V"形、"Y"形和"X"形桥墩的施工方法与桥梁结构体系有密切关系。通常把这种桥梁划为"V"形墩结构、锚

跨结构和挂孔部分三个施工阶段。其中"V"形墩是全桥施工重点，由两个斜腿和其顶部主梁组成倒三角形结构。

2.片石混凝土或片石混凝土砌体墩、台施工要点

在浇筑实体墩台和厚大无筋或稀配筋的墩台混凝土时，为节约水泥，可采用片石混凝土或混凝土砌体。

第一，当采用片石混凝土时，混凝土中允许填充粒径大于150mm的石块（片石或大卵石），并应遵守下列规定。

①填充石块的数量不宜超过混凝土结构体积的25%。②应选用无裂纹、夹层和未煅烧过的并具有抗冻性的石块。③石块的抗压强度应符合有关规定，与对碎石、卵石的要求相同。④石块在使用前应仔细清扫，并用水冲洗干净。⑤石块应埋入新浇筑捣实的混凝土中一半左右。受拉区混凝土不宜埋放石块；当气温低于0℃时，应停埋石块。⑥石块应在混凝土中分布均匀，两石块间的净距不应小于100mm，以便捣实其间的混凝土。石块距表面（包括侧面与顶面）的距离不得小于150mm，具有抗冻要求的表面不得小于300mm，并不得与钢筋接触和碰撞预埋件。

第二，当采用片石混凝土砌体时，石块含量可增加到砌体体积的50%～60%，石块净距可减为40～60mm，其他要求与片石混凝土相同。

三、装配式桥墩施工要点

装配式桥墩主要采用拼装法施工。它用于预应力混凝土、钢筋混凝土薄壁墩、薄壁空心墩或轻型桥墩。拼装式桥墩主要由就地浇筑实体部分墩身和基础与拼装部分墩身组成。实体墩身与基础采用就地现浇施工时，在浇筑实体墩身与基础时应考虑其与拼装部分的连接、抵御洪水和漂流物的冲击、锚固预应力筋、调节拼装墩身的高度等问题。

装配部分墩身由基本构件、隔板、顶板和顶帽组成，在工厂制作，运到桥位处拼装成桥墩。装配部分墩身的分块，要根据桥墩的结构形式、吊装、起重工具和运输能力决定。要尽可能使其分块大、接缝小，按照设计要求定型生产为宜。加工制作出来的拼装块件要质量可靠、尺寸合格、内外壁光洁度高。拼装要根据施工现场的地形、水文、运输条件以及墩的高度、起吊设备等具体情况拟定施工细则，认真组织实施。决定拼装方法时应注意预埋件的位置，接缝处理要牢固密实，预留孔道要畅通。

预应力混凝土空心墩的主要施工工艺流程为：①浇筑桥墩基础；②浇筑实体墩身（包括预埋锚固件和连接件）；③安装预制的墩身构件包括预制构件分块、模板制作及安装（在工厂进行）、制孔（在工厂进行）、预制构件浇筑（在工厂进行）、预制构件运输至桥位、安装墩身预制块件；④施加预应力；⑤孔道压浆；⑥封锚。

四、高桥墩施工要点

随着交通事业的不断深入发展和公路等级的不断提高，新桥型不断推出，高强度混凝土的不断推广应用，高桥墩（塔）也不断出现。但随着桥墩高度的增加，其施工难度及技术要求也相应提高。目前比较成熟的方法有提升模板法、滑动模板法和预制拼装法。

（一）提升模板法

1. 单面整体提升模板法

单面整体提升模板可分为拼装式模板和自制式模板。索塔施工时，应分节段支模和浇筑混凝土，每节段的高度应视索塔尺寸、模板数量和混凝土浇筑能力而定，一般宜为 3～6m。用倒链或吊机吊起大块模板，安装好第一节段模板。在浇筑第一节段混凝土时，应在塔身内预埋螺栓，以支承第二节段模板和安装脚手架。

2. 翻模法

这种模板系统依靠混凝土对模板的黏着力自成体系，且制造简单、构件种类少，模板的大小可根据施工能力灵活选用，混凝土接缝较易处理，施工速度快。但模板本身不能提升，要依靠塔吊等起重设备提升。

施工程序为先安装第一层模板（接缝节＋标准节＋接缝节），浇筑混凝土，完成一个基本节段的施工；以已浇混凝土为依托，拆除最下一层的接缝节和标准节（顶节接缝节不拆），向上提升，将标准节接于第一层的顶节接缝节上，并将拆下的接缝节立于标准节上，安装对拉螺杆和内撑。

3. 爬模法

爬模按提升设备不同可分为倒链手动爬模、电动爬架拆翻模和液压爬升模。

（1）倒链手动爬模

此种装置一般由钢模、提升桁架及脚手架三部分组成，其中模板由背模、前模及左、右侧模组成。其施工要点是：利用提升架上的起重设备，拆除下一节钢模，将其安装到上一节钢模上，浇筑上节钢模内的混凝土并养生；同时绑扎待浇筑节段的钢筋，待混凝土达到规定强度后，用倒链将提升架沿背模轨向上提升（倒链的数量、起吊力的选择一定要依据可提升物的重量等考虑足够的安全系数，并考虑做保险链），再拆除最下节钢模。如此循环操作，全部施工设备随塔柱的升高而升高。

（2）电动爬架拆翻模

此种装置由模架、模板、电动提升系统和支承系统四部分组成。其施工步骤为模架爬升、模板拆除、钢筋安装和混凝土施工。

（3）液压爬升模

此种装置由模板系统、网架主工作平台、液压提升系统等组成。当一个节段的混凝土已浇筑并达到规定强度后，即可进行模板的爬升。先将上爬架的支腿（爬靴）收紧以缩小外廓尺寸，然后操作液压控制台开关，两顶升油缸活塞杆支承在下爬架上，两缸体同时向上顶升，并通过上爬架、外套架带动整个爬模向上爬升。待行程达到要求的高度时，停止爬升，调节专门杆件，伸出支腿，并使就位爬靴支在爬升支架上，然后操纵液压控制台使活塞杆收回，带动下爬架、内套架上升就位，并把下爬架支腿支撑好。爬升就位后，拆下一节模板，同时绑扎钢筋，并将拆下的模板立在上一节模板顶部，再进行下一个节段的施工。

（二）滑动模板法

（1）基本原理

滑动模板将板悬挂在工作平台的围圈上，沿着施工的混凝土结构截面的周界组拼装配，并随着混凝土的浇筑由千斤顶带动向上滑升。

（2）基本构造

滑动模板的构造，由于桥墩类型、提升工具的类型不同而稍有差异，但其主要部件与功能大致相同。一般主要由工作平台、内外模板、混凝土平台、工作吊篮和提升设备等组成。

（3）施工工序要点

①滑模组装

A. 在基础顶面搭枕木垛，定出桥墩中心线。B. 在枕木垛上先安装内钢环，并准确定位，再依次安装辐射梁、外钢环、立柱、顶杆、千斤顶、模板等。C. 提升整个装置，撤去枕木垛，再将模板落下就位，随后安装余下的设施。内外吊架待模板滑至一定高度时，及时安装。模板在安装前，表面需涂润滑剂，以减小滑升时的摩擦阻力。组装完毕后，必须按设计要求及组装质量标准进行全面检查，并及时纠正偏差。

②浇筑混凝土

滑模宜浇筑低流动性或半干硬性混凝土，浇筑时应分层、分段地对称进行，分层厚度以 $200 \sim 300\mathrm{mm}$ 为宜，浇筑后混凝土表面距模板上缘宜有 $100 \sim 150\mathrm{mm}$ 的距离；混凝土入模时，要均匀分布，应采用插入式振动器捣固，振捣时应避免触及钢筋模板，振动器插入一层混凝土的深度不得超过 $50\mathrm{mm}$；脱模时混凝土强度应为 $0.2 \sim 0.5\,\mathrm{MPa}$，以防在其自重压力下坍塌变形。为此，可根据气温、水泥标号经试验后选定一定量的加强剂掺入，以加强提升；脱模后 8h 左右开始养生，用吊在下吊架上的环绕墩身的带小孔的水管来进行。养生水管一般设在距模板下缘 $1.8 \sim 2.0\mathrm{m}$

处效果较好。

③提升与收坡

整个桥墩浇筑过程可分为初次滑升、正常滑升和末次滑升三个阶段。

从开始浇筑混凝土到模板首次试升为初次滑升阶段，初灌混凝土的高度一般为 600～700mm，分 3 次浇筑，在底层混凝土强为 0.2～0.4 MPa 时即可试升。将所有千斤顶同时缓慢提升 50mm，观察底层混凝土的凝固情况。现场鉴定可用手指按刚脱模的混凝土表面，基本按不动，但留有指痕，砂浆不沾手，用指甲划过有痕，滑升时能耳闻"沙沙"的摩擦声，这些现象表明混凝土已具备 0.2～0.4MPa 的脱模强度，可以开始再缓慢提升 200mm 左右。初升后全面检查设备，即可进入正常滑升阶段，即每浇筑一层混凝土，滑模提升一次，使每次浇筑的厚高与每次提升的高度基本一致。在正常气温条件下，提升时间不宜超过 1h。末次滑升阶段是混凝土已经浇筑到需要高度，不再继续浇筑，但模板尚需继续滑升的阶段。灌完最后一层混凝土后，每隔 1～2h 将模板提升 50～100mm，滑动 2～3 次后即可避免混凝土与模板粘合。滑模提升时应做到垂直、均衡一致，顶架间高差不大于 20mm，顶架和模板水平高差不大于 5mm。

④接长顶杆、绑扎钢筋

模板每提升至一定高度后，就需要穿插进行顶杆、绑扎钢筋等工作。为不影响提升的时间，钢筋接头均应事先配好，并注意将接头错开。对预埋件及预埋的接头钢筋，滑模抽离后，要及时清理，使之外露。

⑤混凝土停工后的处理

在整个施工过程中，由于工序的改变或意外事故的发生，使混凝土的浇筑工作停止较长的时间，即需要进行停工处理。例如：每隔半小时左右稍微提升模板一次，以免黏结；停工时在混凝土表面要插入短钢筋等，以加强新老混凝土的黏结；复工时还需要将混凝土表面凿毛，并用水冲走残渣，湿润混凝土表面，灌注一层厚度为 20～30mm 的 1∶1 水泥砂浆，然后浇筑原配合比的混凝土，继续滑模施工。

第四节　桥梁上部结构施工技术

一、桥梁上部结构装配式施工技术

（一）先张法预制梁板

1. 台座

台座是先张法施工的主要设备之一，承受预应力钢筋的全部张拉力，它应有足够的强度和稳定性，以免台座变形、倾覆、滑移而引起预应力损失。台座由一个框架（两根固定横梁和两根受压柱构成）和两根活动横梁组成，固定和活动横梁间设置千斤顶，预应力钢筋两端用工具锚固在活动横梁的锚固板上。千斤顶顶起活动横梁，使预应力筋受张拉，全部张拉力由框架承受。

2. 模板工程

预制梁的模板是施工过程的临时结构，它不仅关系预制梁尺寸的精度，而且对工程质量、施工进度和工程造价有直接的影响。

预制梁的模板通常按材料分类，有钢模板、木模板、土木组合模、土模以及钢木组合模等数种模板。预制工厂常采用钢模板和钢木结合的模板。

模板在制作时，应保证表面平整、转角光滑、连接孔配合准确。对于钢模要考虑焊缝收缩对长度的影响，对于木模要在构造上采取措施以防漏浆。模板的组装可在工作平台上进行，底模在制作时需考虑预制梁的变形量。

模板的安装应与钢筋工作配合进行。在底模整平以及钢筋骨架安装后，安装侧模板和端模板；也可先安装端模，后安装侧模板。模板安装的精度要高于预制梁的精度要求。每次模板安装完成后需通过验收合格后，方可进入下一道工序。

模板分为底模、侧模、端模和内模。底模支承在底座上或设置在流水台车上，可用 12～16mm 厚的钢板制成。将先张台座的混凝土底板作为预制构件的底模，要求地基不产生非均匀沉陷，底板制作必须平整光滑、排水畅通，预应力筋放松，梁体中段拱起，两端压力增大，梁位端部的底模应满足强度要求和重复使用的要求。底模在构造上应注意设置底模与侧模、底模与端模以及底模接长的联系构件。此外，还应在底模与台座之间设置减振垫。

侧模由侧板、水平加劲肋、斜撑等构件组成。钢侧模板一般采用 4～8mm 厚的钢板。侧模板在构造上应考虑悬挂振捣器的构件，要加强侧模间的连接构造，并需设置拆模板的设施。先张法制作预应力板梁，预应力钢筋放松后板梁压缩量为 1% 左右。为保证梁体外形尺寸准确，侧模制作要增长 1%。

端模设置在梁的两端，安装时连接在侧模上，用于形成梁端形状。端模预应力筋孔的位置要准确，安装后与定位板上对应的力筋孔要求均在一条中心线上。由于施工中存在偏差，力筋张拉时的筋位有移动，制作时端模力筋孔径可按力筋直径扩大 2 ~ 4mm，力筋孔水平向还可做成椭圆形。

内模是空心截面梁、板的预制关键，其结构形式直接关系制作是否经济、拆装是否方便、周转率高低等问题。

3. 预应力钢筋的张拉

预应力钢筋通常采用高强钢丝、钢绞线和精轧螺纹钢筋。

预应力混凝土预制梁制造过程中，张拉预应力筋、对梁施加预应力是一项十分重要的工作。施加预应力过多或不足都会影响梁的预制质量，必须按设计要求，准确地施加预应力。

先张法梁的预应力筋是在底模整理后，在台座上张拉已加工好的预应力筋。

先张法梁通常一端张拉，另一端在张拉前要设置好固定装置或安放好预应力筋的放松装置。张拉前，应先在端横梁上安装预应力筋的定位钢板，同时检查其孔位和孔径是否符合设计要求。之后在台座安装预应力筋，穿钢筋不能刮碰掉台面上的隔离剂。安装张拉设备时，应使张拉力的作用线与钢筋中心线一致。张拉时应采用应力与伸长值双控制，如发现伸长值异常，应停止张拉，查明原因。此外，在张拉过程中要十分重视施工安全。

4. 预应力混凝土的配料与浇筑

混凝土工程质量好坏是保证混凝土能否达到设计强度等级的关键，将直接影响钢筋混凝土结构的强度和耐久性。

5. 预应力筋的放松

当混凝土强度达到设计强度的 70% ~ 80% 以后，可在台座上放松受拉预应力筋，对预制梁施加预应力。放松过早会造成较多的预应力损失（主要是收缩、徐变损失）；放松过迟，则影响台座和模板的周转。放松操作时速度不应过快，尽量使构件受力对称均匀。只有待预应力筋被放松后才能切割每个构件端部的钢筋。

放松预应力钢筋的方法有用千斤顶先拉后松、沙箱放松、滑楔放松和螺杆放松等方法，用得较多的是千斤顶放松。

采用千斤顶放松是在混凝土达到规定强度后，再安装千斤顶重新张拉钢筋，施加的应力不应超过原有的张拉控制应力，之后将固定在横隔梁定位板前的双螺帽慢慢旋动后，再将千斤顶回油，让钢筋慢慢放松，使构件均匀对称受力。当逐根放松预应力筋时，应严格按有利于梁受力的次序分阶段进行。通常自构件两侧对称地向中心放松，以免较后一根钢筋断裂时使梁承受大的水平弯曲冲击作用。

（二）后张法预制梁板

（1）按施工需要规划预制场地，整平压实，完善排水系统，确保场内不积水。

（2）根据预制梁的尺寸、数量、工期，确定预制台座的数量、尺寸，台座用表面压光的梁（板）筑成，应坚固不沉陷，确保底模沉降不大于2mm，台座上铺钢板底模或用角钢镶边代作底模。当预制梁跨度大于20m时，要按规定设置反拱。

（3）根据需要及设备条件，选用塔吊或跨梁龙门吊作吊运工具，并铺设轨道。

（4）统筹规划梁（板）拌和站及水、电管路的布设安装。

（5）预制模板由钢板、型钢组焊而成，应有足够的强度、刚度和稳定性，尺寸规范、表面平整光洁、接缝紧密、不漏浆，试拼合格后，方可投入使用。

（6）在绑扎工作台上将钢筋绑扎焊接成钢筋骨架，把制孔管按坐标位置定位固定，如使用橡胶抽拔管要插入芯棒。

（7）用龙门吊机将钢筋骨架吊装入模，绑扎隔板钢筋，埋设预埋件，在孔道两端及最低处设置压浆孔，在最高处设排气孔，安设锚垫板后，先安装端模，再安装涂有脱模剂的钢侧模，统一紧固调整和必要的支撑后交验。

（8）将质量合格的梁（板）用专用设备运输，卸入吊斗，由龙门吊从梁的一端向另一端，水平分层，先下部捣实后再腹板、翼板，浇筑至接近另一端时改从另一端向相反方向顺序下料，在距梁端3～4m处浇筑合龙，一次整体浇筑成型。当梁高跨长，或混凝土拌制跟不上浇筑进度时，可采用斜层浇筑，或纵向分段，水平分层浇筑。

（9）梁（板）的振捣以紧固安装在侧模上的附着式为主、以插入式振捣器为辅。振捣时要掌握好振动的持续时间、间隔时间和钢筋密集区的振捣，力求使梁（板）达到最佳密实度而又不损伤制孔管道。

（10）梁（板）混凝土浇筑完成后要将表面抹平、拉毛，收浆后适时覆盖，洒水湿养不少于7d，蒸汽养护恒温不宜超过80℃，也可采用喷洒养护剂。

（三）预制梁的架设方法

1.联合架桥机法

以联合架桥机并配备若干滑车、千斤顶、绞车等辅助设备架设安装的预制梁适用于多孔30m以下孔径的装配式桥梁。

2.双导梁穿行式架设法

双导梁穿行式架设法是在架设跨间设置两组导梁。导梁是用贝雷梁或万能构件组装的钢桁架，其梁长大于两倍桥梁跨径，前方为引导部分，由前端钢支架与前方墩上的预埋螺栓连接，中段是承重部分，后段为平衡部分。导梁顶面铺设小平车轨道，预制梁由平车在导梁上运至桥孔，由设在两根横梁上的卷扬机吊起，下落在两个桥墩上，之后在滑道垫板上进行横移就位。先安装两个边梁，再安装中间各梁。全跨安装完毕、横向焊接后，将导梁向前推，安装下一跨。

3. 扒杆架设法

扒杆架设法又称吊鱼架设法，是利用人字扒杆来架设桥梁上部结构构件，而不需要特殊的脚手架或木排架。

人字扒杆又有一副扒杆和两副扒杆架设两种。两副扒杆架设中，一副是吊鱼滑车组，用以牵引预制梁悬空拖曳；另一副是牵引前进，梁的尾端设有制动绞车，起溜绳配合作用，后扒杆的主要作用是预制梁吊装就位时，配合前扒杆吊起梁端，抽出木垛，便于落梁就位。一副扒杆架设中，基本方法与两副扒杆架设相同，不同之处是采用千斤顶顶起预制梁，抽出木垛，落梁就位。

4. 自行式吊车架梁

在桥不高、场内又可设置行车便道的情况下，用自行式吊车(汽车吊车或履带吊车)架设中、小跨径的桥梁十分方便。此法视吊装重量不同而有所区别，还可采用单吊(一台吊车)或双吊(两台吊车)两种形式。其特点是机动性好，不需要动力设备，不需要准备作业，架梁速度快。一般吊装能力为150~1000kN，适合于陆地架设。

5. 跨墩龙门式吊车架梁

跨墩龙门吊机安装适用于岸上和浅水滩以及不通航浅水区域安装预制梁。

两台跨墩龙门吊机分别设于待安装孔的前、后墩位置，预制梁由平车顺桥向运至安装孔的一侧，移动跨墩龙门吊机上的吊梁平车，对准梁的吊点放下吊架，将梁吊起。当梁底超过桥墩顶面后，停止提升，用卷扬机牵引吊梁平车慢慢横移，使梁对准桥墩上的支座，然后落梁就位，接着准备架设下一根梁。

6. 浮吊架设法

在海上和深水大河上修建桥梁时，用可回转的伸臂式浮吊架梁比较方便，也可用钢制万能杆件或贝雷钢架拼装固定的悬臂浮吊进行。这种架梁方法高空作业较少，施工比较安全，吊装能力也大，工效也高，但需要大型浮吊。鉴于浮吊船来回运梁航行时间长，要增加费用，一般采用装梁船存梁后成批架设的方法。

二、桥梁上部结构支架施工技术

(一) 支架、拱架、模板的类型

1. 支架

支架按其构造分为立柱式支架、梁式支架和梁柱式支架；按材料可分为木支架、钢支架、钢木混合支架和万能杆件拼装的支架等。

2. 拱架

拱架按结构分为支柱式、撑架式、扇形、衍式、组合式等；按材料分为木拱架、钢拱架、竹拱架和土牛拱胎。

3. 模板

施工所用模板，有组合钢模板、木模板、木胶合板模板、竹胶合板模板、硬铝模板、塑料模板、各类纤维材料板。施工时应根据建筑物的形状选用。

(二) 模板、支架和拱架的设计

1. 设计的一般要求

第一，模板、支架和拱架的设计，应根据结构形式、设计跨径、施工组织设计、荷载大小、地基土类别及有关的设计、施工规范进行。

第二，应绘制模板、支架和拱架总装图、细部构造图。

第三，应制定模板、支架和拱架结构的安装、使用、拆卸保养等有关技术安全措施和注意事项。

第四，应编制模板、支架及拱架材料数量表。

第五，应编制模板、支架及拱架设计说明书。

2. 设计荷载

第一，计算模板、支架和拱架时，应考虑荷载并按要求进行荷载组合：①模板、支架和拱架自重；②新浇筑混凝土、钢筋混凝土或其他房工结构物的重力；③施工人员和施工材料、机具等行走运输或堆放的荷载；④振捣混凝土时产生的荷载；⑤新浇筑混凝土对侧面模板的压力；⑥倾倒混凝土时产生的水平荷载；⑦其他可能产生的荷载，如雪荷载、冬季保温设施荷载等。

第二，钢、木模板，支架及拱架的设计可按《公路钢结构桥梁设计规范》的有关规定执行。

第三，计算模板、支架和拱架的强度和稳定性时，应考虑作用在模板、支架和拱架上的风力。设于水中的支架，尚应考虑水流压力、流冰压力和船只漂流物等冲击力荷载。

第四，组合箱形拱，如为就地浇筑，其支架和拱架的设计荷载可只考虑承受拱肋重力及施工操作时的附加荷载。

3. 稳定性要求

第一，支架的立柱应保持稳定，并用撑拉杆固定。当验算模板及其支架在自重和风荷载等作用下为保持稳定时，验算倾覆的稳定系数不得小于1.3。

第二，支架受压构件纵向弯曲系数应符合公路钢结构桥梁设计规范的要求。

(三) 模板、支架和拱架的制作及安装

1. 钢模板制作

第一，钢模板宜采用标准化的组合模板。组合钢模板的拼装应符合现行国家标准。各种螺栓连接件应符合国家现行有关标准。

第二，钢模板及其配件应按批准的加工图加工，成品经检验确认合格后方可使用。

2. 木模板制作

第一，木模可在工厂或施工现场制作，木模与混凝土接触的表面应平整、光滑，多次重复使用的木模应在内侧加钉薄铁皮。木模的接缝可做成平缝、搭接缝或企口缝。当采用平缝时，应采取措施防止漏浆。木模的转角处应加嵌条或做成斜角。

第二，重复使用的模板应始终保持其表面平整、形状准确，不漏浆，有足够的强度和刚度。

3. 模板安装的技术要求

第一，模板与钢筋安装工作应配合进行，妨碍绑扎钢筋的模板应待钢筋安装完毕后安设。模板不应与脚手架连接 (模板与脚手架整体设计时除外)，避免引起模板变形。

第二，安装侧模板时，应防止模板移位和凸出。基础侧模可在模板外设立支撑固定，墩、台、梁的侧模可设拉杆固定。浇筑在混凝土中的拉杆，应按拉杆拔出或不拔出的要求，采取相应的措施。对小型结构物，可使用金属线代替拉杆。

第三，模板安装完毕后，应对其平面位置、顶部标高、节点联系及纵、横向稳定性进行检查，签认后方可浇筑混凝土。浇筑时，发现模板有超过允许偏差变形值的可能时，应及时调整。

第四，模板在安装过程中，必须设置防倾覆设施。

第五，当结构自重和汽车荷载 (不计冲击力) 产生的向下挠度超过跨径的1/1600时，钢筋混凝土梁、板的底模板应设预拱度，预拱度值应等于结构自重和1/2汽车荷载 (不计冲击力) 所产生的挠度。纵向预拱度可做成抛物线或圆曲线。

第六，后张法预应力梁、板，应注意预应力、自重和汽车荷载等综合作用下所产生的上拱或下挠，应设置适当的预挠或预拱。

第七，当所有和模板有关的工作完成，待浇混凝土构件中所有预埋件亦安装完毕，才能浇筑混凝土。这些工作应包括清除模板中所有污物、碎屑物、木屑、水及其他杂物。

4. 支架、拱架制作安装一般要求

第一，支架和拱架应采用标准化、系列化、通用化的构件拼装。无论使用何种材料的支架和拱架，均应进行施工图设计，并验算其强度和稳定性。

第二，制作木支架、木拱架时，长杆件接头应尽量减少，两相邻立柱的连接接头应尽量设置在不同的水平面上。主要压力杆的纵向连接，应使用对接法，并用木夹板或铁夹板夹紧。次要构件的连接可用搭接法。

第三，安装拱架前，对拱架立柱和拱架支承面做详细检查，准确调整拱架支承面和顶部标高，并复测跨度，确认无误后方可进行安装。各片拱架在同一节点处的标高应尽量一致，以便于拼装平联杆件。在风力较大的地区，应设置风缆。

第四，支架和拱架应稳定、坚固，应能抵抗在施工过程中有可能发生的偶然冲撞和振动。

第五，支架或拱架安装完毕后，应对其平面位置、顶部标高、节点连接及纵、横向稳定性进行全面检查，符合要求后，方可进行下一道工序。

第六，在浇筑混凝土及砌筑拱圈过程中，承包人应随时测量和记录支架和拱架的变形及沉降量。

第七，现浇混凝土的梁（板）结构，在支架架设后，应按图纸要求对支架进行预压，加在支架上的预压荷载应不小于梁（板）自重。

5. 中小跨径的空心板制作时所使用的芯模应符合下列要求

第一，充气胶囊在使用前应经过检查，不得漏气，安装时应有专人检查钢丝头，钢丝头应弯向内侧，胶囊涂刷隔离剂。每次使用后，应妥善存放，防止污染、破损及老化。

第二，从开始浇筑混凝土到胶囊放气时止，其充气压力应保持稳定。

第三，浇筑混凝土时，为防止胶囊上浮和偏位，应采取有效措施加以固定，并应对称平衡地进行浇筑。

第四，胶囊的放气时间应经试验确定，混凝土强度以达到保持构件不变形为宜。

第五，木芯模使用时应防止漏浆和采取措施便于脱模。要控制好拆芯模时间，过早易造成混凝土塌落，过晚拆模困难。应根据施工条件通过试验确定拆除时间。

第六，钢管芯模应由表面匀直、光滑的无缝钢管制作，混凝土终凝后，即可将芯模轻轻转动，然后边转动边拔出。

第七，充气胶囊芯模在工厂制作时，应规定充气变形值，保证制作误差不大于设计规定的误差要求。

（四）模板、支架和拱架的拆除

承包人应在拟定拆模时间的 12h 以前，报告拆模建议，并应取得同意。避免出现由于拆模不当而引起混凝土损坏。卸落拱架时应用仪器观测拱圈挠度和墩台变位情况，并做好记录。

1.拆除期限的原则规定

（1）模板、支架和拱架的拆除期限

应根据结构物特点、模板部位和混凝土所达到的强度来决定。

①非承重侧模板应在混凝土强度能保证其表面及棱角不致因拆模而受损坏时方可拆除，一般应在混凝土抗压强度达到 2.5MPa 时方可拆除侧模板。

②芯模和预留孔道内模应在混凝土强度能保证其表面不发生塌陷和裂缝现象时，方可拔除，拔除时间可按有关规定来确定。

③钢筋混凝土结构的承重模板、支架和拱架，应在混凝土强度能承受其自重力及其他可能的叠加荷载时，方可拆除，当构件跨度不大于 4m 时，在混凝土强度符合设计强度标准值的 50% 的要求后，方可拆除；当构件跨度大于 4m 时，在混凝土强度符合设计强度标准值的 75% 的要求后，方可拆除。

如设计上对拆除承重模板、支架、拱架另有规定，应按照设计规定执行。

（2）石拱桥的拱架卸落时间应符合下列要求

第一，浆砌石拱桥须待砂浆强度达到设计要求，或如设计无要求，则须达到砂浆强度的 70%。

第二，跨径小于 10m 的小拱桥，宜在拱上建筑全部完成后卸架；中等跨径的实腹式拱，宜在护拱砌完后卸架；大跨径空腹式拱，宜在拱上小拱横墙砌好（未砌小拱圈）时卸架。

第三，当需要进行裸拱卸架时，应对裸拱进行截面强度及稳定性验算，并采取必要的稳定措施。

2.拆除时的技术要求

模板拆除应按设计的顺序进行，设计无规定时，应遵循先支后拆、后支先拆的顺序，拆时严禁抛扔。

为便于支架和拱架的拆卸，应根据结构形式、承受的荷载大小及需要的卸落量，在支架和拱架适当部位设置相应的木楔、木马、砂筒或千斤顶等落模设备。

卸落支架和拱架应按拟定的卸落程序进行，分几个循环卸完，卸落量开始宜小，以后逐渐增大。在纵向应对称均衡卸落，在横向应同时一起卸落。在拟定卸落程序时应注意以下几点：①在卸落前应在卸架设备上画好每次卸落量的标记。②满布式拱架卸落时，可从拱顶向拱脚依次循环卸落；拱式拱架可在两支座处同时均匀卸落。③简支梁、连续梁宜从跨中向支座依次循环卸落；悬臂梁应先卸挂梁及悬臂的支架，再卸无铰跨内的支架。④多孔拱桥卸架时，若桥墩允许承受单孔施工荷载，可单孔卸落，否则应多孔同时卸落，或各连续孔分阶段卸落。⑤卸落拱架时，应设专人用仪器观测拱圈挠度和墩台变化情况，并详细记录，另设专人观察是否有裂缝现象。

墩、台模板宜在其上部结构施工前拆除。拆除模板，卸落支架和拱架时，不允许用猛烈的敲打和强扭等方法进行拆卸。

支架和拱架拆除后，应维修整理，分类妥善存放。

（五）施工工序

1. 地基处理

地基处理应根据箱梁的断面尺寸及支架的形式对地基的要求而决定，支架的跨径大，对地基的要求就高，地基的处理形式就得加强，反之就可相对减弱。地基处理时要做好地基的排水，防止雨水或混凝土浇筑和养护过程中滴水对地基产生影响。

2. 支架

第一，支架的布置根据梁截面大小并通过计算确定以确保强度、刚度、稳定性满足要求，计算时除考虑梁体混凝土质量外，还需考虑模板及支架质量，施工荷载（人、料、机等），作用模板、支架上的风力及其他可能产生的荷载（如雪荷载、保证设施荷载）等。

第二，支架应根据技术规范的要求进行预压，收集支架、地基的变形数据，作为设置预拱度的依据，预拱度设置时要考虑张拉上拱的影响。预拱度一般按两次抛物线设置。

第三，支架的卸落设备可根据支架形式选择使用木楔、砂筒、千斤顶、"U"形顶托等，卸落设备尤其要注意有足够的强度。

3. 模板

模板由底模、侧模及内模三个部分组成，一般预先分别制作成组件，在使用时再进行拼装。模板以钢模板为主，在齿板、堵头或棱角处采用木模板。模板的楞木由方钢、槽钢或方木组成，布置间距以75cm左右为宜，具体的布置需要根据箱梁截面尺寸确定，并通过计算对模板的强度、刚度进行验算。

4. 普通钢筋、预应力筋的布设

第一，在安装并调好底模及侧模后，开始底、腹板普遍钢筋绑扎及预应力管道的预设。混凝土一次浇筑时，在底、腹板钢筋及预应力管道完成后，安装内模，再绑扎顶板钢筋及预应力管道。混凝土二次浇筑时，底、腹板钢筋及预应力管道完成后，浇筑第一次混凝土，混凝土终凝后，再支内模顶板，绑扎顶板钢筋及预应力管道，进行混凝土的第二次浇筑。

第二，普通钢筋及预应力筋按规范的要求做好各种试验，严格按设计图纸的要求布设，对于腹板钢筋一般根据其起吊能力，预先焊成钢筋骨架，吊装后再绑扎或焊接成型，钢筋绑扎、焊接要符合技术规范的要求。

第三，预应力管道采用镀锌钢带制作，预应力管道的位置按设计要求准确布设，并采用每隔 50cm 一道的定位筋进行固定，接头要平顺，外用胶布缠牢，在管道的高点设置排气孔。

第四，锚垫板安装前，要检查锚垫板的几何尺寸是否符合设计要求，锚垫板要牢固地安装在模板上，要使垫板与孔道严格对中，并与孔道端部垂直，不得错位。

第五，预应力筋的下料长度要通过计算确定，计算应考虑孔道曲线长、锚夹具长度、千斤顶长度及外露工作长度等因素。

第六，预应力筋穿束前要对孔道进行清理。

5. 混凝土的浇筑

浇筑施工前，应做混凝土的配合比设计及各种材料试验，并根据实际情况进行综合比较确定箱梁混凝土采用一次、两次或三次浇筑。以下两点施工中应给予重视。

第一，混凝土浇筑时要安排好浇筑顺序，浇筑速度要确保下层混凝土初凝前覆盖上层混凝土。

第二，混凝土的振捣采用插入式振捣器进行，振捣器的移动间距不超过其作用半径的 1.5 倍，并插入下层混凝土 5~10cm。对于每一个振捣部位，必须振捣到该部位混凝土密实为止，但也不得超振。

6. 预应力的张拉

(1) 在进行张拉作业前，必须对千斤顶、油泵进行配套标定，并每隔一段时间进行一次校验。有几套张拉设备时，要进行编组，不同组号的设备不得混合。

(2) 当梁体混凝土强度达到设计规定的张拉强度时，方可进行张拉。

(3) 预应力的张拉采用双控，即以张拉力控制为主，以钢束的实际伸长量进行校核，实测伸长值与理论伸长值的误差不得超过规范要求，否则应停止张拉。

(4) 张拉的程序按技术规范的要求进行。

(5) 张拉过程中的断丝、滑丝不得超过规范或设计的规定。

7. 压浆、封锚

（1）张拉完成后要尽快进行孔道压浆和封锚，压浆所用灰浆的强度、稠度、水灰比、泌水率、膨胀剂剂量按施工技术规范及试验标准中要求控制。

（2）每个孔道压浆到最大压力后，应有一定的稳定时间。压浆应使孔道另一端饱满和出浆，并使排气孔排出与规定黏稠度相同的水泥浓浆为止。

（3）压浆完成后，应将锚具周围冲洗干净并凿毛，设置钢筋网，浇筑封锚混凝土。

三、桥梁上部结构逐孔施工技术

（一）概述

逐孔施工法从施工技术方面有三种类型。

1. 采用临时支承组拼预制节段逐孔施工

对于多跨长桥，在缺乏较大能力的起重设备时，可将每跨梁分成若干段，在预制现场生产；架设时采用一套支承梁临时承担组拼节段的自重，并在支承梁上张拉预应力筋，并将安装跨的梁与移动临时支承梁，进行下一桥的施工。

2. 使用移动支架逐孔现浇施工

此法亦称移动模梁法，它是在可移动的支架、模板上完成一孔桥梁的全部工序。由于此法是在桥位上现浇施工，可免去大型运输和吊装设备。桥梁整体性好；同时它还具有在桥梁预制厂生产的特点，可提高机械设备的利用率和生产效率。

3. 采用整孔吊装或分段吊装逐孔施工

这种施工方法是早期连续梁桥采用逐孔施工的唯一方法，可用于混凝土连续梁和钢连续梁桥的施工中。

（二）用临时支承组拼预制节段逐孔施工的要点

1. 节段划分

（1）桥墩顶节段

由于桥墩节段要与前一跨连接；需要张拉钢索或钢索接长，为此对墩顶节段构造有一定要求。此外，在墩顶处桥梁的负弯矩较大，梁的截面还要符合受力要求。

（2）标准节段

前一跨墩顶节段与安装跨第一节段间可以设置就地浇筑混凝土封闭接缝，用以调整安装跨第一节段的准确程度。封闭接缝宽 15～20cm，拼装时由混凝土垫块调整。在施加初预应力后用混凝土封填，这样可调整节段拼装和节段预制的误差。

2. 支承梁

(1) 钢桁架导梁

钢梁应设置预拱度，要求当每跨箱梁节段全部组拼之后，钢导梁上弦应符合桥梁纵断面标高要求。同时还需准备一些附加垫片，用于临时调整标高。

(2) 下挂式高架钢桁架

在节段组拼过程中，架桥机前臂必然下挠，安装桥跨第一块中间节段的挠度倾角调整是该跨架安设的关键，因此要求当一跨节段全部由架桥机空中吊起后，第一个中间节段与墩上节段的接触面应全部吻合。

(三) 用移动支架逐孔现浇施工 (移动模架法)

当桥墩较高、桥跨较长或桥下净空受到约束时，可以采用非落地支承的移动模架逐孔现浇施工，称为移动模架法。移动模架法适用于多跨长桥，桥梁跨径可达50m，使用一套设备可多次移动周转使用。

移动模架法施工的主要工序：侧模安装就位、安装底模、支座安装、预拱度设置与模板调整、绑扎底板及腹板钢筋、预应力系统安装、内模就位、顶板钢筋绑扎、箱梁混凝土浇筑、内模脱模、施加预应力、管道压浆、落模、拆底模及滑模纵移。

(四) 整孔吊装或分段吊装逐孔施工

1. 整孔吊装或分段吊装逐孔施工的吊装的机具

吊装的机具有衍式吊、浮吊、龙门起重机、汽车吊等多种，可根据起吊物重力、桥梁所在的位置以及现有设备和掌握机具的熟练程度等因素决定。

2. 整孔吊装和分段吊装施工应注意以下几个问题

(1) 采用分段组装逐孔施工的接头位置可以设在桥墩处，也可设在梁的1/5附近，前者多为由简支梁逐孔施工连接成连续梁桥；后者多为悬臂梁转换为连续梁。在接头位置处可设有0.5~0.6m现浇混凝土接缝，当混凝土达到足够强度后张拉预应力筋，完成连续。

(2) 桥的横向是否分隔，主要根据起重能力和截面形式确定。当桥梁较宽、起重能力有限的情况下，可以采用T梁或工字梁截面，分片架设之后再进行横向整体化。为了加强桥梁的横向强度，常采用梁间翼缘板有0.5m宽的现浇接头。采用大型浮吊横向整体吊装将会简化施工和加快安装速度。

(3) 对于先简支后连续的施工方法，通常在简支梁架设时使用临时支座，待连接和张拉后期钢索完成连续时拆除临时支座，放置永久支座。为使临时支座便于卸落，可在橡胶支座与混凝土垫块之间设置一层硫黄砂浆。

（4）在梁的反弯点附近设置接头，在有可能的情况下，可在临时支架上进行接头。桥梁上部结构各截面的恒载内力根据各施工阶段进行内力叠加计算。

四、桥梁上部结构悬臂施工技术

（一）悬臂拼装施工

1. 概述

悬臂拼装施工包括块件的预制、运输、拼装及合龙。它与悬浇施工具有相同的优点，不同之处在于悬拼以吊机将预制好的梁段逐段拼装。此外还具备以下优点。

第一，梁体的预制可与桥梁下部构造施工同时进行，平行作业缩短了建桥周期。

第二，预制梁的混凝土龄期比悬浇法的长，从而减少了悬拼成梁后混凝土的收缩和徐变。

第三，预制场或工厂化的梁段预制生产有利于整体施工的质量控制。

2. 悬拼法施工方法

梁段预制方法分长线法及短线法。

第一，长线法，组成梁体的所有梁段均在固定台座上的活动模板内浇筑且相邻段的拼合面应相互贴合浇筑，缝面浇筑前涂抹隔离剂，以利脱模。优点是由于台座固定、可靠成桥后梁体线性较好，缺点是占地面积较大，地基要求坚实，混凝土的浇筑和养护移动分散。长线法施工工序：预制场、存梁区布置→梁段浇筑台座准备→梁段浇筑→梁段吊运存放、修整→梁段外运→梁段吊拼。

第二，短线法，梁段在固定台座能纵移的模内浇筑。待浇梁段一端设固定模架，另一端为已浇梁段（配筑梁段），浇毕达到强度后运出原配筑梁段，如此周而复始，台座仅需 3 个梁段长。优点是场地较小，浇筑模板及设备基本不需要移机，可调的底、侧模便于平竖曲线梁段的预制，难点是精度要求高、施工要求严、施工周期相对较长。

（二）梁段的拼接施工

1. "0" 号块梁段

为了确保连续梁分段悬拼施工的平衡和稳定，常将 T 构支座临时固结，必要时在墩两侧加设临时支架以满足悬拼的施工需要。

2. 1 号块梁段

1 号块梁段是紧邻 "0" 号块梁段两侧的第一箱梁节段，也是悬拼 T 构桥的基准梁段，是全跨安装质量的关键，一般采用湿接缝连接。湿接缝拼装梁段施工程序包括：吊机就位→提升、起吊 1 号块梁段→安设铁皮管→中线测量→丈量湿接缝的宽度→调整铁皮管→高程测量→检查中线→固定 1 号块梁段→安装湿接缝的模板→浇筑湿接缝混凝土→湿接缝养护、拆模→张拉预应力筋→下一梁段拼装。

3. 其他梁段拼装

采用胶接缝拼装，拼装施工程序包括：吊机就位→起吊梁段→初步定位试拼→检查并处理管道接头→移开梁段→穿临时预应力筋入孔→接缝面上涂胶接材料→正式定位、贴紧梁段→张拉临时预应力筋→放松起吊索→穿永久预应力筋→张拉预应力筋后移挂篮→下一梁段拼装。

(三) 预制梁块悬臂拼装时应注意的要点

第一，梁段的存放场地要求应平整，承载力应满足要求，支垫位置应与吊点一致。

第二，预制梁块的测量要求：①箱梁基准块出坑前必须对所有梁块进行测量，详细记录，并根据其在桥上的设计位置进行校正；②箱梁标高控制点和挠度观测点，在箱梁顶面埋置 4~6 个；③在预制梁段上标出梁号、中轴线、横轴线。

第三，预制块件的悬臂拼装可依据设备和现场条件选用。若方便在陆地上或在便桥上施工时，可采用自行式吊车、门式吊车进行拼装；对于水中桥跨，可采用水上浮吊进行安装；对于高墩身的桥跨，可利用各种吊机进行高空悬拼施工。

第四，桥墩顶梁段及桥墩顶附近梁段施工时，可采用托架或膺架为支架就地浇筑混凝土。托架或膺架应经过设计，计算其弹性及非弹性变形。

第五，应保证拼装的第一个梁块（基准块）的预制精度，安装时应对纵、横轴线、高程进行精确定位测量，为以后的拼装创造条件。

第六，采用悬臂拼装法修建预应力悬臂梁桥时，应先将梁、墩临时锚固或在墩顶两侧设立临时支承，待全部块件安装完毕后，再撤除临时锚固或支承。

第七，采用悬臂吊机、缆索、浮吊悬拼安装时，应按施工荷载进行强度、刚度、稳定性验算，使安全系数大于 2.0。

第八，对于非"0"号、1 号块件的拼装，一般应在接缝上设置定位榫齿或钢定位器。

第九，采用胶接缝拼装的块件，涂胶前应进行试拼。胶黏剂一般采用环氧树脂，使用前应经过试验，符合设计要求方可使用。

第十，湿接缝块件应待混凝土强度达到设计强度等级的 70% 以上时（设计文件如有特殊要求，则按设计文件要求处理，但不能低于设计强度等级的 70%），才能张拉预应力束。

第十一，体系转换应按设计顺序进行。

第五节　桥梁桥面系施工技术

一、桥面铺装层施工

(一)沥青混凝土桥面铺装

第一，大中型水泥混凝土桥桥面铺筑的沥青铺装层，应满足与混凝土桥面的黏结、防止渗水、抗滑及有较高抵抗振动变形的能力等功能要求，并设置有效的桥面排水系统。

第二，铺装沥青层的下卧层必须符合平整、粗糙、整洁的要求，桥面纵横坡符合要求。

第三，水泥混凝土桥面板表面应做铣刨拉毛处理，清除浮浆，除去过高的突出部位。

第四，铺设桥面铺装必须确保混凝土完全干燥，严禁在潮湿条件下铺设防水黏结层及摊铺沥青混合料，防止混凝土中的水分在施工或使用过程中遇热变成水汽使防水黏结层产生鼓包。

第五，喷洒沥青或改性沥青类桥面防水黏结层的施工应符合下列要求。

①整个铺筑过程直至铺设石屑保护层前严禁行人在内的一切交通；②不洒黏层油，直接分2~3层喷洒或人工涂刷热沥青、热融或溶剂稀释的改性沥青、改性乳化沥青的防水黏结层，必须均匀一致，且达到要求的厚度；③喷洒防水层黏结后应立即撒布一层洁净的尺寸为3~5mm的石屑作保护层，并用6~8t轻型压路机以较慢的速度碾压。

第六，桥面铺装的复压宜采用轮胎压路机或钢筒式压路机进行，经试验或凭经验认定不致损坏桥梁结构时，也可采用振动压路机碾压。

第七，必要时采用改性沥青。

第八，桥面铺装和土石方路基与桥头塔板上的路面应连接平顺，采取措施预防桥头跳车。

(二)水泥混凝土桥面铺装

1.钢筋混凝土桥面铺装

(1)桥面和搭板钢筋网的加工、焊接和安装的质量要求，应符合下列规定

第一，所有桥梁、通道钢筋混凝土桥面铺装层均应在梁板混凝土顶面安装锚固架立钢筋，再将钢筋网与锚固架立钢筋相焊接；锚固架立钢筋应有4~8根/m在梁

端或支座部位剪应力较大处取大值；反之，可取小值。桥面铺装层钢筋网应使用焊接网或预制冷轧带肋钢筋网，不宜使用绑扎钢筋网。

第二，钢筋混凝土桥面极限最薄厚度不得小于90mm。桥面铺装层钢筋网不得贴梁板顶面，也不得使用非锚固钢筋网支架和砂浆垫块。

第三，采用双层钢筋网一次铺装时，除底层钢筋网应与梁板锚固焊接外，上下层钢筋网亦应焊接。分双层两次铺装的钢筋混凝土桥面，防水找平层中应设置一层钢筋网，横向钢筋位于纵向钢筋之下，横向钢筋直径、数量和间距不宜小于纵向，并应与梁板锚固筋相焊接，上层钢筋网可不与下层钢筋网焊接，但应与锚固在找平层混凝土中的架立钢筋相焊接。上层钢筋网设置应满足抗裂要求，钢筋直径宜细不宜粗；间距宜密不宜疏。

第四，桥面板应在梁端或负弯矩欲切缝部位，按设计要求使用接缝钢筋补强。桥面接缝补强钢筋的直径不宜小于12mm；长度不宜短于1.2m或按负弯矩影响范围确定。

第五，桥面钢筋网应在整个桥面铺装层内连续，不得因铺装宽度不足或停工而切断纵、横向钢筋。

第六，路面与桥涵相接的两条胀缝，一条应位于搭板与过渡板之间，另一条应设在过渡板与普通混凝土路面之间。钢筋混凝土搭板及过渡板端部钢筋应与胀缝钢筋支架相焊接，焊接点不应少于4个/m。也可在双层钢筋混凝土搭板一侧取消胀缝支架，直接利用双层钢筋网，并增加箍筋，箍筋数量不得少于胀缝钢筋支架。

（2）桥面及搭板的机械铺装

第一，铺装前应做如下施工准备。

①桥面铺装层厚度和配筋应根据设计或经验确定。桥头双层钢筋混凝土搭板在高速公路、一级公路上与路面相接时，应设置不短于10m的单层钢筋混凝土过渡板。②桥头沉降应基本稳定，桥头搭板可采用双层钢筋网搭板或设枕梁及加强肋的单层钢筋网搭板。前者厚度宜为300～450mm，后者宜与路面厚度相同，但枕梁和加强肋均应按设计计算配置受力钢筋，其厚度不宜薄于上基层。③桥面铺装层和搭板混凝土强度等级不应低于主梁翼缘板。在桥面与路面机械连续摊铺条件下，路面混凝土强度等级不低于桥面铺装层要求时，桥面混凝土配合比可与路面混凝土相同；反之，应按桥面铺装层抗压强度要求设计桥面混凝土配合比。用于桥面铺装的混凝土中不宜掺粉煤灰，但应掺高效减水剂；有抗冰（盐）冻要求时应掺引气（缓凝）高效减水剂；腐蚀环境下宜掺硅灰或磨细矿渣。④待铺装的裸梁表面应清洗干净，并具有足够的粗糙度，平层的表面应进行凿毛或表面缓凝粗糙以做防水处理。⑤用滑模或轨道摊铺机连续铺装桥面前，应验算桥板、翼缘承载能力和桥梁挠度是否满足摊铺机上桥

铺装作业的要求。大吨位摊铺机上桥摊铺的挠度及下桥反弹量不宜大于3mm。⑥桥梁护栏宜在滑模或轨道摊铺机铺装桥面后施工。履带行走或轨道架设在分幅桥梁中空部位、通信井口或裸梁板上时，应采用可靠的加固保护措施。可将滑模摊铺机的履带延伸至另一幅桥面上行走。⑦滑模摊铺机履带上下桥的台阶部位应提前2~3d铺设混凝土坡道，长度不宜短于钢筋混凝土搭板。⑧桥上的基准线桩可与桥梁上的锚固钢筋暂时焊接固定，间距不大于10m。滑模连续铺装路面、搭板和桥面时，基准线应连接顺直。⑨轨道摊铺机、三辊轴机组或小型机具铺装桥面时，轨模或模板应采用特制的低矮（轨）模板。不能整幅铺装桥面时，接续摊铺一侧的模板宜使用中空型，以利于钢筋穿过，不得用模板将钢筋网压贴到梁板上。搭板的模板可采用路面模板，高程不足时，可提前铺设混凝土底座。路面、搭板和桥面连续铺装时，（轨）模板应连续顺直。

第二，连续机械铺装。

①滑模和轨道摊铺机应缓慢、匀速、连续不间断地摊铺路面、胀缝、搭板、桥面。设钢筋网的涵洞顶面层的摊铺应与相应钢筋混凝土路面相同。滑模摊铺机上、下桥面，应及时调整侧模高度，使边缘尽量少振动漏料。三辊轴机组铺装桥面时，应与钢筋混凝土路面摊铺要求相同。②钢筋混凝土桥面铺装层的铺装厚度应采取双控措施：厚度代表值应满足设计要求；极限最小厚度不应小于设计厚度20mm。不能同时满足两者要求时，应在保证翼缘板厚度的前提下，凿除凸起部分。③整体摊铺钢筋混凝土搭板（加枕梁或肋梁）的总厚度不得大于400mm。超厚部分应人工浇筑并振实底部。④应精确放样桥台接缝和伸缩缝位置。铺装前宜在伸缩缝、桥台接缝底部设隔离层，应在桥台接缝处安装稳固的胀缝板。

2. 钢纤维水泥混凝土桥面铺装

第一，钢纤维混凝土路面和桥面的厚度、平面尺寸和钢纤维掺量等应符合公路水泥混凝土路面设计规范和设计图纸的规定。

第二，钢纤维混凝土路面的布料与摊铺除应满足滑模、轨道和三辊轴机组摊铺普通混凝土路面的规定外，尚应符合下列规定：①所采用的各种机械布料与摊铺方式，应保证面板内钢纤维分布的均匀性及结构连续性，在一块面板内的浇筑和摊铺不得中断。②布料松铺高度应通过试铺确定。拌和物坍落度相同时，应比相同机械施工方式的普通混凝土路面松铺高度高10mm左右。③钢纤维混凝土拌和物应与所选定的摊铺方式相适应。

3. 钢纤维混凝土路面的振捣与整平

第一，所采用的振捣机械和振捣方式除应保证钢纤维混凝土密实性外，还应保证钢纤维在混凝土中分布的均匀性。

第二，除应满足各交通等级路面平整度要求外，整平后的面板表面不得裸露上翘的钢纤维，表面 10～30mm 深度的钢纤维应基本处于平面分布状态。

第三，采用滑模摊铺机、轨道摊铺机铺筑钢纤维混凝土路面时，振捣棒组的振捣频率不宜低于 10000r/min，振捣棒组底缘应严格控制在面板表面位置，不得将振捣棒组插入路面钢纤维混凝土内部振捣。

第四，采用三辊轴机组摊铺钢纤维混凝土路面时，不得将振捣棒组插入路面钢纤维混凝土内部振捣，也不得使用人工插捣。可采用大功率平板式振捣器振捣密实，再采用振动梁压实整平。振动梁底面应设凸棱以利表层钢纤维和粗集料压入，然后用三辊轴整平机将表面滚压平整，再用 3m 以上刮尺、刮板或抹刀纵横向精平表面。

(三) 钢桥面铺装

第一，钢桥面铺装必须具有以下功能性要求。

①能与钢板紧密结合成为整体，变形协调一致。②防水性能良好，防止钢桥面生锈。③具有足够的耐久性和有较小的温度敏感性，满足使用条件下的高温抗流动变形能力、低温抗裂性能、水稳定性、抗疲劳性能、表面抗滑的要求。④与钢板黏结良好，具有足够的抗水平剪切重复荷载及蠕变变形的能力。

第二，钢桥面铺装结构通常由防锈层、防水黏结层、沥青面层等组成。

第三，涂刷防水层前应对钢板焊缝和吊钩残留物仔细平整，彻底除锈，清扫干净。

第四，钢桥面铺装的防水黏结层必须紧跟防锈层后涂刷，防水黏结层宜采用高黏度的改性沥青、环氧沥青、防水卷材。当采用浇筑式沥青混凝土铺筑桥面铺装时，可不设防水黏结层。

第五，钢桥面铺装使用的改性沥青，宜单独提出相应的技术要求。沥青层的压实设备和压实工艺，应通过力学验算并经试验验证，防止钢桥面主体受损。

第六，铺设过程中必须保持桥面整洁，不得堆放与施工无关的材料、机械、杂物。

第七，钢桥面铺装宜在无雨少雾季节、干燥状态下施工。

二、伸缩缝安装施工

桥梁伸缩装置是为了使车辆平稳通过桥面并满足桥面变形的需要，在桥面伸缩接缝所设置的各种装置的总称。

（一）钢板伸缩装置施工

1. 梳形钢板伸缩装置

梳形钢板伸缩装置是由梳形板、锚栓、垫板、锚板、封头板及排水槽等组成，有的还在梳齿之间填塞合成橡胶，以起防水作用。

安装梳形钢板伸缩装置时，首先应按设计高程将锚栓预埋入预留孔内，然后焊接锚板，并调整封头板使之与垫板齐平，最后再安装梳形板和浇筑混凝土。安装程序为：桥面整体铺装→切缝→缝槽表面清理→将构件放入槽内→用定位角铁固定构件位置及高程→布设焊接锚固筋→在混凝土接缝表面涂底料→浇筑树脂混凝土→及时拆除定位角铁→养生→填缝→结束。

2. 滑动钢板伸缩装置

滑动钢板伸缩装置，一侧用螺栓锚定牵引板，另一侧搁置在桥台边缘处的角钢上，角钢与牵引板间设置滑板，用钢板的滑动适应结构的伸缩。缝间可填充压缩材料或加设盖板。滑动钢板通过橡胶垫块始终紧压在护缘角钢上，这样既消除了不利的拍击作用，又显著减小了车辆的冲击作用。

（二）橡胶伸缩装置施工

橡胶伸缩装置是指伸缩体采用橡胶构件的伸缩装置。伸缩体所用的橡胶有良好的耐老化、耐气候和抗腐蚀的性能。

橡胶伸缩装置有空心板形、"W"形或"M"形。这类装置具有构造简单、伸缩性好、防水防尘、安装方便、价格低廉等优点，伸缩量为 30~50mm，一般用于低等级公路的中小桥梁。

1. 构造特点

空心板形橡胶伸缩装置是指利用橡胶富有弹性和耐老化的特性，将其嵌入型钢制成的槽内，使橡胶在气温变化时始终保持受压状态的伸缩装置。根据伸缩量的不同，做成两孔或三孔。

2. 施工安装程序

（1）安装准备

清理梁端、顶面凿毛、冲洗，各梁伸出不齐者应予以修整，以利于设置端模板。

（2）立端模板

两端模板要用小木楔挤紧。木楔横桥向尺寸应尽量小，以使其在梁伸长时能被挤碎，缩短时可自由脱落，模板由下面设法取出。模板应尽量薄，顶端削成45°角，楔子应打入适当深度，使其顶部不阻碍胶条压缩时向下凸变。

(3) 左侧型钢定位

将左侧型钢组件焊好后，按设计要求用定位钢筋点焊于架立钢筋上，然后将胶条相互接触的表面进行除锈去油污等清理工作。

(4) 涂胶、对合、加压、右侧型钢定位

把右侧型钢与胶条相互接触的表面除锈去油污，并将橡胶伸缩条两侧胶面打毛，然后涂以 202 或 203 胶水，立即对合，用特别夹具加压至计算的安装定位值后，用与左侧同样的方法点焊定位，定位完毕拆除所有夹具。

(5) 浇筑混凝土

定位完毕，伸缩装置两侧各浇筑宽 50cm 的 C30 混凝土，并注意养护。

三、桥面防排水

(一) 铺设桥面防水层注意事项

①防水层材料应经过检查，在符合规定标准后方可使用；②防水层通过伸缩缝或沉降缝时，应按设计规定铺设；③防水层应横桥向闭合铺设，底层表面应平顺、干燥、干净。防水层不宜在雨天或低温下铺设；④水泥混凝土桥面铺装层当采用油毛毡或织物与沥青黏合的防水层时，应设置隔断缝。

(二) 防水卷材防水层的铺筑应符合以下要求

①防水卷材应符合相关质量要求，无破洞、不漏水，内部有金属或聚合物纤维，表面有均匀的石屑撒布层。铺筑的防水黏结层不得有漏铺、破漏、脱开、翘起、皱折等现象。②铺设前应喷洒黏层油和涂刷黏结剂，铺筑时边加热边滚压，黏结后必须检查确认任何部位都不能被人工或铁锹撕、揭开。③铺设卷材后不得通行任何车辆或堆放杂物，防止卷材污染；④防水卷材防水层不得在摊铺机或运料车作用下遭到损坏。

(三) 泄水管注意事项

①泄水管应伸出结构物底面 100 ~ 150mm；②桥下有道路、铁路、航道等不宜直接排水的情况下，可将泄水管通过纵向及竖向排水管道直接引向地面，或按设计文件要求办理。要求管道要有良好的固定装置，如锚锭轨及抱箍等预埋件。

第六节　涵洞施工技术

一、涵洞的分类

涵洞是横贯公路路基，用于泄水或通过人、畜、车辆的小型构筑物。报据桥梁涵洞按跨径分类标准，涵洞的单孔跨径小于 5m 或多孔跨径总长小于 8m，但圆管涵及箱涵不论管径或跨径大小、孔数多少，均称为涵洞。

涵洞按建筑材料可分为砖涵、石涵、混凝土涵和钢筋混凝土涵；按涵洞断面形式分为管涵、板涵、箱涵、拱涵；按涵顶填土情况分为明涵（涵顶无填土）和暗涵（涵顶填土大于 50cm）；按水力性能分为无压涵、半压力涵和压力涵。

二、施工准备工作

（一）涵洞施工注意事项

1. 现场核对

涵洞开工前，应根据设计资料，结合现场实际地形、地质情况，对涵洞位置、方向、孔径、长度、出入口高程以及与灌溉系统的连接等进行核对。核对时，还需注意农田排灌的要求，需要增减涵洞数量、变更涵型或孔径时，应按相关规定施工。

2. 施工详图

若原设计文件、图纸不能满足施工需要时，例如地形复杂处的陡峻沟谷涵洞、斜交涵洞、平曲线或大纵坡上的涵洞、地质情况与原实际资料不符处的涵洞等应先绘出施工详图或变更设计图，然后依图放样施工。

3. 施工放样

涵洞中线和涵台位置的测定准确无误。

（二）涵洞的施工放样

涵洞施工中的测量工作主要是测设涵洞中心桩位以及涵洞轴线方向。根据设计资料给出的中心桩号、斜交角、涵长等，测设涵洞中心桩以及轴线。

涵洞施工设计图表是施工放样的依据，根据设计中心里程，在地面上标定涵洞位置并设置涵洞纵向轴线。当涵洞位于路线的直线部分时，其中心应根据线路控制桩的方向和附近百米桩里程来测定；位于曲线部分时，应按曲线测设方法测定。

涵洞轴线确定后应量出上下游涵长，考虑出入水口是否顺畅，当无须改善时，用小木桩标定涵端，用大木桩控制涵洞轴线，并以轴线为基准测定基坑和基础在平面上的所有尺寸，用木桩标出，或者设置线板，在线板上以凹痕指出所有基础边沿及边墙在平面上的外形。线板在预定基坑范围以外 1.0～1.5m 处钉以水平的木桩，各木桩间距 2～3m，将线板固定在木桩上。

三、混凝土和钢筋混凝土圆管涵施工

(一) 圆管涵施工主要工序

测量放线→基坑开挖→砌筑圬工基础或现浇混凝土管座基础→安装圆管→出入口浆砌→防水层施工→涵洞回填及加固。

(二) 涵管预制

为保证涵管节的质量，管涵应在工厂中成批预制，再运到现场安装，预制混凝土圆涵管可采用振动制管法、离心法、悬辊法和立式挤压法。在运输条件限制时，也可在现场就地制造。钢筋混凝土圆管成品应符合下列要求：①管节端面应平整并与其轴线垂直。斜交管涵进出水口管节的外端面，应按斜交角度进行处理。②管壁内外侧表面应平直圆滑，如有蜂窝，蜂窝处应修补完善后方可使用。③管节各部尺寸不得超过规定的允许偏差。④管节混凝土强度应符合设计要求。⑤管节外壁必须注明适用的管顶填土高度，相同的管节应堆放在一处，以便于取用，防止弄错。

(三) 管节安装

管节安装应从下游开始，使接头面向上游；每节涵管应紧贴于垫层或基座上，使涵管受力均匀；所有管节应按正确的轴线和图纸所示坡度敷设。如管壁厚度不同，应使内壁齐平。在敷设过程中，要保持管内清洁无脏物、无多余的砂浆及其他杂物。

管节安装可根据地形及设备条件选择施工方法，下面介绍几种常用的施工方法。

1. 滚动安装法

管节在垫板上滚动至安装位置前，转动90度，使其与涵管方向一致，略偏一侧。在管节后用木撬棍拨动至设计位置，然后将管节向侧面推开，取出垫板再推回原位。

2. 压绳下沉法

当涵洞基坑较深，需沿基坑边坡侧向将管滚入基坑时，可采用压绳下管法。3～5m 压绳下管法是侧向下管的方法之一，下管前，应在涵管基坑外 3～5m 处埋设木桩，木桩直径不小于 25m，长 2.5m，埋深最少 1m。桩为缠绳用。在管两端各套一根长绳，绳一端紧固于桩上，另一端在桩上缠两圈后，绳端分别用两组人或两盘绞车拉紧。下管时由专人指挥，两端徐徐松绳，管子渐渐由边坡滚入基坑内。大绳用

优质麻制成，直径 50mm，绳长应满足下管要求。下管前应检查管子质量及绳子、绳扣是否牢固，下管时基坑内严禁站人。

管节滚入基坑后，再用滚动安装法或滚木安装法将管节准确安装于设计位置。

3. 吊车安装法

使用汽车或履带吊车安装管节十分方便，但一般少量工程机械台班利用率不高，宜在工作量集中的工点使用。

（四）安装管节注意事项

①应注意按涵顶填土高度取用相应的管节。对管节应检查合格后方可使用。②各管节应顺流水坡度安装平顺，当管壁厚度不一致时应调整高度使内壁齐平，管节必须垫稳坐实，管道内不得遗留泥土等杂物。③对于插口管，接口应平直，环形间隙应均匀，并应安装特制的胶圈或用沥青、麻絮等防水材料填塞，不得有裂缝、空鼓、漏水等现象；对于平接管，接缝宽度应不大于 10～20mm，禁止用加大接缝宽度来满足涵洞长度要求；接口表面应平整，并用有弹性的不透水材料嵌塞密实，不得有间断、裂缝、空鼓和漏水等现象。

（五）圆管涵施工注意事项

①有圬工基础的管座混凝土浇筑时应与管座紧密相贴，浆砌块石基础应加做一层混凝土管座，使圆管受力均匀；无圬工基础的圆管基底应夯填密实，并做好弧形管座。②无企口的管节接头采用顶头接缝，应尽量顶紧，缝宽不得大于 100mm，严禁采用因涵身长度不够，而将所有接缝宽度加大的方法来凑合涵身长度。管身周围无防水层设计的接缝，需用沥青麻絮或其他具有弹性的不透水材料从内、外侧仔细填塞。设计规定管身外围做防水层的，按前述施工程序施工。③长度较大的管涵设计有沉降缝的，管身沉降缝应与圬工基础的沉降缝位置一致，缝宽为 20～30mm，应用沥青麻絮或其他具有弹性的不透水材料从内、外侧仔细填塞。④长度较大、填土较高的管涵应设预拱度。预拱度大小应按设计规定设置。⑤各管节设预拱度后，管内底面应成平顺圆滑曲线，不得有逆坡相邻管节。如因管壁厚度不一致（在允许偏差内）产生台阶时，应凿平后用水泥环氧砂浆抹补。

材料填塞，不得有裂缝、空鼓、漏水等现象；对于平接管，接缝宽度应不大于 10～20 mm，禁止用加大接缝宽度来满足涵洞长度要求；接口表面应平整，并用有弹性的不透水材料嵌塞密实，不得有间断、裂缝、空鼓和漏水等现象。

四、拱涵、盖板涵和箱涵施工

(一) 就地浇筑 (或砌筑) 的拱涵、盖板涵

1. 拱涵基础

(1) 整体式基础

两座涵台的下面和孔径中间使用整块的混凝土浇筑的基础称为整体式基础。其地基土的承载力应满足设计文件的规定。若设计无规定，则填方高 (H) 在 $1 \sim 12m$ 时，必须大于 0.2 MPa; H 大于 12m 时必须大于 0.3MPa。湿陷性黄土地基，不论其表面承载力多大，均不得使用整体式基础。

(2) 非整体式基础

两座涵台的下面为独立的现浇混凝土或浆砌片石基础，两者之间不相连的称为非整体式基础。其地基土要求的容许承载力较上述的基础高，当设计文件无规定时，一般应大于 0.5 MPa。

(3) 板凳式基础

两座涵台下面的混凝土基础之间用较薄的混凝土或钢筋混凝土板在顶部连接，一起浇筑成类似同板凳一样的基础，其地基土容许承载力的要求处于前两者之间，设计文件无规定时，应为大于 0.4MPa 的砂类土或 "中密" 以上的碎石土。

上述地基土的承载力大小可用轻型动力触探仪进行测试。

根据当地材料情况，基础可采用 C15 片石混凝土或 M5 水泥砂浆砌片石，石料强度不得低于 25 MPa。

2. 支架和拱架

就地浇筑的拱涵和盖板涵，可采用组合钢模板，在缺乏钢木材料的情况下，也可采用全部土胎。

(1) 钢拱架和木拱架

钢拱架是用角钢、钢板和钢轨等材料在工厂 (场) 制成装配式构件，在工地拼装使用。木拱架主要是由木材组合而成，拆装比较方便。但这种拱架浪费木材，应尽量不使用。

(2) 土牛拱胎 (土模)

在水流不大的情况下，小桥涵施工可以用土牛拱胎代替拱架，这种方法既能节省木料，又经济、安全。

全填土拱胎施工步骤如下：拱胎填土应在涵台砌筑砂浆或现浇混凝土强度达到设计强度的 75% 后，分层夯填，每层厚度宜为 $0.2 \sim 0.3m$，土的压实度应在 90%

以上。

填土宽度在端墙外伸出 0.5～1.0m，并保持 1∶1.5 的边坡，填土将达拱顶时，分段用样板校正，每隔 300 mm 挂线检查。

若用土牛拱胎浇筑盖板涵，其"土牛"填至涵台顶面高程即可，施工方法与拱涵相同。

当河沟中有少量流水而采用土胎施工时，除采用木排架土胎外，亦可根据水流大小，在土胎下设渗水沟，埋设钢筋混凝土管、瓦管或用木料做成三角形水孔。

在施工过程中预计有洪水到来的河沟中不能采用土牛拱胎法砌筑拱圈。

3. 拱涵与盖板涵基础、涵台、拱圈、盖板的施工

上述构件施工时应按下列要求进行。

（1）涵洞基础

无论是圬工基础或是砂垫层基础，施工前必须先对下卧层地基土进行检查验收，地基土承载力或密实度符合设计要求时，方可进行基础施工。对于软土地基应按照设计规定进行加固处理，符合要求后，才可进行基础施工。

对孔径较宽的拱涵、盖板涵兼作行人和车辆通道时，其底面应按照设计用圬工加固，以承受行人和车辆荷载及磨耗。

（2）涵洞拱圈和钢筋混凝土盖板

拱圈和盖板浇筑或砌筑施工应注意：拱圈和出入口拱上端墙的施工，应由两侧拱脚向拱顶同时对称进行；钢筋混凝土、混凝土拱圈和盖板混凝土的现场浇筑施工，宜连续进行，避免施工接缝；当涵身较长时，可沿长度方向分段进行，每段应连续一次浇筑完成，接缝应设在涵身沉降缝处。

4. 拱架和支架的安装和拆卸

（1）安装的一般要求

拱架和支架支立牢固，拆卸方便（可用木楔作支垫），纵向连接应稳定，拱架外弧应平顺。拱架不得超越拱模位置，拱模不得侵入圬工断面。拱架和支架安装完毕后，应对其位置、顶部高程、节点联系纵横向稳定性进行检查，不符合要求者，立即进行纠正。

（2）拆卸的一般要求

拱架和支架的拆除及拱顶填土的时间应符合下列条件。

拱圈砌筑砂浆或混凝土强度达到设计强度的 75% 时，方可拆除拱架，达到设计强度后，方可用回填土回填。

在拱架未拆除的情况下，拱圈砌筑砂浆或混凝土强度达到设计强度的 75% 时，可进行拱顶填土，但在拱圈强度达到设计强度的 100% 后，方可拆除拱架。

拱涵拆除拱架可用木楔,木楔用比较坚硬的木料斜角对剖制成,并将剖面刨光。两块木楔接触面的斜度为 1:6~1:10。在垫楔时应使上面一块的楔尖超出下面一块楔尾以外,这样在拆架时敲击木楔比较方便。木楔垫好后将两端钉牢。

拆卸拱架时应沿拱涵整个宽度上将拱架同时均匀降落,并从跨径中点开始,逐步向两边拆除。

(二) 就地浇筑的箱涵

箱涵与盖板涵的区别是:盖板涵的台身与盖板是分开浇筑的,台身还可以采用砌石片工,成为简支结构;而箱涵的上顶板、底板与左、右墙身是连续浇筑的,成为刚性结构。

1. 箱涵基础

涵身基础分为有圬工基础和无圬工基础两种。

2. 涵身和底板混凝土的浇筑

箱涵身的支架、模板可参照现浇混凝土拱涵和盖板涵的支架、模板制造安装。浇筑混凝土时注意事项与浇筑拱涵与盖板涵相同。

(三) 装配式拱涵、盖板涵和箱涵

1. 预制构件结构的要求

①拱圈、盖板、箱涵节等构件预制长度,应根据起重设备和运输能力决定,但应保证结构的稳定性和刚性,一般不小于 1m,但亦不宜太长。②拱圈构件上应设吊装孔,以便起吊。吊孔应考虑平吊及立吊两种,安装后可用砂浆将吊孔填塞。箱涵节、盖板和半环节等构件,可设吊孔,也可于顶面设立吊环。吊环位置、孔径大小和制环用钢筋应符合设计要求,并要求吊钩伸入吊环内和吊装时吊环筋不断裂。安装完毕,吊环筋应锯掉或用气体割掉。③若采用钢丝绳捆绑起吊可不设吊孔或吊环。

2. 构件运输

构件必须在达到设计强度,经过检查质量和大小符合要求之后,才能进行搬运。搬运时应注意吊点或支承点的设置,务必使构件在搬运过程中保持平衡、受力合理,确保搬运过程中的安全。

3. 施工和安装

(1) 基础

根据地基土类别和基础类型与就地浇筑的涵洞基础施工方法相同。

(2) 拱涵和盖板涵的涵台身

涵台身大多采用砌筑结构,可按照就地浇筑的涵台身施工方法施工。如采用装

配式结构时，可按照装配式墩台相关的要求施工。

（3）上部构件的安装

构件可用扒杆、链滑车或汽车吊进行吊装。

4. 预制拱圈和盖板的安装应注意下列事项

①成品混凝土强度达到设计强度的 70% 时，方可搬运安装。②成品安装前应再检查成品及拱座、墩、台的尺寸。③安装后，成品拱圈和盖板上的吊装孔应以砂浆填塞，如系吊环应锯掉。④拱座与拱圈、拱圈与拱圈的拼装接触面应先拉毛或凿毛（沉降缝处除外），安装前应浇水湿润，再用 M10 水泥砂浆砌筑。⑤构件砌缝宽度一般为 10mm，拼装每段的砌缝应与设计沉降缝尺寸一致。

五、通道桥涵的顶进施工

当公路须从现有铁路、公路路基下面立交通过时，对原有路线采取必要的加固措施后。可采取顶入法施工通道桥涵。

（一）通道桥涵顶进施工主要工序

测量放线→工作坑定位与开挖→工作坑基础、导轨及附属设施施工→后背设计与施工桥涵身预制→顶进设备与设施准备→既有线路的加固→顶进作业→附属工程施工。

（二）顶进工作坑及后背施工要求

①顶进的工作坑位置应根据现场地形、土质、结构物尺寸及施工需要决定，在保证排水和安全的前提下，工作坑边缘距公路、铁路应有足够的安全距离。②工作坑基底的承载力应能满足顶入桥涵的要求，否则应加固。③工作坑滑板应满足下列要求：第一，滑板中心线与桥涵中心线一致。第二，具有足够的强度、刚度和稳定性，必要时可在滑板上层配置钢筋网，以防顶进时滑板开裂。第三，表面平整，减小顶进时的阻力。第四，底面设粗糙面或锚梁，增加抗滑能力。第五，宜将滑板做成前高后低的仰坡，坡度为 3% 左右。第六，沿顶进方向，在滑板的两侧，距桥涵外缘 50～100m 处设置导向墩，以控制桥涵顶入方向。④顶进桥涵的后背，应根据现场条件、地质、材料设备情况及强度、稳定性的要求，进行设计计算，确保顶进工作的顺利和安全。

（三）顶进作业

①桥涵顶进前应检查验收桥涵主体结构的混凝土强度、后背是否符合设计要求。

应检查顶进设备并做预订试验。②千斤顶应按桥涵的中轴线对称布置。顶进法的传力设备安装时应与鼎力线一致，并与横梁垂直。顶程较长时，顶柱与横梁是否用螺栓固定。③桥涵顶进挖土时保持刃角有足够的切深，挖掘进尺及坡度应视土质情况确定。挖土必须与观测紧密配合，根据偏差随时改变挖土方法。列车通过时不得挖土，施工人员应离开土坡 1m 以外，发现有危险的塌方影响行车安全时，应迅速组织抢修加固。④顶管施工应在工作坑内安装导轨，导轨高程允许偏差为 ±2mm，中心线允许偏差为 3mm。首节管节安放在导轨上，应测量其中线和前后两端高程，合格后方可顶进。⑤顶管施工时，可在管前端先挖土，后顶进，一般轴向超挖量在铁路道砟下不得大于 100mm，其余情况不得大于 300mm，管节上部超挖量不得大于 15mm，管节下部 135° 范围内不得超挖。⑥桥涵顶进中，应经常对桥涵中线和高程进行观测，发现偏差应及时纠正。发生左右偏差时，可采用挖土校正法和千斤顶校正法调整；发生上下偏差时，可采用调整刃角挖土量或铺筑石料等方法调整。⑦顶进作业应连续进行，不得停工，以防地下水渗出，造成路基坍塌。出现事故时应立即停止顶进。⑧桥涵顶进时，对节间接缝及结构物应按设计要求进行防水处理。

第四章 公路工程的施工组织

第一节 公路工程施工组织概述

一、公路工程基本建设

(一) 公路工程基本建设的定义

基本建设是利用各种形式的资金进行投资，以扩大再生产能力和新增社会效益为目的的固定资产建设。即把一定的建筑材料、设备等，通过购置、建造和安装等活动，转化为固定资产的过程，诸如工厂、公路、铁路、港口、学校、医院等工程的建设以及机具、车辆、各种设备等的添置和安装。

公路工程基本建设就是通过勘察、设计和施工以及有关的经济活动等，将一定建筑材料按设计要求与技术标准使用机械设备建造成公路构造物的过程。

(二) 公路工程基本建设的内容

公路工程基本建设活动主要由三部分构成。

1. 建筑安装工程

建筑安装工程指兴工动料的施工活动，是投资额最高的一部分，也是基本建设中最复杂的一部分。它包括建筑工程和设备安装工程。

建筑工程包括路基、路面、桥梁、隧道、防护工程、沿线设施等。

设备安装工程包括高速公路、大型桥梁所需的各种机械、设备、仪器的安装、测试等。

2. 设备、工具、器具及家具购置

设备、工具、器具及家具购置是指为公路营运、服务管理、养护等需要所购买的设备、工具、器具以及为保证新建、改建公路初期正常生产、使用和管理所需采购或自制的办公和生活家具。

3. 其他基本建设工作

其他基本建设工作是指不属于上述各项的基本建设工作。如勘察、设计及与之有关的调查和技术研究工作，征用土地、青苗补偿和安置补助工作等。没有这些工作，基本建设就难以进行，或者工程建成后也无法投产和交付使用。

(三) 公路工程基本建设项目的组成

每项基本建设工程就其实物形态来说，都由许多部分组成。为了便于编制各项基本建设的施工组织设计和概预算文件，必须对每项基本建设工作进行项目划分。基本建设工程可依次划分为基本建设项目、单项工程、单位工程、分部工程和分项工程。

1. 基本建设项目 (简称建设项目)

每项基本建设工程就是一个建设项目。建设项目一般是指有总体设计，经济实行独立核算，行政管理具有独立组织形式的建设单位。在我国基本建设工作中，通常以一个企业、事业单位，或一个独立工程作为一个建设项目。如运输建设方面的一条公路、一条铁路、一个港口。

2. 单项工程 (又称工程项目)

单项工程是建设项目的组成部分。一个建设项目，可以是一个单项工程，也可以包括多个单项工程。所谓单项工程，是指具有独立的设计文件，竣工后可以独立发挥生产能力或效益的工程，如某公路建设项目中的某独立大、中桥梁和某隧道工程等。

3. 单位工程

单位工程是单项工程的组成部分，一般指不能独立发挥生产能力 (或效益)，但具有独立施工条件的工程。如某隧道单项工程可分为土建工程、照明和通风工程等多个单位工程；一条公路可分为路线工程、桥涵工程等多个单位工程。

4. 分部工程

分部工程是单位工程的组成部分，一般是按照单位工程的各个部位划分的，如基础工程，桥梁上、下部工程，路面工程，路基工程等。

5. 分项工程

分项工程是分部工程的组成部分，是按照工程的不同结构、不同材料和不同施工方法等因素划分的，如基础工程可划分为围堰、挖基、砌筑基础、回填等分项工程。分项工程的独立存在是没有意义的，它只是建筑或安装工程的一种基本构成因素，是为了组织施工以及为确定建筑安装工程造价而设定的一个中间过程。

(四) 公路工程基本建设的特点

公路工程施工的特点是由公路建筑产品的特点决定的。公路工程是呈线形分布的一种带状构造物，是通过勘察、设计和施工，消耗大量资源（人力、物力、财力）而完成的公路建筑产品。与工业生产相比，公路建设同样是一系列资源投入产出的过程，其施工生产的阶段性和连续性，组织上的专门化和协作化与工业生产是一致的。但是公路建筑产品具有形体庞大、复杂多样、不可拆卸、不能移动等特点，公路工程施工具有流动性、单体性、生产周期长、易受气候影响和外界干扰等特点，这些特点对公路工程施工组织与管理影响很大。

1. 公路建筑产品的特点

（1）产品固定性

公路工程的构造物固定于一定的地点不能移动，只能在建造的地方直接生产、完工后供长期使用。

（2）产品多样性

由于公路的具体使用目的、技术等级、技术标准、自然条件以及功能不同，因此公路的组成、结构千差万别、复杂多样。

（3）产品形体的庞大性

公路工程是线形构造物，其组成部分的形体庞大，不仅占用土地多，而且占据较大空间，使整个工程雄伟壮观。

（4）产品部分结构的易损性

公路工程构造物受行车作用及自然因素影响，其暴露于大自然的部分以及直接受行车作用的部分，会产生物理、化学变化，在疲劳、耐久、老化方面受损表现突出。

2. 公路工程施工的技术经济特点

由于公路建筑产品具有上述特点，因此在其产品（工程）的施工过程中，具有以下技术经济特点。

（1）工程施工流动性大

公路建设线长、点多、面广，工程数量分布不均匀，其构造物在建造过程中和建成后都无法移动。由于产品的固定性和严格的施工顺序，在组织各类工作人员和各种机械施工时，围绕这一产品，需在同一工作面不同时间，或同一时间不同工作面上进行施工活动，这就需要科学地解决这种空间与时间之间的矛盾。此外，当某一公路工程竣工后，还要解决施工队伍向新的施工现场转移的问题。

（2）工程施工协作性高

公路工程类型多、施工环节多、工序复杂，每项工程又具有不同的功能、不同的施工条件，使每项工程不仅要进行个别设计，而且要个别组织施工。特别是现代高等级公路不仅涉及电力、电信工程，而且包含市政级环保工程。每项工程都涉及建设、设计、施工等单位的密切配合，需要材料、动力、运输等各个部门的通力协作。因此，施工过程中的综合协调和调度、严密计划和科学管理就显得特别重要。

（3）工程施工周期性长

公路工程包括路基、路面、桥梁、涵洞、隧道、交通工程设施等工程，产品形体特别庞大，产品固定并具有不可分割性，使施工周期长，而且在较长时间内大量占用和耗费人力、物力和财力，直到整个工程施工周期完结，才能出产品。即使借助现代化施工机械完成高等级公路工程，在满足工程质量及技术标准的条件下，一条百余千米的高速公路也需要 3 年左右工期。由于施工期内包含一年四季气候的变化，需要针对不同的气候、季节采取不同措施进行施工管理，保证工程质量与进度。

在施工过程中，要求统筹安排，遵守施工程序，科学合理地组织施工，各阶段、各环节必须有条不紊地组织起来，在时间上不间断、空间上不脱节。如果施工的连续性受到破坏或中断，必然拖延工期，大量占用资金，造成人力、物力、财力的浪费。

（4）受外界干扰及自然因素影响大

公路工程施工穿越乡村与城镇，与当地政府及居民利益紧密相关，现场的一切行动直接影响当地生活与生产，因此协调地方关系成为现场管理不可或缺的工作。另外，公路工程施工大部分是露天作业，受自然条件的影响很大，如气候冷暖、地势高低、雨雪等。设计变更、地质情况、物资供应条件、环境因素等对工程进度、工程质量、成本等都有很大影响，且由于公路部分结构的易损性，需不断对其进行维修养护，才能维持正常的使用性能。

公路建设的上述特点决定了公路工程施工活动的特有规律，研究和遵循这些规律，对科学地组织与管理公路工程施工和提高公路建设的经济效益具有重要意义。

二、公路工程建设程序

（一）公路工程基本建设程序

基本建设项目在整个建设过程中各项工作的先后顺序，称为基本建设程序。这个程序是由基本建设进程的客观规律（包括自然规律和经济规律）和政府管理体制决定的。

基本建设涉及面广，受到地质、气候、水文等自然条件和资源供应、技术水平等物质技术条件的严格制约，需要内外各个环节的密切配合，并且要求按照符合既定需要和有科学根据的总体设计进行建设。一般来说，公路工程基本建设的程序是：根据国民经济长远规划及布局所确定的公路网规划，提出项目建议书；通过调查，进行可行性研究，编制可行性研究报告；经批准后，进行初步测量及编制初步设计文件；经批准后，列入国家年度基本建设计划，并进行定线测量编制施工图设计文件；经批准后组织施工；完工后，进行竣工验收，最后交付使用。这些程序必须循序渐进，不完成上一环节，就不能进入下一阶段。如没有可行性研究报告就不能盲目设计，没有设计就不能施工，工程不经竣工验收合格就不能交付使用等，否则就会造成不必要的经济损失和不良后果。

现将公路工程基本建设程序的具体内容分述如下。

1. 项目建议书

项目建议书是在经济规划、运输规划和道路规划的基础上产生的技术政策性文件，是按项目或年度列出的待建项目，既是进行各项前期准备工作的依据，又是进行可行性研究的基础。项目建议书应对拟建项目的目的、要求、主要技术指标、原材料、投资估算及资金来源等详细说明。

2. 可行性研究

可行性研究是基本建设前期工作的重要组成部分，是建设项目立项、决策的主要依据。

公路建设项目可行性研究的任务是在对拟建工程地区社会、经济发展和公路网状况进行充分的调查研究、评价、预测和必要的勘察工作的基础上，对项目建设的必要性、经济合理性、技术可行性、实施可能性，提出综合性研究论证报告。

可行性研究按工作深度划分为预可行性研究和工程可行性研究两个阶段。预可行性研究应重点阐明建设项目的必要性，通过踏勘和调查研究，提出建设项目的规模、技术标准，进行简要的经济效益分析。工程可行性研究应通过必要的测量、地质勘探（大桥、隧道及不良地质地段等），在认真调查研究、拥有必要资料的基础上，对不同建设方案在经济上、技术上进行综合论证，提出推荐建设方案，经审批后作为初步设计的依据。工程可行性研究的投资估算与初步设计概算总额之差，应控制在 10% 以内。

公路建设项目可行性研究报告的主要内容包括：建设项目依据、历史背景；建设地区综合运输网的交通运输现状和建设项目在交通运输网中的地位及作用；原有公路的技术状况及适应程度；论述建设项目所在地区的经济特征，研究建设项目与经济发展的内在联系，预测交通量、运输量的发展水平；建设项目的地理位置以及地形、地质、地震、气候、水文等自然特征；筑路材料来源及运输条件；论证不同建设方案的路线起讫点和主要控制点、建设规模、标准，提出推荐意见；评价建设项目对环境的影响；测算主要工程数量、征地拆迁数量，估算投资，提出资金筹措方式；提出勘测、设计、施工计划安排；确定运输成本及有关经济参数，进行经济评价、敏感性分析。收费公路、桥梁、隧道尚需进行财务分析，评价推荐方案，提出存在问题和有关建议。

3. 工程设计

工程设计是对工程对象进行构思，并进行计算、验算和编制设计文件的过程。设计文件是安排建设项目、控制投资、编制招标文件、组织施工和竣工验收的重要依据。设计文件的编制必须坚持精心设计，认真贯彻国家有关方针政策，严格执行基本建设程序的规定。

根据基本建设项目的性质和设计内容不同，工程设计一般可分为"一阶段设计""两阶段设计"和"三阶段设计"三种类型。

公路工程基本建设一般采用两阶段设计，即初步设计和施工图设计。对于技术简单、方案明确的小型建设项目，可采用一阶段设计，即一阶段施工图设计；对于技术复杂而又缺乏经验的建设项目或建设中个别路段、特殊大桥、互通式立体交叉、隧道等，必要时采用三阶段设计，即初步设计、技术设计和施工图设计。

(1) 初步设计

初步设计应根据批准的可行性研究的要求和初测资料，拟定修建标准，选定设计方案，计算主要工程数量，提出施工方案审核意见，编制设计概算，提供文字说明和图表资料。初步设计文件经审查批准后，是国家控制建设项目投资及编制施工图设计文件或技术设计文件(采用三阶段设计时)的依据，并且作为订购或准备主要材料、机具设备，安排重大科研项目，筹划征用土地及控制项目投资的依据。

(2) 技术设计

技术设计应根据已批准的初步设计和补充初测，对重大、复杂的技术问题通过科学试验、专题研究，加深勘探调查及分析比较，解决初步设计中未能解决的问题，进一步落实各项技术方案，计算工程数量，提出修正的施工方案，编制修正设计概算。批准后的技术设计文件将作为施工图设计的依据。技术设计文件的内容与初步设计文件类似，但此时的技术方案和技术细节都已基本确定。

(3) 施工图设计

一阶段施工图设计应根据批准的可行性研究和定测资料，拟定修建原则，确定设计方案和工程数量，提出文字说明和图表资料以及施工组织计划，编制施工图预算，满足审批的要求，适应施工的需要。

两阶段(或三阶段)施工图设计应根据批准的初步设计(或技术设计)和定测(或补充初测)资料，进一步对所审定的修建原则、设计方案、技术决策加以具体化和深化，最终确定工程数量，提出文字说明和适应施工需要的图表资料以及施工组织计划，编制施工图预算。

为了便于对设计工作进行管理(核定和审查等)，避免设计文件内容的不完整，提高工程设计质量，必须对设计文件的编制方法、编制内容、内容顺序以及格式作出严格的要求。

4. 列入年度基本建设计划

建设项目的初步设计和概算经上报批准后，才能列入国家年度基本建设计划。建设单位根据国家发展和改革委员会颁发的年度基本建设计划控制数字，按照批准的可行性研究报告和设计文件，编制本单位的年度基本建设计划，经上报批准后，再编制物资、劳动、财务计划。这些计划分别经过主管机关审查平衡后，作为国家安排生产、宏观调控物资和财政拨款或贷款的依据，并通过招标或其他方式下发给施工单位和监理单位。

5. 施工准备

为了保证施工的顺利进行，在施工准备阶段，建设单位、勘测设计单位、施工单位、监理单位和建设银行均应在自己的职责范围内，针对施工的要求充分做好各项准备工作。

建设主管部门应根据计划要求的建设进度，组建基本建设项目的专门管理机构，办理登记及拆迁，做好施工沿线有关单位和部门的协调工作，抓紧配套工程项目的落实，提供技术资料，落实材料、设备的供应。

勘测设计单位应按照技术资料供应协议，按时提供各种图纸资料，做好施工图纸的会审及移交工作。

施工招投标中中标并已签订工程承包合同的施工单位应组织机具、人员进场，进行施工测量，修筑便道及生产、生活等方面的临时设施，建立实验室，组织材料、物资采购、加工、运输、供应、储备，做好施工图纸的接收工作，熟悉图纸的要求，编制实施性施工组织设计和施工预算，提出开工报告。

监理招投标中中标并已签订监理合同的监理单位应组织监理机构，建立监理组织体系，熟悉施工设计文件和合同文件；组织监理人员和设备进场，建立中心实验室；根据工程监理规划规定的程序和合同条款，对施工单位的各项准备工作进行检查、验收、审批，合格后，签发开工令。

建设银行应会同建设、设计、施工单位做好图纸的会审，严格按计划要求进行财政拨款或贷款，做好建设资金的调拨计划。

6. 工程施工

在开工报告批准后，施工单位即可正式施工。施工过程中，施工单位应遵照合理的施工程序，按照设计要求、施工规范及进度要求，确保工程质量，安全施工。坚持施工过程组织原则，加强施工管理，大力推广应用新技术、新工艺、新方法、新设备和新材料，努力缩短工期、降低造价，做好施工记录，建立技术档案。

7. 竣工验收、交付使用

建设项目的竣工验收是基本建设全过程的最后一道程序。竣工验收是一项十分细致和严肃的工作，必须从国家和人民的利益出发，按照相关要求，认真负责地对全部基本建设工程进行总验收。竣工验收包括两部分内容，一是工程技术验收，二是工程资金决算，即对工程质量、数量、期限、生产能力、建设规模、使用条件的审查，对建设单位和施工单位编制的固定资产移交清单、隐蔽工程说明和竣工决算等进行细致检查。

当全部基本建设工程经过竣工验收合格，完全符合设计要求后，应立即移交给生产部门正式使用。在竣工验收时，对遗留问题、存在问题要明确责任，确定处理措施和期限。

养护和大中修工程，即固定资产的更新与技术改造，原则上也应参照基本建设程序，按交通运输部有关规定执行。

(二) 公路工程施工程序

公路工程施工程序是指在整个公路施工过程中各项工作必须遵循的前后顺序。它是多年来施工实践经验的总结，也反映了施工过程中必须遵循的客观施工规律。施工程序包括接受施工任务、签订工程承包合同、施工准备工作、组织施工和竣工验收等阶段。

1. 接受施工任务和签订工程承包合同

施工企业接受施工任务通常有三种方式：一是上级主管单位统一布置任务，安排计划下达；二是经主管部门同意，自行对外接受的任务；三是参加投标，中标而获得的任务。随着我国社会主义市场经济体制的建立和发展，施工任务将主要通过参加投标并通过建筑市场的平等竞争中取得。

接受施工任务是通过以签订工程承包合同加以肯定的。建筑安装企业，凡接受工程项目，都必须同建设单位签订工程承包合同，明确各自的经济技术责任。合同一经签订，即具有法律效力，双方要严格履行合同。

工程承包合同内容一般包括承包的依据、承包方式、工程范围、工程质量、施工工期、开工竣工日期(包括中间交工日期)、工程造价、技术物资供应、拨款结算方式、奖惩条款、各自应做的准备工作及配合关系等。承包合同应满足工程施工的需要，反映工程的特点，合同内容要具体，责任要明确，条款要简明，文字解释要清楚，便于检查。

2. 施工准备工作

施工企业的施工准备工作非常复杂，涉及面广，必须有计划、按步骤、分阶段地进行，才能在较短时间内为工程开工创造必要的条件。施工准备工作的基本任务是了解施工现场的客观条件，根据工程特点、进度要求，合理安排施工力量，从人力、物力、技术和施工组织等方面为工程施工提供一切必要的条件。

（1）技术准备

①熟悉、核对设计文件、图纸及有关资料。组织有关人员熟悉、了解设计文件、图纸和有关资料，使施工人员明确设计者的设计意图，熟悉施工图纸的内容和结构物的细部构造，掌握各种原始资料。对设计文件和图纸必须进行现场核对，其主要内容包括：各项计划的安排、设计图纸和资料是否符合国家有关方针、政策和规定，图纸是否齐全，图纸内容有无错误以及相互之间有无矛盾；掌握设计内容和技术条件，弄清工程规模、结构特点和形式；设计文件所依据的水文、地质、气象、岩土等资料是否准确、可靠、齐全；核对路线中线、主要控制点、转角点、三角点、基线等是否准确无误；重要构造物的位置、尺寸、孔径等是否恰当，能否采用先进的技术或使用新材料；路线或构造物与农田、水利、铁路、电信、管道、公路、航道及其他建筑物的互相干扰情况和解决办法是否恰当，干扰可否避免；对地质不良地段、水土流失、环境影响采取的处理措施；施工方法、料场分布、运输方式、道路条件等是否符合实际情况；临时房屋、便道、便桥、电力电信设备、临时供水供电等场地布置是否恰当；各项协议书等文件是否完善、齐备；明确建设期限，包括分期、分批工程期限的要求。现场核对发现设计不合理或错误之处，应提出修改意见报上级机关审批，然后根据批复的修改设计意见进行施工测量、补充图纸等工作。

②补充调查资料。进行现场补充调查是为修改设计和编制实施性施工组织设计收集资料。调查研究和搜集资料是施工准备工作中不可缺少的内容。

③编制实施性施工组织设计和施工预算。这是施工准备工作阶段中的一项深入细致的工作，是指导施工的重要技术文件。由于公路建筑生产的特点，不可能采用一个定型的、一成不变的施工方法。所以，每个建设工程项目都需要分别确定施工方案和组织方法，故要求在施工阶段必须编制实施性施工组织设计和施工预算。

④组织先遣人员进场，做好后勤准备工作。在大批施工人员进场之前，施工先遣人员的任务是根据总任务的具体安排，结合施工现场实际情况，具体落实施工人员进场后在生产、生活等方面必须解决的问题；对施工中涉及其他部门的问题，做好联系，签订协议书或合同；及时与当地政府取得联系，争取当地政府部门的支持和帮助。

（2）施工现场准备

依据设计文件及已编制的实施性施工组织设计做好施工现场准备工作。

①测出占地和征用土地范围，拆迁房屋、电信设备等各种障碍物。

②平整场地，做好施工放样。

③修建便桥、便道，搭盖工栅和大型临时设施（预制场、机修厂、沥青加工场、混凝土搅拌站等）。

④料场布置，安装供水、供电设备等。

⑤各种施工物资的调查与准备，包括建筑材料、构件、施工机械及机具设备、工具等的货源安排以及进场的堆放、入库、保管及安全工作。

⑥建立工地实验室，进行各种建筑材料和土质的试验，为施工提供可靠依据。

⑦施工机构设置、施工队伍集结、进场及开工上岗前的动员工作及安全技术教育。上述各项具体准备工作全部就绪后，即可向建设单位或监理工程师提出开工报告。必须坚持没有做好施工准备工作不准开工的原则。

3. 组织施工

做好施工准备并报请批准后，才能进行正式施工。施工时要严格按照施工图纸进行，要按照施工组织设计确定的施工顺序、施工方法以及进度要求，科学、合理地组织施工，而且对施工过程要进行全面的质量管理及成本控制。对大中型工程建设项目，要严格执行监理制度。

对各分项工程，特别是地下工程和隐蔽工程，施工时要做好原始记录，每道工序施工完毕并经监理工程师检验合格后，才能进行下一道工序。施工要严格按照设计要求和施工验收技术规范的规定进行，保证质量，不留隐患，发现问题及时解决。

4. 竣工验收

建设项目和单位工程都要按照设计文件所规定的内容全部建成完工，完工后以批准的设计文件为依据，根据国家有关规定，评定质量等级，进行竣工验收，并经监理工程师签字确认。

（三）公路工程基本建设投资

1. 投资的构成

基本建设投资是由基本建设项目从筹建到竣工验收、交付使用的全部建设费用构成的。凡是新建、改建、扩建和重建的工厂、矿山、交通、水利等工程的建设费用，建筑安装工程费，设备、工具、器具的购置费，其他基本建设费（如征用土地、青苗和拆迁补偿，建设单位管理费，勘察设计费，研究试验费等）和预留费用等都作为基本建设投资。

建设项目的四个阶段，即规划与研究阶段、设计阶段、施工阶段和交付使用阶段，每个阶段都贯穿着资金的运作。基本建设投资是从建设前期的可行性研究费等少量投资开始，到施工期间大量投入资金，直到交付使用后经一定时期收回全部投资的一个完整周期内,以货币形式反映基本建设规模的综合指标。

在我国基本建设程序中,随着各个阶段工作内容的不同,计算投资总额的程序和要求不同,其作用也不同。投资前期的可行性研究阶段进行投资估算、经济评价是可行性研究的核心。投资估算是经济评价工作的基础,投资估算的正确与否直接影响可行性研究经济计算的结果与评价,直接影响可行性研究工作质量。初步设计阶段编制投资概算(初步设计概算)一经批准即列入年度基本建设计划,作为工程项目投资、贷款的依据。施工图预算的投资额是确定工程造价、签订建筑安装合同、办理工程结算、实行经济核算和考核工程成本的依据。施工阶段进行的施工预算、工程结算以及竣工决算是投资活动后期对实际发生的投资额的计算和投资额支付的活动过程,是检查基本建设投资计划、设计概预算执行情况和考核投资效果的重要依据。

2. 我国公路基本建设投资来源

我国公路基本建设资金来源主要有如下几种。

(1)政府投资。政府投资是由政府预算直接安排的投资,通过政府财政拨款的方式,根据建设进度分期拨给建设单位,然后直接用于公路工程建设。

(2)地方投资。地方投资是在政府投资安排之外,由各地区、各部门按照国家规定自筹资金安排的投资。这是我国建设投资的一项补充来源。

(3)银行信贷。银行信贷是以银行为主体,根据信贷自愿的原则,依据经济合同所施行的有偿有息投资。政府主管部门对公路建设贷款额度和贷款期限方面有明文规定,在此不详述。

(4)国外资金。在国家统一政策的指导下,可以积极慎重地引进国外的先进技术和国外投资,以弥补我国建设资金的不足,加速我国经济建设的发展。

我国可利用的外资来源主要是由国外以及我国港、澳、台地区借入资金和由投资者直接投资两个方面,大致可归纳为国际金融机构贷款,如世界银行、亚洲开发银行等机构提供贷款;国外政府贷款即外国政府预算中拨出资金开展对外援助或促进本国出口贸易而进行的贷款;出口信贷是指西方国家为鼓励资本输出和商品输出而设置的信贷;国际金融市场贷款是指各国商业银行和私人银行利用吸收的外汇存款发放的贷款;合资经营是指由境外合营者提供设备、技术、培训人员,我国合营者提供土地、厂房、动力、原材料、劳动力等,双方按协议计算投资股份,分享利润和承担风险;租贷信贷、发放国外债券等。

(5)其他资金来源。如联营投资、股票投资、发行债券等。

近年来,我国公路交通运输压力虽有所缓解,但随着车辆拥有量的急剧增加,其运输能力不足的问题也更加突出。由于公路建设资金不足,在国务院直接领导和支持下，已制定几项发展交通的政策：一是养护税费改革增加投资；二是增收汽车购置附加费；三是允许集资、贷款修建高速公路、独立大桥和隧道等，通过收取一定费用偿还本息；四是确定能源、交通基金返还，实行"以工代赈"地方集资等政策和措施，使公路建设部分资金有长期稳定的来源。

三、公路工程施工组织的研究目的、对象和任务

(一) 公路工程施工组织的研究目的

随着社会经济的不断发展和施工技术的不断进步，工程施工过程已经越来越成为一项千头万绪、错综复杂的生产活动。对于任何一个工程施工现场，都要组织各类专业施工操作工人和相当数量的建筑材料、设备等有条不紊地投入各个施工过程中，组织各种材料、制品、构配件的采购、运输、存放、供应，组织各种施工机械设备的进出现场、安装调试、维修保养和使用，布置施工现场生产、生活所需要的各种临时房屋、仓库、堆料场以及现场的临时道路和供水、供电、供热等设施。

工程施工组织就是针对工程施工的复杂性，来研究工程施工过程的统筹安排与系统管理的客观规律，研究如何组织、计划一项拟建工程的全部施工，制定出多种可行的施工方案，再依据从中选定的最优施工方案编制成规划和指导拟建工程施工的全面性技术、经济和组织的综合性文件，以期使拟建工程施工取得最优的经济效益和社会效益。

(二) 公路工程施工组织的研究对象

公路工程施工组织是研究公路建筑产品生产过程中诸要素合理组织的学科。具体说就是研究一个具体的建筑产品 (建设项目、单位工程等) 在生产 (施工) 过程中的诸要素，即直接使用的建筑工人、施工机械、建筑材料、构件等的组织问题。

施工组织研究的就是如何根据公路建设的特点，从人力、资金、材料、机械、施工方法这五个主要因素进行科学合理的安排，在一定的时间和空间内，实现有组织、有计划、均衡地施工，使整个工程达到时间上耗费少、工期短，质量上精度高、功能好，经济上节省、成本低的目的。

(三) 公路工程施工组织的主要任务

公路建筑产品的施工是一项非常复杂的生产活动，它不仅要有诸如进度计划、质量和成本等目标管理和劳动力、建设物资、工程机械、工程技术及财务资金等诸要素管理，而且要为完成施工目标和合理组织诸施工要素的生产事务服务，否则就

难以充分地利用施工条件和发挥施工要素的作用，甚至无法进行正常的施工活动和实现施工目标。

1. 现场施工管理的基本任务

现场施工管理的基本任务是根据生产管理的普遍规律和施工的特殊规律，以每一个具体工程(建筑物或构筑物)和相应的施工现场为对象，正确地处理好施工过程中的劳动力、劳动对象和劳动手段的相互关系及其在空间布置和时间安排上的各种矛盾，做到人尽其才，物尽其用，多、快、好、省且安全地完成施工任务，为国家提供更多、更好的建筑产品。

2. 现场施工管理的基本内容

现场施工管理包括以下基本内容。

(1) 编制施工作业计划并组织实施，全面完成计划指标。

(2) 做好施工现场的平面组织，合理利用空间，创造良好的施工条件。

(3) 做好施工中的调度工作，及时协调土建工种和专业工种之间以及总包与分包之间的关系，组织交叉施工。

(4) 做好施工过程中的作业准备工作，为连续施工创造条件。

(5) 保护施工环境，节约社会资源，建设优良工程。

(6) 科学合理地设置管理机构，保证现场管理全面协调地运作。

(7) 认真填写施工日志和施工记录，为交工验收和技术档案积累资料。

3. 公路施工组织管理的内容

公路施工要多、快、好、省地完成施工生产任务，必须进行科学的施工组织，并应合理地解决好一系列问题。其具体任务如下。

(1) 确定开工前必须完成的各项准备工作。

(2) 计算工程数量，合理部署施工力量，确定劳动力、机械台班、各种材料、构件等的需要量和供应方案。

(3) 确定施工方案，选择施工机具。

(4) 安排施工顺序，编制施工进度计划。

(5) 确定工地上的设备停放场、料场、仓库、办公室、预制场地等的平面布置。

(6) 制定确保工程质量及完成生产的有效技术措施。

此外，公路工程的施工总方案可以是多种多样的，应该依据公路建筑工程具体任务特点、工期要求、劳动力数量及技术水平、机械装备能力、材料供应以及构件生产、运输能力、地质和气候等自然条件及技术经济条件进行综合分析，从几个方案中反复比较，选择出最理想的方案。

把上述各项问题综合考虑，并作出合理的决定，形成指导施工生产的技术经济文件施工组织设计。施工组织设计本身是施工技术准备工作，也是指导施工的准备工作，还是全面布置施工生产活动、控制施工进度、进行劳动力和机械调配的基本依据，对是否能多、快、好、省地完成公路建筑工程的施工生产任务有决定性作用。

第二节　施工过程组织原理

一、施工过程的组织原则

(一) 施工过程的概念

施工过程就是生产建筑产品的过程，由一系列施工活动组成。施工过程的基本内容主要是劳动过程，在某些情况下，还包含自然过程，如混凝土硬化过程的养生、沥青路面的成型等。此时，施工过程就是劳动过程和自然过程的结合，是互相联系的劳动过程与自然过程的全部生产活动的总和。

根据各种劳动在性质上以及对产品所起的作用上的不同特点，可以将施工过程划分为以下几种。

1. 施工准备过程

施工准备过程是指产品在投入生产前所进行的全部生产技术和现场的准备过程，如计划文件准备、交接桩、线路复测等。

2. 基本施工过程

基本施工过程是指直接为完成产品而进行的生产活动，如挖基、砌基础等。

3. 辅助施工过程

辅助施工过程是指为保证基本施工过程的正常进行所必需的各种辅助生产活动，如机械设备维修、材料加工等。

4. 施工服务过程

施工服务过程是指为基本施工和辅助施工服务的各种服务过程，如原材料、半成品、工具、燃料的供应与运输等。

(二) 公路工程施工过程的组成

组织公路工程的施工必须研究施工过程的组成，以适应施工组织、计划、管理等工作的需要。

按照现行的公路工程设计概预算文件编制办法，将公路工程划分为临时工程、路基、路面、桥涵、交叉工程、隧道、其他工程及沿线设施、管理养护服务房屋八个分项工程。各个分项工程又可划分为若干个子目。例如，按工程性质与结构的不同，桥涵分项工程分为漫水工程、涵洞、小桥、中桥、大桥五个子目。对于独立大（中）桥工程，亦相应划分为桥头引道、基础、下部构造、上部构造、沿线设施、调治和临时工程七个分项工程，各分项工程再细分为若干个子目。

施工组织与管理工作，按上述项目可以做总体安排，但更多情况下还要进一步划分。从施工组织的需要出发，公路工程施工过程原则上可依次划分为如下过程。

1. 动作与操作

动作是指工人在劳动时一次完成的最基本的活动，若干个相互关联的动作组成。完成一个动作所耗用的时间和占用的空间是制定定额的重要原始资料。

2. 工序

工序是指在劳动组织上不可分开，而在操作上属于同一类施工过程。从施工工艺流程上看，工序在工作地点、施工工具、施工机械和材料等方面均不发生变化，若其中一项有了改变，就意味着从一道工序转入另一道工序。如在钢筋的制作与绑扎过程中，当钢筋调直后便开始除锈，这时钢筋工放下调直工具，拿起钢丝刷，就表示已由调直钢筋工序转入除锈工序。施工组织往往以工序为最基本对象。

3. 施工段

施工段是由几个在技术上相互关联的工序组成的，是可以相对独立完成的过程，如整个路基工程、路面工程、桥梁基础工程等。

4. 综合过程

综合过程是由若干个在产品结构上密切联系的，能最终获得一种产品的施工过程的总和，如一座独立桥梁、一条隧道、一条路线工程等。

以上划分，因工程性质及施工对象的复杂程度而异，并无统一划分的规定，要根据是否有利于科学地进行施工组织与管理而定。

（三）施工过程的组织原则

影响施工过程组织的因素很多，如施工性质、施工生产类型、建筑产品结构、材料及半成品性质、机械设备条件、自然条件等，使施工过程的组织变化较多、困难较大。因此，科学地、合理地组织施工过程显得尤为重要，其组织原则可归纳如下。

1. 施工过程的连续性

连续性是指产品在施工过程中的各阶段、各工序在时间上是紧密衔接的，不发生各种不合理的停滞现象，表现为劳动对象始终处于被加工状态，或者在进行检验，或者处于自然过程中。保持和提高施工过程的连续性，可以缩短建设周期，减少在制品数量，节省流动资金，可以避免产品在停放等待时可能引起的损失，对提高劳动生产率及节约成本具有很大意义。

2. 施工过程的协调性

施工过程的协调性也叫比例性，是指产品在施工各阶段、各工序之间，在施工能力上要保持一定的比例关系，各施工环节的工人数、生产率、设备数量等都必须互相协调，不发生脱节和比例失调现象。协调性是保证施工顺利进行的前提，可使施工过程中人力和设备得到充分利用，避免产品在各个施工阶段和工序之间的停顿和等待，从而缩短施工周期。施工过程的协调性在很大程度上取决于施工组织设计的正确性。

3. 施工过程的均衡性

施工过程的均衡性又称节奏性，是指企业的各个施工环节都按照施工生产计划的要求，工作负荷保持相对稳定，不发生时松时紧、前松后紧等现象。均衡施工能充分利用设备和工时，避免突击赶工造成的各种损失，有利于保证施工质量和降低成本，有利于劳动力和机械的调配。

4. 施工过程的经济性

施工过程的组织除满足技术要求外，必须讲究经济效益。上述施工过程的连续性、协调性和均衡性，最终都要通过经济效果集中反映出来。

上述四个方面是相互制约、互为条件的。在进行施工组织时，必须保证全面符合上述四个方面的要求，不可偏重某一方。

(四) 施工过程的逻辑关系

要保证施工过程的协调性，就需要保证各施工过程的合理顺序。施工过程的各项工作之间的先后顺序关系叫逻辑关系，按其逻辑关系的特点可分为工艺关系和组织关系。

1. 工艺关系

工艺关系是指在现有的技术和工作程序条件下，同一施工段的相邻两个工作必须遵守的先后施工顺序。生产性相邻的两个工作之间的先后施工顺序是由工艺过程决定的，受生产力水平制约，具有客观性；非生产性工作之间的先后施工顺序是由工作程序决定的。

2. 组织关系

组织关系是指在现有的管理水平下，由于工期和资源（人力、物力、财力）的限制，各项工作之间确定的施工作业方式。它受管理水平、工期和资源制约，具有主观性。

二、施工过程的时间组织

（一）施工过程作业方式

在公路施工生产中，施工队（班组）对施工对象的施工作业方式一般可分为顺序（依次）作业法、平行作业法和流水作业法三种基本施工方式，也称组织方式。

1. 顺序作业

顺序作业是指组织一个施工队，按工艺流程和施工程序，该队完成所有施工段上的所有工作。

顺序作业方式具有以下特点。

（1）优点

①单位时间内投入的劳动力、施工机具、材料等资源量较少，有利于资源供应的组织。

②施工现场的组织、管理比较简单。

（2）缺点

①没有充分地利用工作面进行施工，工期长。

②如果由一个施工队完成全部施工任务，则不能实现专业化施工，不利于提高劳动生产率和工程质量。

③如果按专业成立施工队，则各专业队不能连续作业，有时间间歇，劳动力及施工机具等资源无法均衡使用。

2. 平行作业

平行作业是组织几个劳动结构相同的独立施工队，在同一时间、不同的空间按工艺关系和组织关系要求完成各项工作。

平行作业方式具有以下特点。

（1）优点

充分地利用工作面进行施工，工期短。

（2）缺点

①如果每一个施工段的每项工作均成立专业队，则各专业队不能连续作业，劳动力及施工机具等资源无法均衡使用。

②如果由一个工作队完成一个施工段的全部施工任务，则不能实现专业化施工，不利于提高劳动生产率和工程质量。

③单位时间内投入的劳动力、施工机具、材料等资源量成倍地增加，不利于资源供应的组织。

④施工现场的组织管理比较混乱。

3. 流水作业

流水作业是将拟建施工项目中的每一个施工对象分解为若干个工作并按照工作成立相应的专业队，各专业队按照施工顺序依次完成各施工对象的施工过程，同时保证施工在时间和空间上连续、均衡和有节奏地进行，使相邻两专业队能最大限度地搭接作业。

流水作业方式具有以下特点。

(1)科学地利用了工作面，使各道工序紧凑地进行施工，施工队依次转移，减少了停工和窝工现象的产生，加快了进度，计算总工期比较合理。

(2)实现了专业化作业，为工人提高技术水平和进行技术改造、革新创造了有利条件，更好地保证了工程质量和提高了劳动生产率。

(3)实现了连续作业，相邻的专业队之间实现了最大限度的合理搭接。

(4)单位时间投入施工的资源量较为均衡，有利于资源供应的组织工作。

(5)为文明施工和进行现场的科学管理创造了有利条件。

(二) 作业方式的综合运用

顺序作业法、平行作业法、流水作业法在生产过程中不仅可以单独运用，而且可以根据具体条件将三种基本作业方式加以综合运用，从而形成平行流水作业法、平行顺序作业法以及立体交叉平行流水作业法。这些施工过程时间组织的综合形式，一般均能取得较明显的经济效果。

1. 平行流水作业法

在平行作业法的基础上，按照流水作业法的原则组织施工，以达到适当缩短工期，使劳动力、材料、机具需要量保持均衡的目的。

2. 平行顺序作业法

平行顺序作业法的实质是用增加施工力量的方法来达到缩短工期的目的。它使顺序作业法和平行作业法的缺点更加突出，故仅适用于突击性施工情况。

3. 立体交叉平行流水作业法

立体交叉平行流水作业法是在平行流水作业法的基础上，采用上、下、左、右全面施工的方法。它可以充分利用工作面来有效地缩短工期，一般适用于工序繁多、工程特别集中的大型构造物的施工，如大桥、隧道等工程量大、工作面狭窄、工期短的情况。

（三）流水施工的技术经济效果

通过比较三种施工方式可以看出，流水作业法是一种先进、科学的施工方式。由于其在工艺过程划分、时间安排和空间布置上进行统筹安排，可体现出优越的技术经济效果。

（1）施工工期较短，可以尽早发挥投资效益。由于流水施工的节奏性、连续性，可以加快各专业队的施工进度，减少时间间隔。特别是相邻专业队在开工时间上可以最大限度地进行衔接，充分地利用工作面，做到尽可能早地开始工作，从而达到缩短工期的目的，使工程尽快交付使用或投产，尽早获得经济效益和社会效益。

（2）实现专业化生产，可以提高施工技术水平和劳动生产率。由于流水施工方式建立了合理的劳动组织，使各工作队实现了专业化生产，工人连续作业，操作熟练，便于不断改进操作方法和施工机具，可以不断提高施工技术水平和劳动生产率。

（3）连续施工，可以充分发挥施工机械和劳动力的生产效率。由于流水施工组织合理，工人连续作业，没有窝工现象，机械闲置时间少，增加了有效劳动时间，从而使施工机械和劳动力的生产率得以充分发挥。

（4）提高工程质量，可以增加建设工程的使用寿命和节约使用过程中的维修费用。由于流水施工实现了专业化生产，工人技术水平高，而且各专业队之间紧密地搭接作业可以互相监督，使工程质量得到提高，因而可以延长建设工程的使用寿命，同时可以减少建设工程使用过程中的维修费用。

（5）降低工程成本，可以提高承包单位的经济效益。资源消耗均衡，便于组织资源供应，使得资源储存合理、利用充分，从而减少各种不必要的损失，节约材料费；生产率高，可以节约人工费和机械使用费。降低了施工高峰人数，使材料、设备得到合理供应，可以减少临时设施工程费；工期较短，可以减少企业管理费。

（四）流水施工的表达方式

（1）横道图。流水施工横道图，左边列出各施工过程名称，右边用水平线段在时间坐标下画出施工进度。横道图表示法的特点是绘图简单，施工过程及其先后顺序表达清楚，时间和空间状况形象直观，使用方便，因而长期以来被广泛应用于施工进度的表达。

（2）斜线图。斜线图是将横道图中的工作进度线改为斜线表达的一种形式，一般是在左边列出工程对象名称，右边在时间坐标下画出工作进度线。斜线图一般只用于表达各项工作连续作业，即流水施工进度计划，可以直观地反映出相邻施工过程之间的流水步距。

（3）网络图。网络图与横道图、斜线图相比，不但能反映施工进度，而且更能清楚地反映出各道工序、各施工项目之间错综复杂的相互联系以及相互制约的生产和协作关系。不论是集中性工程，还是线形工程，都可以用网络图表示工程进度计划，这是一种比较先进的工程进度图的表示方法，应大力推广使用。

第三节　公路工程施工组织设计

一、施工组织设计概述

（一）施工组织设计的概念

施工企业承揽到工程项目后，就要按照合同的内容和要求组织施工生产。施工生产前首先要进行的是编制工程项目的施工组织设计。它是针对施工过程的复杂性，用系统工程的思想并遵循技术经济规律，研究工程建设的统筹安排、系统管理以及如何组织、计划施工项目的全部施工过程，寻求最合理的组织管理方法的一门学科。它是根据项目产品生产的技术经济特点，国家基本建设方针和各项具体的技术政策，实现工程建设计划和设计的具体要求，提供各阶段的施工准备工作，对施工过程中的人力、资金、材料、机械和施工方法等进行科学合理的安排，协调施工中各施工单位之间、各工种之间、各项资源之间以及资源与时间之间的合理关系的过程。

那么，什么是施工组织设计呢？概略地说，就是从工程的全局出发，根据工程的特点，按照客观的施工规律和当地的具体条件以及工期要求，统筹考虑施工过程中的人工、材料、机械、资金和施工方法这五个主要因素后，对整个工程的施工进度、资源消耗和平面布置等做出的科学合理的安排。

公路工程施工组织设计是规划和指导公路工程从工程投标、签订建筑安装工程承包合同、施工准备工作到竣工验收全过程的一个综合性的技术经济文件，是对拟建工程在人力和物力、时间和空间、技术和组织等方面所做的全面合理的安排，是链接工程设计和施工之间的桥梁。作为指导拟建工程项目的全局性文件，施工组织设计既要体现拟建工程的设计和使用要求，又要符合建筑施工的客观规律。

（二）施工组织设计的分类与文件组成

公路工程施工组织设计是一个总体的概念，根据工程项目施工组织设计编制阶段的不同、编制对象范围的不同和工程项目的规模及特点的不同，在编制内容和广度上也有所不同。

1. 按照编制阶段的不同分类

公路工程施工组织设计按编制阶段的不同可分为设计阶段的施工组织设计、投标阶段的施工组织设计和施工阶段的施工组织设计。

(1) 设计阶段的施工组织设计

公路建设项目可分为一阶段设计、两阶段设计和三阶段设计，在各个设计阶段都需要编制相应的施工组织设计文件。在初步设计阶段拟定施工方案；在技术设计阶段编制修订的施工方案；在施工图设计阶段编制施工组织计划。

①施工方案

两阶段或三阶段初步设计中的施工组织设计文件称为施工方案，它是初步设计文件的组成部分。

②修正施工方案

对于技术复杂及资料缺乏的大型工程建设项目需要进行三阶段设计，即在初步设计审查后，根据会审意见和施工方案说明中提出的应进一步解决的问题及注意事项修改设计方案，进行技术设计，编制修正施工方案。修正施工方案是技术设计文件的组成部分，它的编制深度和文件内容介于施工方案和施工组织计划之间。

③施工组织计划

公路建设项目不论采用几阶段设计，在施工图设计阶段都应编制施工组织计划，它是施工图设计文件的组成部分。

(2) 投标阶段的施工组织设计

投标阶段编制的施工组织设计文件称为标前施工组织设计(也称为竞标性施工组织设计)，是指在投标阶段施工单位在深入了解和研究招标文件、设计文件和设计图纸以及调查和复核施工现场之后，结合本单位的具体情况进行编制的设计文件。工程施工单位为了使投标具有竞争力，必须根据业主对投标书所要求的内容编制标前施工组织设计。标前施工组织设计的好坏既是能否中标的关键，又是总包单位进行分包的依据，同时是承包单位与发包单位进行合同签约谈判和拟定合同文本中相关条款的基础资料。

标前施工组织设计应根据招标文件的具体要求、施工单位的技术经济条件和施工现场的实际情况进行编制，其主要内容如下。

①根据招标文件，确定施工方案，包括施工方法选择、施工顺序安排、施工机械选用、劳动力、主要材料及半成品投入数量。

②制订施工进度计划，包括工程开竣工日期、施工进度控制图及说明。

③进行施工现场平面布置，包括施工用水用电量、临时设施用水、用电量和费

用的计算。

④制定主要技术组织措施，包括质量、安全、进度、成本及环境保护等方面的技术组织保证措施。

⑤其他有关投标和签约谈判的设计。

编制标前施工组织设计时，为了适应竞争性投标，便于投标报价，使施工单位能获取更大的经济效益，常采用预算定额进行编制，或者施工定额与预算定额混合编制。

(3) 施工阶段的施工组织设计

施工阶段编制的施工组织设计文件称为标后施工组织设计(也称为实施性施工组织设计)，是在设计阶段编制的施工组织计划和投标时编制的标前施工组织设计的基础上，为了确保和落实标前施工组织设计按期或提前实现，在施工单位中标及签订合同后编制的施工组织设计文件。它是施工单位在详细研究设计文件、图纸、合同条款以及现场反复调查复核的基础上，对标前施工组织设计文件内容进行进一步的分析和研究，重新进行补充、完善和落实的过程。

标后施工组织设计作为具体指导施工全过程的技术文件，其内容必须十分具体、可行，对各分部分项工程、各道工序和各施工班组都要进行施工进度的日程安排和具体操作的设计。其主要内容如下。

①进行施工部署。施工部署是对重要施工组织问题和技术问题作出决策和规划，主要包括：工程项目的组织机构和人员配备；决策工程质量、进度、成本、安全的控制措施；拟定投入的施工力量总规模、资金供应和各项物资供应方式；临时设施规划。

②确定施工方案，包括施工阶段划分、施工方法确定、施工机具选用、施工顺序安排等。

③编制施工进度计划，包括施工过程的开始和结束时间、施工顺序、衔接关系安排；利用流水作业法和网络计划法编排施工进度，用以实现合同工期。

④安排施工准备工作，包括开工前各项施工准备工作的业务量计算，明确责任和完成时间，对工程所涉及的有关单位关系的处理等。

⑤进行施工平面布置，要以合理利用施工用地、保证施工方便、节约为宗旨。

⑥编制资源供应计划，它是根据施工进度计划编制的劳动力供应计划、材料供应计划、施工机具供应计划、预制品供应计划、资金收支计划等，是保证施工进度计划实施和市场供应的依据。

⑦制定施工技术组织措施包括：提高工程质量的技术组织措施；保证施工安全的技术组织措施；加快施工进度的技术组织措施；降低工程成本的技术组织措施；防止环境污染的技术组织措施；推行文明施工的技术组织措施。

　　编制标后施工组织设计时，应根据工程项目和施工单位的实际情况，采用施工定额进行编制。有的采用本企业先进定额或指标甚至专利技术进行编制。

　　标后施工组织设计，应尽可能符合施工实际并留有余地。当任何一个对计划起控制作用的因素发生改变，如劳动力、材料、设备、资金供应的脱节，气候、气象、水文等施工条件的意外变化等，都可能使施工难以按原计划进行，这就需要对原施工组织设计进行不断的修订和调整，以确保经济、安全、保质、保量、按期或提前完成施工任务。

　　2. 按编制对象范围的不同分类

　　公路工程施工组织设计按编制对象范围的不同可分为施工组织总设计、单位工程施工组织设计和分部分项工程施工组织设计。

　　(1) 施工组织总设计

　　施工组织总设计是以整个建设项目为对象编制的，用以指导整个建设项目施工全过程的各项施工活动的全局性、控制性的指导文件。在施工组织总设计的指导下，再深入研究总项目下的分项目 (单位工程) 施工组织设计。施工组织总设计一般在初步设计或扩大初步设计被批准之后，由总承包企业的总工程师负责，会同建设、设计和分包单位的工程师共同编制。

　　(2) 单位工程施工组织设计

　　单位工程施工组织设计是以一个单位工程 (公路工程中的一座隧道或一座桥梁) 为对象编制的，用以指导其施工全过程的各项施工活动的局部性、指导性文件。其任务是按照总体设计的要求，根据现场施工的实际条件，具体地安排人力、物力和建筑安装工程的进行，是施工单位编制作业计划和制订季、月、旬施工计划的依据。单位工程施工组织设计一般在施工图设计完成后，在拟建工程开工之前，由工程项目的技术负责人负责编制。

　　(3) 分部分项工程施工组织设计

　　分部分项工程施工组织设计是以分部分项工程为编制对象，用以具体实施其分部分项工程施工全过程的各项施工活动的技术、经济和组织的实施性文件。一般对于工程规模大、技术复杂、施工难度大或采用新工艺、新技术施工的建筑物或构筑物，在编制单位工程施工组织设计之后，常需对某些重要又缺乏经验的分部分项工程再深入编制专业工程的具体施工组织设计，如公路施工中的高填方、深路堑、深基础、大型结构安装、地下防水工程等。

　　3. 按工程项目的规模及特点的不同分类

　　(1) 完整的施工组织设计

　　对于工程规模大、结构复杂、技术要求高，采用新结构、新技术、新材料和新工艺的施工项目，必须编制内容详尽、完整的施工组织设计。

（2）简单的施工组织设计

对于工程规模小、结构简单、技术要求和工艺方法不复杂的施工项目，可以编制一个仅包括施工方案、施工进度计划和施工平面布置图等内容粗略、简单的施工组织设计。

（三）编制施工组织设计的基本原则

（1）认真贯彻国家的各项方针和政策，严格执行基本建设程序和施工程序。公路工程建设投资巨大，耗用的人力、物力等各种资源多，施工条件复杂多变。因此，必须纳入国家的计划安排，经上级主管部门批准后公路建设才有保障。这就要求公路施工要严格遵守公路基本建设程序和施工程序，依照国家建设项目计划及设计要求，合理配置资源，最经济地完成预定的建设项目。

（2）科学合理地安排施工顺序。公路施工应合理安排施工中各生产要素的施工顺序，不仅要考虑时间顺序，还要考虑空间顺序。在保证工程质量和施工安全的前提下，应充分利用空间，争取时间，使人尽其力、物尽其用，达到高效、优质、低耗的目标。

（3）采用国内外先进的施工技术，科学地确定施工方案。先进的施工技术是提高劳动生产率、改善工程质量、加快施工进度、降低工程成本的主要途径。在选择施工方案时，要结合施工特点和现场条件积极采用新工艺、新技术、新材料和新设备，充分体现技术的先进适用性和经济合理性。

（4）采用科学的计划方法。在编制施工进度计划时，应从实际出发，尽量采用先进合理的流水作业施工组织方法，以实现连续、均衡、有节奏的施工，保证人力、物力充分发挥作用。积极推广应用科学的网络计划方法，寻求最佳施工组织方案，并对进度、资源、空间等进行最优的施工统筹安排。

（5）合理安排季节性施工项目，确保全年连续施工。在组织施工时，对于受季节性影响的工程项目，应优先考虑安排。尽量避免把土方工程、桥梁的基础工程、下部工程安排在雨期和汛期施工；尽量避免把混凝土工程、路面工程安排在冬季施工。对那些必须在冬、雨季施工的项目，则应采用相应的技术措施，确保工程质量和施工安全。

（6）充分发挥机械效能，努力提高施工机械化水平。在组织施工时，应结合当时施工机具的实际配备情况、工程特点和工期要求，做出切实可行的布置和安排，使主导工程的施工机械能够连续作业。同时，还应使大型机械与中小型机械相结合，实现施工综合机械化，充分发挥机械的效能，以提高机械化施工效率。

（7）合理地部署施工现场，尽可能地减少暂设工程。精心地规划施工总平面图，合理地部署施工现场。尽量减少临时施工，节约施工用地；尽量利用当地资源，减少物资运输量；尽量避免材料二次搬运，降低运输成本；充分利用原有设施，做到暂设工程与已有设施、正式工程相结合。

（8）确保工程质量和施工安全。在进行施工组织设计时，要有确保工程质量和施工安全的技术组织措施。在组织施工时，要坚决贯彻执行施工技术规范、安全操作规程的有关规定，实行"预防为主、防治结合"的方针，把质量事故和安全事故消灭在萌芽之中，最终达到确保工程质量和施工安全的目的。

（四）施工组织设计的编制依据

（1）工程承发包合同、协议、纪要。

（2）国家或建设单位对建设项目的修建要求。

（3）施工设计文件及工程数量，设计文件鉴定或审查意见。

（4）施工调查资料。

（5）施工队伍的编制、技术工种专业化程度、机械设备情况。

（6）本单位所掌握的国内外新技术、工法和各种施工统计资料。

（7）上级机关编制的指导性、综合性施工组织设计和投标施工组织设计。

（8）各类施工组织设计，分别采用概算指标、预算定额及施工定额。

（五）施工组织设计的编制程序

编制施工组织设计要遵守一定的程序，要按照施工的客观规律，协调和处理好各个影响因素的关系，用科学的方法进行编制。同时，必须注意有关信息的反馈。一般的编制程序如下。

（1）分析设计资料，进行必要的调查研究。

（2）计算工程数量。

（3）选择施工方案，确定施工方法。

（4）编制工程进度图。

（5）计算人工、材料、机具需要量，制订供应计划。

（6）制订临时工程、供水、供电、供热计划。

（7）工地运输组织。

（8）布置施工平面图。

（9）编制技术措施计划与计算技术经济指标。

（10）确定施工组织管理机构。

（11）编制质量、安全、环保和文明施工措施计划。

（12）编写说明书。

（六）公路工程施工组织设计的作用

（1）施工组织设计是沟通工程设计和施工之间的桥梁，它既要体现基本建设计划和设计的要求，又要符合施工活动的客观规律，对建设项目的施工全过程起到战略部署和战术安排的双重作用。

（2）施工组织设计是指导拟建工程从施工准备到施工完成的一个组织、技术、经济的综合性的设计文件，对施工全过程起指导作用。

（3）施工组织设计是施工准备工作的重要组成部分，也是及时做好其他有关施工准备工作的依据，对施工准备工作起到保证作用。

（4）施工组织设计是对施工活动实行科学管理的重要手段，是编制工程概预算的依据，是施工企业整个生产管理工作的重要组成部分，是编制施工生产计划和施工作业计划的主要依据。

因此，编制好施工组织设计，就可以按科学的程序组织施工，建立正常的施工秩序，有计划地开展各项施工活动，及时做好各项施工准备工作，保证劳动力和各种技术物资的供应，协调各施工单位之间、各工种之间、各种资源之间以及平面、空间上的布置和时间上的安排的合理关系。为确保施工的顺利进行，如期按质按量完成施工任务，取得好的施工经济效益，施工组织设计对现场组织管理起到十分重要的作用。

二、公路工程施工组织设计资料调查

（一）资料调查的基本要求

所谓施工组织设计资料调查，就是为编制施工组织设计文件而进行的勘察、搜集和研究有关资料的活动。

编制设计阶段的施工组织设计文件所进行的原始资料调查，是在公路的勘察设计阶段，由勘察设计单位组成的调查组与公路设计资料调查同时进行的。编制施工阶段的施工组织设计文件所进行的原始资料调查，是在投标前和公路施工准备阶段，由施工单位组成的调查组，结合招标文件及所签工程承包合同进行实地勘察或复核定线工作进行的，是对设计阶段调查结果的复核和补充。设计阶段和施工阶段的调查方法及内容基本相同，都要深入现场，通过实地勘察、座谈访问、查阅历史资料，并采取必要的测试手段获得所需数据及资料。

调查工作的基本要求是座谈有纪要、协商有协议、调查有证明，政策规定应索取原件或复印件、影印文本。特别要注意所有资料均要真实可靠、手续齐全、措辞严谨、依法有效。

（二）自然条件调查

1. 地形、地貌调查

地形、地貌调查主要进行公路沿线、桥位、隧道、附属加工场及大型土石方地段的调查。这些资料可作为选择施工用地、布置施工平面图、进行场地平整及土方量计算、规划临时设施、了解障碍物及其数量等的依据。

2. 工程地质调查

工程地质调查的目的是查明建设地区的工程地质条件和特征，包括地层构造、土质的类别及土层厚度、土的性质、承载力及地震级别等。调查资料可作为选择路基土石方施工方法、基础施工方法及确定特殊路基处理措施、选定自采加工材料料场等的依据。

3. 水文地质调查

（1）地下水文资料包括：地下水的最高、最低水位；地下水的水质分析及化学成分分析；地下水对基础有无冲刷、侵蚀影响；等等。调查资料有助于选择基础施工方案，确定降低地下水位措施，复核地下排水设计以及拟订防止侵蚀性介质的措施。

（2）地面水文资料包括：临近江河湖泊距施工现场的距离；洪水、平水、枯水期的水位以及流量及航道深度；水质分析；等等。调查目的在于为确定临时供水方案、制定水下工程施工方案、复核地面排水设计等提供依据。

4. 气象资料调查

（1）降雨资料包括全年降水量、雨季期、日最大降水量、年雷暴日数等。调查资料有助于确定全年施工作业的有效工作天数及桥涵下部构造的施工季节、制定雨季施工措施、工地排水及防洪方案等。

（2）气温资料包括年平均、最高、最低气温。调查资料有助于确定夏季防暑降温及冬季施工措施，估计混凝土、水泥砂浆的强度增长情况，选择水泥混凝土工程、路面工程及砌筑工程的施工季节。

（3）风力及风向资料包括最大风力、主导风向、风速、风的频率以及大于或等于八级风的全年天数等。调查资料有助于安排临时设施，确定高空作业及吊装的方案与安全措施。

5. 其他自然条件调查

其他自然条件包括地震、滑坡、泥石流等，必要时也应对其进行调查，并注意它们对路基和基础的影响，以便采取专门的施工保障措施。

(三) 施工条件调查

1. 建设地区的能源及生活物资供应调查

能源一般指水源、电源、燃料资源等。调查内容包括施工及生活用水与当地水源连接的距离、地点、水压、水质及水费等；施工及生活用电的电源位置、路径、容量、电压及电费等；施工及生活用物资、燃料的供应及价格情况等。

2. 建设地区的交通条件调查

交通运输方式一般有铁路、公路、水路、航空等。调查内容包括：工地沿线及邻近地区的公路、铁路、航道的位置；车站、港口、码头到工地的距离和卸货与存储能力；主要材料及构件运输通道的情况；有超长、超高、超宽或超重的大型构件需整体运输时，还要调查沿途架空线路、隧道、立交桥等净空高度和宽度等资料。

3. 建筑材料及地方资源情况调查

调查的内容包括：建筑材料的产地、品种、规格、质量、单价、运输方式、运输距离及运费情况；地方资源的开采、运输、利用的可能性及经济合理性。这些资料可作为确定材料的供应计划、加工方式、储存和堆放场地及建造临时设施的依据。

4. 社会劳动力及生活设施调查

调查的内容包括：当地能提供的劳动力来源、人数、技术水平、工资情况；建设地区已有的可供施工期间使用的房屋情况；当地主副食、日用品供应、文化教育、消防治安、医疗单位等各种设施在施工中可以充分利用的情况等。这些资料是制订劳动力安排计划、建立职工生活基地、确定临时设施的依据。

5. 建筑基地情况调查

调查的内容包括：建设地区附近有无商品混凝土搅拌站和预制构件厂；有无建筑机械化基地、机械租赁站及修配厂；有无木材加工厂、采石厂、金属结构及配件加工厂等。这些资料可用作确定构配件、半成品及成品等货源的加工供应方式和运输计划的依据。

6. 占用征用土地调查

调查的内容包括征用、占用土地的范围、位置、数量、所属单位 (或个人)、土地上的种植作物以及产量、补偿金额等情况。设计阶段调查时，应按照设计资料和国家有关法律、法规的要求，办理合法手续和批文 (或协议合同)。施工阶段调查时，应根据业主 (或建设单位) 的文件规定 (或合同规定)，了解落实提供给施工单位使用的时间及有关说明事项。

7.需要拆迁的建筑物、电力、电信及管线设施调查

调查的内容包括需要拆迁的建筑物、电力、电信及地上地下管线设施的名称、位置、数量、所属权(单位或个人)、补偿金额等。设计阶段调查时，设计单位应会同被拆迁单位和有关部门到现场查实确认，并按国家有关规定办理合法手续或协议(合同)；施工阶段调查时，应根据招标文件或合同规定，了解建设单位(或业主)拆迁时间和提供现场的时间以及对施工组织生产的影响情况等。

8.路线交叉调查

路线交叉调查是指当所建公路与铁路、水利设施、原有公路等发生交叉干扰时，对其名称、位置、工程量、交叉情况、处理方法及金额等的调查。设计阶段调查时，设计单位应会同有关单位协商解决，并按国家有关规定办理合法手续或签订协议(或合同)；施工阶段调查时，应了解建设单位(或业主)按照招标文件规定或合同条款处理完成的时间、有关说明以及对施工的影响情况等。

(四)施工单位的能力调查

在公路设计阶段，施工单位的情况尚不明确，应向建设单位调查落实施工单位的情况。对施工单位，主要调查其施工能力，如施工技术人员数量及类别、施工工人数量及水平、机械设备的装备情况、施工单位的资质等级及近几年的施工业绩等。对实行招投标的工程，在设计阶段不能明确施工单位，编制施工组织设计时，应从工程设计的角度出发，提出优化、最合理的意见作为依据。在施工阶段，施工单位已确定，施工单位自身的施工能力和按合同规定允许分包的其他施工单位的施工，都是编制施工组织设计的依据。

(五)施工干扰调查

调查行车、行人干扰，用于确定施工方法和考虑安全措施。最后，施工阶段调查时，还应了解当地民风民俗、村规民约等情况，以利于组织施工管理和职工教育，从而确保与地方关系和睦协调和文明施工。

三、施工方案的确定

施工方案的选择是决定整个工程全局的关键，施工方案一经确定，则整个工程施工的进程、人力及机械的需要和布置、工程质量、施工安全、工程成本、现场的状况等也就随之被确定下来。施工组织的各个方面都无一不与施工方案发生联系而受到重大影响。施工方案的优劣，在很大程度上决定了施工组织设计的质量和施工任务完成的好坏。

选择施工方案的基本要求是：科学合理、组织严密、实用性强、施工期限满足业主要求、确保工程质量和施工安全、工料机消耗和施工费用最低。

工程施工方案主要包括技术方面（施工方法的制定、施工机具的选择）和组织方面（施工顺序的安排、流水施工的组织）的内容。

（一）施工方法的确定

工程的各个施工过程均可以采用各种不同的方法进行施工。凡是采用新技术、新工艺、新材料、新设备和对本工程的施工质量起关键作用的项目，或技术复杂、工人操作不熟练的工序，在施工方案中要详细说明施工方法和技术措施，必要时单独编制施工作业设计指导书；对于常见的一般结构形式，工人已熟练掌握的常规做法，则可不必详述。

在拟定工程施工方法的同时，要明确指出该施工项目的质量标准以及确保质量和安全的措施。

施工方法的确定取决于工程特点、工期要求、施工条件、质量要求等因素，所以各种不同类型工程的施工方法有很大差异。对于同一种工程，其施工作业方法也有多种可供选择，例如路基填土拌和时可采用路拌法和厂拌法两种，桥梁安装时可采用木扒杆、吊鱼法、架桥机或起重设备等多种方法。

（二）施工机具的选择

在机具的选择上，一般应以满足施工方法的需求为基本依据。在某种施工条件下，以选择施工机具为主来确定施工方法，所以在选择施工机具时，应注意以下几点。

（1）在现有的或可能获得的机械中选择满足工程施工使用的机械。如果某种机械在各方面都比较适合，又不可能得到，就不能作为一个选择方案。

（2）所选择的机具必须满足施工的需要，要避免大机小用或性能范围大幅超过使用要求。

（3）在选择机具时，要考虑机械之间的互相搭配，充分发挥主要机械的生产率。如在土方工程施工中，用自卸汽车运输配合装载机装土时，自卸汽车的数量必须保证装载机能连续不断地工作而不致因等车而停歇。同时，自卸汽车的容量也必须与装载机斗容量相匹配，以保证充分发挥装载机的效力。

（4）在选择施工机具时，要从全局出发，统筹考虑，不仅要考虑在本工程或某分部工程施工中使用，还要考虑同一现场上其他工程或其他分部分项工程是否也可以使用。

（三）施工顺序的安排

工程施工顺序具有一定的规律性，所以在工程施工中要认真研究和分析施工顺序的基本因素，制定出最佳的施工顺序。施工顺序安排的原则如下。

（1）要符合工程施工工艺的要求，即工程项目各施工过程之间存在一定的工艺顺序关系。例如在桩基础施工中，钻孔后要尽快地灌注混凝土，以防止塌孔，所以两道工序必须紧密衔接。

（2）要遵从合理组织施工过程的基本原则，即符合施工过程的连续性、协调性、均衡性、经济性原则。

（3）要考虑关键工程、重点工程、控制工程的合理施工顺序。例如公路工程中的大桥、隧道、深堑等，如不在前期完工，可能导致其他工程不能施工（如无法运输材料、机具，工期太长，路面摊铺等），所以要集中力量，重点控制，重点安排。

（4）要考虑施工质量的要求，在安排施工顺序时，要以确保施工质量作为前提条件，如果有影响工程质量的问题，要重新安排或者采取必要的技术措施保证工程质量。

（5）要使施工顺序、施工方法、施工机具相协调。例如，在钢筋混凝土梁体施工时，简支梁桥和连续梁桥的施工顺序显然不相同，由于施工方法不同，所采用的机具设备不同，施工顺序也必然不同。

（6）要考虑水文、地质、气候的影响。在安排施工顺序时，要充分考虑洪水、雨季、冬季、季风、不良地质地段等因素的影响。例如路基施工一般应安排在雨季到来之前或雨季结束之后。

（7）要考虑施工期、安全生产、环境保护等要求，尽力使工期最短。

四、施工进度计划的编制

（一）施工进度计划的作用

施工进度计划就是在既定施工方案的基础上，根据规定的工期和各种资源供应条件，按照施工过程的合理施工顺序及施工组织的原则，对全工地的所有工程项目进行时间上的安排。施工进度计划反映了工程从施工准备工作开始直至工程竣工的全部施工过程，反映了各分部分项工程及各工序之间的相互衔接关系。

施工进度计划的作用在于确定各个施工项目及其主要工种工程、准备工作和全工地性工程的施工期限及其开工和竣工的日期，从而确定公路施工现场劳动力、材料、成品、半成品、施工机械的需要数量和调配情况以及现场临时设施的数量、水电供应数量和能源、交通的需要数量等。施工进度计划的编制有助于领导部门抓住关键，统筹全局，合理布置人力、物力，正确指导施工生产活动的顺利进行；有利于全体工作人员明确目标，更好地发挥主动精神；有利于施工企业内部及时配合，协同作战。因此，正确地编制施工进度计划是保证各施工项目以及整个建设工程按期交付使用、充分发挥投资效益、降低公路工程施工成本的重要条件。

(二) 编制施工进度计划的依据和步骤

1. 编制施工进度计划的依据

(1) 工程的全部施工图纸及有关水文、地质、气象和其他技术经济资料。

(2) 上级或合同规定的开工、竣工日期。

(3) 主要工程的施工方案。

(4) 劳动定额和机械使用定额。

(5) 劳动力、机械设备供应情况。

2. 编制施工进度计划的步骤

(1) 研究施工图纸和有关资料及施工条件。

(2) 划分施工项目，计算实际工程数量。

(3) 编制合理的施工顺序和选择施工方法。

(4) 计算各施工过程的实际工作量 (劳动量)。

(5) 确定各施工过程的劳动力需要量 (及工种)、机械台班数量及规格。

(6) 设计与绘制施工进度图。

(7) 检查与调整施工进度。

(三) 施工进度图的形式

施工进度图通常以图表形式表示，主要形式有横道图、垂直图和网络图三种。

1. 横道图

横道图由两大部分组成，左面部分是以分部分项工程为主要内容的表格，包括相应的工程量、定额和劳动量等计算依据；右面部分是指示图表，是由左面表格中的有关数据经计算得到的。指示图表用横向线条形象地表示出分部分项工程的施工进度，线的长短表示某施工持续时间；线的位置表示施工过程；线上的数字表示劳动力数量；线的不同符号表示作业队或施工段别，线段表示各施工阶段的工期和总工期，并综合反映各分部分项工程相互间的关系。

2. 垂直图

垂直图的表示特点是以纵坐标表示施工日期，以横坐标表示里程或工程位置，而各分部分项工程的施工进度则相应地用不同的斜线表示。工程量在图表上方相应位置表示，施工组织平面示意图可在图表的下方相应地表示，资源分布图可在图表右侧以曲线表示。

3. 网络图

用网络图来表示施工进度的基本原理及计算将在第五章中讲述。网络图与横道图、垂直图相比，不但能反映施工进度，而且更能清楚地反映出各道工序、各施工项目之间紧密的相互联系、相互制约的生产和协作关系。不论是集中性工程，还是线形工程，都可以用网络图表示工程进度，因此这是一种比较先进的工程进度图的表示形式，应大力推广使用。

(四) 横道图及垂直图进度计划的编制

在施工组织设计中进度计划有三种形式，即横道图、垂直图和网络图，网络图的编制方法将在以后的章节中介绍，本章仅介绍横道图及垂直图的编制方法和步骤。

1. 划分施工项目，确定施工方法

在编制单位工程施工进度计划时，首先要划分施工项目的细目，即将施工项目划分为若干种工序、操作，并填入相应的栏内。划分时应注意以下几点。

(1) 划分施工项目应与施工方法相一致，使进度计划能够完全符合施工实际进展情况，真正起到指导施工的作用。

(2) 划分施工项目的粗细程度一般要按施工定额 (或预算定额) 的细目和子目来填列，这样既简明清晰，又便于查定额计算。

(3) 施工项目在进度计划表内填写时，应按工程的施工顺序排列 (指横道图)，而且应首先安排好主导工程。

(4) 施工项目的划分一定要结合工程结构特点仔细分项填列，切不可漏填，以免影响进度计划的准确性。

选择施工方法首先要考虑工程的特点和机具的性能，其次要考虑施工单位所具有的机具条件和技术状况，最后还要考虑技术操作上的合理性。确定施工方法后，还应根据具体条件选择最先进、最合理的施工组织方法。

2. 计算工程数量与劳动量

(1) 工程数量计算

施工进度计划项目列好以后，即可根据施工图纸及有关工程数量的计算规则，按照施工顺序的排列，分别计算各个施工过程的工程数量并填入表中。工程数量的计算单位，应与相应定额的计算单位一致。

(2) 劳动量计算

所谓劳动量，就是施工过程的工程量与相应的时间定额的乘积。

第五章　公路工程的施工管理

第一节　公路工程施工质量控制

一、工程项目质量控制

工程项目施工过程的质量管理必须建立在质量体系的基础上，对施工质量开展一系列的管理活动。实行质量管理应有目标、计划、制度和措施，通过组织和人员去落实。

（一）质量体系概述

1.质量体系的类型

（1）质量管理体系。为了长期实施连续有效的质量控制，施工企业所建立的内部质量体系。

（2）质量保证体系。施工企业在合同条件下，为了满足业主规定的工程质量要求，向业主证实质量保证能力所建立的质量体系。

2.系列标准的特点

质量管理和质量保证系列标准既有理论又有实践的背景，具有很强的实用性和指导作用。在使用过程中，应注意以下四个标准的特点：

（1）标准是规范的补充

标准中明确指出大多数组织或政府都希望提供的产品或服务满足顾客的需要或要求，这样的要求通常用规范来体现。如果规范或设计及提供产品或服务的组织体系不完善，那么技术规范本身就不可能保证顾客的要求始终得到满足。系列标准明确了企业质量管理工作程序作为对技术规范和有关产品或服务要求的补充，用以控制产品形成过程，可保证稳定的、合乎要求的产品质量。

（2）标准的目的是提供指导

质量管理和质量保证标准并不是质量管理工作标准，而是用来提供指导。标准是在总结国际成功经验的基础上，以共性为出发点，阐述质量管理工作的基本原则、基本规律和质量体系要素的基本构成，适用于不同体制、不同行业的生产企业开展质量管理工作。生产企业要根据自身规模、特点，参照标准确定的原理、规律、程序开展工作，不能生搬硬套。

（3）内容可调，灵活应用

生产企业的市场条件、产品状况、企业素质、管理机制、消费者需要等各方面条件千变万化，但其工作质量规律、原理、原则基本相同。企业要针对环境特点和主客观因素影响，对照标准开展质量工作，对标准规定的要素及采用要素的程度进行研究，确定企业自身质量体系的构成，建立和完善质量体系。企业可以通过选择要素，组合出既符合质量管理原理，又适用于本企业条件的最佳状态质量体系。

（4）"推荐性标准"被合同或法规确定采用后就是"强制性标准"

GB/T19000系列标准是一套推荐性标准。编号中的"T"为"推荐"一词首字的汉语拼音。虽是推荐性标准，但在国际与国内市场经济竞争中，实施标准并建立质量体系十分重要。在合同环境中，供需双方选定的标准模式一旦被合同条款采用，那么，在确定的范围内推荐性标准就会成为必须执行的强制性标准。如果供需双方或第三方选择某一质量保证模式作为产品认证标准，在该范围内则其具有法律约束。

3.质量体系标准的选择

我国的建筑业所涉及的设计、科研、房地产开发、市政、施工、试验、质量监督、建设、监理等企事业单位，在建立企业内部质量管理体系时，应选择ISO9004标准。但由于这些单位有各自的特点，因而所建立的质量体系也是不同的，这主要是由质量形成的过程不同而造成的。

（二）工程项目施工质量控制

1.工程项目施工质量控制的依据

（1）质量管理与控制的基础资料

①工程承包合同文件。工程施工承包合同和监理合同中分别规定了参与建设的各方在质量控制方面的权利和义务的条款，有关各方必须履行在合同中的承诺。

②设计文件。按图施工是施工阶段质量控制的一项重要原则。因此，经过批准的设计图纸和技术说明书等设计文件是质量管理的重要依据。

③国家及政府有关部门颁布的有关质量管理方面的法律、法规性文件。

（2）质量检验与控制的法规

①质量检验与验收标准。

②有关材料、设备质量检验标准。

③有关工序质量控制标准。

2.工程项目施工质量控制的过程和阶段

(1)质量控制的过程

任何工程项目都是由分项工程、分部工程和单位工程组成的,而分项工程项目又是通过一道道工序来完成的。根据工程实体形成过程,工程项目施工质量系统控制过程由工序质量、分项工程质量、分部工程质量、单位工程质量组成。

(2)工程施工项目质量控制的阶段

为了加强对施工项目的质量控制,明确各施工阶段质量控制的重点,可把施工项目质量控制分为事前控制、事中控制和事后控制三个阶段。

①事前质量控制是指在正式施工前进行的质量控制,其控制重点是做好施工准备工作。

A.施工准备的范围。全场性施工准备是以整个项目施工现场为对象而进行的各项施工准备。单位工程施工准备是以一个建筑物或构筑物为对象而进行的施工准备。分项(部)工程施工准备是以单位工程中的一个分项(部)工程或冬、雨季施工为对象而进行的施工准备。项目开工前的施工准备是在拟建项目正式开工前所进行的一切施工准备。项目开工后的施工准备是在拟建项目开工后,每个施工阶段正式开工前所进行的施工准备,每个阶段的施工内容不同,其所需的物质技术条件、组织要求和现场布置也不同,因此,必须做好相应的施工准备。

B.施工准备的内容。

a.技术准备,包括项目扩大初步设计方案的审查、熟悉和审查项目的施工图纸、项目建设地点的自然条件、技术经济条件调查分析、编制项目施工组织设计等。

b.物质准备,包括建筑材料准备、构配件和制品加工准备、施工机具准备、生产工艺设备准备等。

c.组织准备,包括建立项目组织机构、集结施工队伍、对施工队伍进行入场教育等。

d.施工现场准备,包括控制网、水准点、标桩的测量;五通一平,生产、生活临时设施等的准备;组织机具、材料进场;拟订有关试验、试制和技术进步项目计划;编制季节性施工措施;制定施工现场管理制度等。

②事中质量控制是指在施工过程中进行的质量控制。

事中质量控制的策略是全面控制施工过程,重点控制工序质量。

具体措施有:工序交接时进行检查;质量预控制定对策;施工项目有配套方案;技术措施有交底文件;图纸的会审记录;材料配制有相应试验;隐蔽工程验收;计量仪器定期校正;设计变更有手续;钢筋代换制度;质量处理复查;成品保护措施;质量文件档案等。

③事后质量控制是指在完成施工过程形成产品的质量控制，其具体工作内容如下：

a.组织试通车。

b.准备竣工验收资料，组织自检和初步验收。

c.按规定的质量评定标准和办法，对完成的分项、分部工程及单位工程进行质量评定。

d.组织竣工验收，按设计文件规定的内容和合同规定的内容完成施工，保证质量达到国家质量标准，能满足生产和使用要求；主要大型结构物完工，投入试通车，交工验收的建筑物能正常使用，交工验收的工程现场清理完毕，技术档案资料齐全。

3.施工工程项目质量控制的方法

施工工程项目质量控制的方法主要是审核有关技术文件报告和直接进行现场检查或进行必要的试验等。

（1）审核有关技术文件、报告或报表

对技术文件、报告、报表的审核是项目经理对工程质量进行全面控制的重要手段。其具体内容有：审核有关技术资质证明文件；审核开工报告，并通过现场核实审核施工方案、施工组织设计和技术措施；审核有关材料、半成品的质量检验报告；审核反映工序质量动态的统计资料或控制图表；审核设计变更、修改图纸和技术核定书；审核有关质量问题的处理报告；审核有关应用新工艺、新材料、新技术、新结构的技术鉴定书；审核有关工序交接检查，分项、分部工程质量检查报告；审核并签署现场有关技术签证、文件等。

（2）现场质量检查

①现场质量检查的内容。

a.开工前检查。目的是检查是否具备开工条件，开工后能否连续正常施工，能否保证工程质量。

b.工序交接检查。对于重要的工序或对工程质量有重大影响的工序，在自检、互检的基础上，还要组织专职人员进行工序交接检查。

c.分项、分部工程完工后，应经检查认可、签署验收记录后，才能进行下一个工程项目施工。

d.隐蔽工程检查。凡是隐蔽工程均应检查认证后方能掩盖。

e.停工后复工前的检查。因处理质量问题或某种原因停工后需复工时，也应经检查认可后方能复工。

f.成品保护检查。检查成品有无保护措施，或保护措施是否可靠。

此外，还应经常深入现场，对施工操作质量进行巡视检查；必要时，还应进行跟班或追踪检查。

②现场质量检查的方法。现场进行质量检查的方法有目测法、实测法和试验法三种。

a. 目测法指通过看、摸、敲、照的手段进行质量检查。

b. 实测法指通过实测数据与施工规范及质量标准所规定的允许偏差对照，来判断质量是否合格。

c. 试验法指通过试验手段对质量进行判断的检查方法。

4. 工序质量控制

工程质量是在施工工序中控制的，而不是靠最后检验形成的。为了把工程质量从事后检查把关转向事前控制，达到"以预防为主"的目的，必须加强施工工序的质量控制。

（1）工序质量控制的概念

工程项目的施工过程是由一系列相互关联、相互制约的工序构成的，工序质量是基础，直接影响工程项目的整体质量。要控制工程项目施工过程的质量，首先必须控制工序的质量。

工序质量包含工序活动条件的质量和工序活动效果的质量两个方面的内容。从质量控制的角度来看，这两者是互为关联的，一方面要控制工序活动条件的质量，即每道工序投入品的质量是否符合要求；另一方面要控制工序活动效果的质量，即每道工序施工完成的工程产品是否达到有关质量标准。

工序质量的控制就是对工序活动条件的质量控制和工序活动效果的质量控制，据此来实现对整个施工过程的质量控制。

（2）工序质量控制的内容

①严格遵守工艺规程。施工工艺和操作规程是进行施工操作的依据和法规，是确保工序质量的前提，任何时候都必须严格执行，不得违反。

②主动控制工序活动条件的质量。工序活动条件的内容较多，主要是指影响质量的五大因素，即施工操作者、材料、施工机械设备、施工方法和施工环境等。只要使这些因素处于切实有效的控制状态，确保工序投入品的质量，避免系统性因素变异的发生，就能保证每道工序质量正常、稳定。

③及时检验工序活动效果的质量。工序活动效果是评价工序质量是否符合标准的尺度，必须加强质量检验工作，对质量状况进行综合统计与分析，及时掌握质量动态，一旦发现质量问题，随即研究处理，自始至终使工序活动效果的质量满足规范和标准的要求。

④设置工序质量控制点。控制点是指为了保证工序质量而进行控制的重点、关

键部位或薄弱环节，以便在一定时期内、一定条件下进行强化管理，使工序处于良好的控制状态。

二、公路工程施工质量问题处理

通常在建设工程中所指的工程质量问题，一般是指工程不符合国家或行业现行有关技术标准、设计文件及合同中对质量的要求的问题。

由于工程质量不合格而造成或引发经济损失、工期延误或危及人的生命和社会正常秩序的事件，称为工程质量事故。

由于影响工程质量的因素众多且复杂多变，会出现某种质量事故或不同程度的质量问题，因此，处理好工程的质量事故，认真分析原因，总结经验教训，改进质量管理与质量保证体系，使工程质量事故概率降到最低，是公路质量控制的重要内容与任务。

（一）质量问题处理的原则

（1）质量问题处理的目标是消除质量问题或隐患，以达到工程的安全可靠和正常使用的各项功能要求，并保证施工的正常进行。

（2）质量问题的处理要体现以预防为主的原则。在施工中要及时发现事故苗头，把质量问题消灭在萌芽状态，在质量问题处理过程中，要采取措施防止问题的再次发生。

（3）在质量问题处理过程中要及时采取措施，防止质量问题的继续发展，尽可能减少损失。

（4）对质量问题的处理应不降低质量控制指标和验收标准。处理的方法应是技术规范允许、行业公认的良好工程技术。

（二）质量问题的处理

1. 质量问题性质的确定

质量问题性质的确定是最终确定问题处理办法的首要工作和根本依据。一般通过下列方法确定问题的性质。

（1）了解和检查

对有问题（缺陷）的工程进行现场情况、施工过程、施工设备和全部基础资料的了解和检查，主要包括调查及检查质量实验检测报告、施工日志、施工工艺流程、施工机械情况以及气候情况等。

（2）检测与试验

通过检查和了解可以发现一些表面的问题，得出初步结论，但还要进一步检测与试验来加以验证。

（3）专门调研

有些质量问题仅仅通过以上两种方法仍不能确定。如某工程出现异常现象，但在发现问题时，有些指标却无法被证明是否满足规范要求，只能采用参考的检测方法。

为了得到这样的参考依据并对其进行分析，往往有必要组织有关方面的专家或成立专题调查组，提出检测方案，对所得到的一系列参考依据和指标进行综合分析研究，找出产生问题的原因，确定问题的性质，这种专题研究对问题的妥善解决作用重大，因此经常被采用。

2. 质量问题的处理

对质量问题的处理概括起来应做好以下两项工作：

（1）质量问题分析

工程项目质量问题的表现形式多种多样，如桥台跳车，路基沉陷，路面开裂，结构物倾斜、倒塌、开裂、强度不足、断面尺寸不准等。但究其原因，可归纳如下：

①违背建设程序。如：不经可行性论证，不做调查分析就拍板定案；没有搞清楚工程地质、水文地质就仓促开工；无证设计，无图施工；任意修改设计，不按图纸施工；不经验收就交付使用等。致使不少工程项目留有严重隐患，结构物倒塌事故常有发生。

②工程地质勘察原因。未认真进行地质勘察，提供的地质资料、数据有误；地质勘察时，钻孔间距过大，不能全面反映其他地基的实际情况，如：当基岩地面起伏变化较大时，软土层厚薄相差甚大；地质勘察钻孔深度不够，没有查清地下软土层、滑坡、墓穴、孔洞等地层构造；地质勘察报告不详细、不准确等，均会导致采用错误的方案，造成基础不均匀沉降、失稳，使上部结构开裂、破坏、倒塌。

③未加固处理好基础。软弱土、冲填土、杂填土、湿陷性黄土、膨胀土、岩层出露、熔岩、土洞等不均匀地基未进行加固处理或处理不当，均是导致重大质量问题的原因。

④设计计算问题。设计考虑不周、结构构造不合理、计算简图不正确、计算荷载取值过小、内力分析有误、沉降缝设置不当都是诱发质量问题的隐患。

⑤建筑材料及制品不合格。例如，水泥受潮、过期、结块、稳定性不良，钢筋物理力学性能不符合标准，砂石级配不合理、有害物含量过多，混凝土配合比不准确，外加剂性能、掺量不符合要求，均会影响混凝土的强度、和易性、密封性、抗

渗性，导致混凝土结构强度不足、裂缝、渗漏、蜂窝、露筋等质量问题。预制构件断面尺寸不准，支承锚固长度不够，未建立可靠预应力值，钢筋漏放、错位，板面开裂等，必然出现断裂、垮塌。

⑥施工和管理问题。许多工程质量问题往往是由施工和管理造成的，比如：

a. 不熟悉图纸，盲目施工，图纸未经会审，仓促施工；未经监理、设计部门同意，擅自修改设计。

b. 不按图纸施工，如把简支梁做成连续梁、把铰接做成刚接、抗裂结构用光圆钢筋代替变形钢筋等。

c. 不按有关施工验收规范施工，如：现浇混凝土结构不按规定的位置和方法留设施工缝；不按规定的强度拆除模板砌体；不按要求错缝砌筑等。

d. 不按有关操作规程施工，如用插入式振捣器捣实混凝土时，不按插入点均布、快插慢拔、上下抽动、层层扣搭的操作方法，致使混凝土振捣不实而发生整体性差。

e. 缺乏基本结构知识，施工蛮干。如：将钢筋混凝土预制梁倒放安装；将悬臂梁的受拉钢筋放在受压区；结构构件吊点选择不合理；不了解结构使用受力和吊装受力的状态等，都将在质量和安全方面造成严重的后果。

f. 施工管理紊乱，施工方案考虑不周，施工顺序错误，如技术组织措施不当、技术交底不清、违章作业、不重视质量检查和验收工作等，都将导致质量问题。

⑦自然条件影响。工程施工周期长，露天作业多，受自然条件影响大，温度、湿度、日照、雷电、洪水、大风、暴雨都会造成重大的质量事故，施工中应特别重视，并采取有效措施予以预防。

⑧建筑结构使用问题。建筑物使用不当，也易造成质量问题，如不经校核、验算就在原有建筑物上任意加荷，使用荷载超过原设计的容许荷载，任意开、打洞削弱承重结构的截面等。

(2) 质量问题的处理

①质量问题的现场处理。在各项工程的施工过程中或完工以后，现场管理人员如发现工程项目存在技术规范所不容许的质量问题，应根据质量问题的性质和严重程度，按如下方式进行处理。

a. 因施工而引起的质量问题处在萌芽状态时，应及时纠正，立即换掉不合格的材料、设备或不称职的施工人员或立即改变不正确的施工方法及操作工艺。

b. 因施工而引起的质量问题已出现时，承包人应暂停施工，并对质量缺陷进行正确的补救处理后，方可恢复施工。

c. 质量问题发生在某道工序或单项工程完工以后，而且质量缺陷的存在将对下道工序或分项工程产生质量影响时，应在对质量问题产生的原因及责任作出判断并确定补救方案后，再进行质量问题的处理或下道工序或分项工程的施工。

d. 在交工使用后的缺陷责任期内发现施工质量问题时，施工单位应进行修补加固或返工处理。

②质量问题的修补与加固。由于施工原因产生的质量问题的修补和加固，应先由施工单位提出修补方案及方法，经监理工程师批准后方可进行；对因设计原因而产生的质量问题，应通过业主提出处理方案及方法，由施工单位进行修补。修补措施及方法应不降低质量控制指标和验收标准，并应是技术规范允许的或是行业公认的良好工程技术。

如果已完工程出现问题，但并不构成对工程安全的危害，并且满足设计和使用要求，征得业主同意后，可不进行加固或变更处理。

③质量事故的处理。发生质量事故应按下列程序处理。

a. 承包人暂停该项工程的施工并采取有效的安全措施。

b. 承包人尽快提交质量事故报告并报告业主，质量事故报告应包含该项工程名称、部位、事故原因、应急措施、处理方案以及损失的费用等。

c. 组织有关人员在对质量事故现场进行审查、分析、诊断、测试或验算的基础上，对提出的处理方案予以审查、修正、批准，在得到监理方指令后恢复该项工程施工。

d. 对有争议的质量事故责任，由监理方予以责任判定。监理方判定时会全面审查有关施工记录、设计资料及水文地质现状，必要时还会实际检验测试。在划分技术责任时，应明确事故处理的费用数额、承担比例及支付方式。

处理质量事故还应注意无论是质量缺陷问题的补救或质量事故的处理，都不应以降低质量标准或使用要求为前提，而且要考虑对外形及美观的影响。在别无选择且不影响使用要求的情况下而降低标准时，应征得业主的同意并在竣工报告及竣工资料中特别提出。

第二节　公路工程施工成本管理

一、公路工程施工成本概述

(一) 施工项目成本及成本管理的概念

公路施工企业的基本活动是建造公路建筑产品，如公路、桥梁以及其他交通工程设施等。在建造公路建筑产品过程中会产生各种耗费，包括劳动对象的耗费、劳动手段的耗费以及劳动力的耗费等，这些耗费的货币表现称为生产费用。

施工成本是指在建设工程项目的施工过程中所发生的全部生产费用的总和。

施工项目成本是施工企业的主要产品成本，亦称工程成本，一般以项目的单位工程作为成本核算对象，通过对各单位工程成本核算来反映施工项目成本。

施工项目成本管理就是要在保证工期和质量满足要求的情况下，采取相应的管理措施，包括组织措施、经济措施、技术措施、合同措施，把成本控制在计划范围内，并进一步寻求最大限度的成本节约。

公路项目施工成本是指在施工现场发生的全部生产费用的总和（制造成本）。包括所消耗的原材料、辅材、构配件等的费用；周转材料的摊销费或租赁费；施工机械的使用费或租赁费；支付给生产工人的工资、奖金、津贴；施工组织与管理过程中的全部费用支出等。

其研究对象是财务成本（现金成本），是以货币或资金的形式来表现的。非财务成本则是一种不能通过资金形式直接表示的成本。非财务成本虽然耗费了资金，却不能马上表现出资金支出，但是日后也会通过其他途径最终表现在资金形态上，如精神成本、企业形象和企业信誉等。因此，施工成本管理既是对资金要素的管理，又是对各项施工要素管理的综合效果，与其他生产要素管理密不可分。

（二）施工项目成本的分类

1. 按成本管理的要求分类

（1）预算成本

公路工程项目的产品具有多样性、固定性和生产周期长的特点，对工程项目的建设需要通过编制预算来确定产品价格。预算成本是根据施工图，按分部分项工程的预算单价和取费标准计算的工程预算费用。工程预算成本加间接费、利润和税金，即为工程项目的预算造价。在招标投标时，预算造价是施工企业与发包单位签订承包合同和进行工程价款结算的主要指标。

预算成本是确定工程造价的基础，也是编制计划成本的依据和评价实际成本的依据。

（2）施工项目计划成本

施工项目计划成本是指施工项目经理部根据计划期有关资料（如工程的具体条件和施工企业为实施该项目的各项技术组织措施），在实际成本发生前预先计算的成本，也就是施工企业考虑降低成本措施后的成本计划数。

计划成本反映了企业在计划期内应达到的成本水平，对于加强施工企业和项目经理部的经济核算，建立和健全施工项目成本管理责任制，控制施工过程中生产费用，降低施工项目成本具有十分重要的作用，是施工项目成本分析和考核的重要依据之一。

(3) 实际成本

实际成本是施工项目在报告期内实际发生的各项生产费用的总和，是反映施工企业施工管理水平和考核企业成本降低任务完成情况的重要依据。

实际成本与计划成本比较，可揭示成本的节约和超支情况，考核企业施工技术水平及技术组织措施的贯彻执行情况和企业的经营效果。实际成本与预算成本比较，可以反映工程的盈亏情况。计划成本和实际成本都是反映施工企业成本水平的，它受企业本身的生产技术、施工条件及生产经济经营管理水平的制约。

2. 按计入成本的方法分类

(1) 直接费

直接费是指施工过程中直接耗费的构成工程实体和有助于工程形成的各项费用，包括人工费、材料费、施工机械使用费和其他工程费，是构成施工项目成本的主要部分，是成本管理的重点。

(2) 间接费

间接费由规费和企业管理费组成。

(3) 税金

税金是指按国家规定应计入工程造价内的营业税、城市建设维护税及教育费附加。它有一个固定的数额标准。

按上述分类方法，能正确反映施工项目成本的构成，考核各项生产费用的使用是否合理，便于找出降低成本的途径。

(三) 施工项目成本管理的环节

项目施工成本是一项综合指标，其管理贯穿施工生产经营活动的全过程，涉及物资消耗、劳动效率、技术水平、施工管理等方面，内容十分广泛。施工项目经理部在项目施工过程中，对所发生的各种成本信息，通过有组织、有系统地进行预测、计划、控制、核算和分析等一系列工作，促使施工项目正常运行，使施工项目的实际成本能控制在预定的计划成本范围内。成本管理的好坏直接影响企业所创造利润的多少，影响企业的经济效益。

从成本管理的角度来看，施工项目成本管理的主要环节包括施工项目成本预测、施工项目成本计划、施工项目成本控制、施工项目成本核算、施工项目成本分析、施工项目成本考核。

1. 施工项目成本预测

施工项目成本预测是采用科学的预测方法，根据掌握的各类信息资料，对未来生产经营活动进行定性研究和定量分析，从而预测未来的成本水平及其变动趋势。通过成本预测，可以使项目经理部在满足业主和企业要求的前提下，选择成本低、效益好的最佳成本方案并能够在施工项目成本形成过程中，针对薄弱环节，加强成本控制，克服盲目性，提高预见性。因此，施工项目成本预测是施工项目成本决策与计划的依据。

2. 施工项目成本计划

施工项目成本计划是项目经理部对项目施工成本进行计划管理的工具。它是以货币形式编制施工项目在计划期内的生产费用、成本水平、成本降低率以及为降低成本所采取的主要措施和规划的书面方案。它是该施工项目降低成本的指导性文件，是建立施工项目成本管理责任制、开展成本控制和核算的基础，也是设立目标成本的依据。施工企业应当在认真总结上期成本计划完成情况的基础上，根据企业计划期内计划完成的施工生产任务和相应的技术组织措施、施工组织设计以及成本预测等资料，制订既切实可行又具有先进性的成本计划。

编制成本计划，既要以有关的计划为依据，又要与有关计划特别是与利润计划相衔接。成本计划的实现对于实现企业提高经济效益的要求具有重要意义。因此，成本计划提出的降低成本的目标，对于挖掘广大职工潜力、控制消耗、降低成本具有指导作用。

3. 施工项目成本控制

施工项目成本控制是按照成本计划制订的成本水平和降低成本目标、对成本形成过程的生产耗费进行严格的计算、调节和监督，及时发现与预定的成本目标之间的差异并采取措施解决存在的问题，使工程的实际成本控制在预定的目标范围内，促使成本降低的管理活动。通过成本控制，最终达到实现甚至超过预期的成本目标的目的。

施工项目成本控制应贯穿施工项目从招投标阶段开始直到项目竣工验收的全过程，是企业全面成本管理的重要环节。由于成本费用涉及企业生产经营活动的各个方面和各个环节，因此，必须实施全面的成本控制。所谓全面的成本控制，是指在生产经营全过程实施成本控制，对全部生产耗费实施成本控制并且全体职工都参与成本控制。实施成本控制，必须采取一定的组织形式，建立有效的成本责任制，即将构成成本的生产耗费，按生产耗费发生的范围进行分解，具体落实到有关职责部门或个人。实行责任成本，采取责权利相结合，成本控制与业绩考核相结合的办法，使成本得到控制，实现降低成本、提高经济效益的目标。

4. 施工项目成本核算

成本核算是对企业工程施工所发生的生产费用进行事后核算，以便确定产品实际制造成本和归集期间费用，及时反映成本目标和成本计划的完成情况。在进行工程成本核算时，首先，应对发生的费用进行审核，确认其是否属于生产耗费，能否计入工程成本，应计入哪类产品的成本等。其次，还要将确认的生产费用按用途进行归集、分配，按既定的成本核算对象分别计算其制造成本，确定最终产品的成本。

施工项目成本核算所提供的各种成本信息，是成本预测、成本计划、成本控制、成本分析和成本考核等环节的依据。因此，加强施工项目成本核算工作，对降低施工项目成本、提高企业的经济效益有积极的作用。

5. 施工项目成本分析

施工项目成本分析是指在成本形成过程中，对施工项目成本进行的对比评价和剖析总结工作。也就是说，施工项目成本分析主要利用施工项目的成本核算资料（成本信息），与目标成本（计划成本）、预算成本以及类似的施工项目的实际成本等进行比较，了解成本的变动情况，同时也要分析主要技术经济指标对成本的影响，系统地研究成本变动的因素，检查成本计划的合理性；通过成本分析，揭示成本增减的规律，寻找降低施工项目成本的途径。它贯穿施工项目成本管理的全过程。

6. 施工项目成本考核

所谓成本考核，就是在施工项目完成后，对施工项目成本形成中的各责任者，按施工项目目标责任制的有关规定，将成本的实际指标与计划、定额、预算进行对比和考核，评定施工项目成本计划的完成情况和各责任者的业绩并以此给予相应的奖励和处罚。通过成本考核，做到有奖有惩、赏罚分明，才能有效地调动企业的每一个职工在各自的施工岗位上努力完成目标成本的积极性，为降低施工项目成本和增加企业的积累作出自己的贡献。

综上所述，施工项目成本管理系统中每一个环节都是相互联系和相互作用的。成本预测是成本计划的前提，成本计划是成本目标的具体化。成本控制则是对成本计划的实施进行监督的手段，保证成本目标实现，而成本核算又是对成本计划是否实现的最后检验，它所提供的成本信息又对下一个施工项目成本预测和决策提供基础资料。成本考核是实现成本目标责任制的保证和实现决策目标的重要手段。

(四) 施工项目成本管理的基本原则

施工项目成本管理是企业成本管理的基础和核心，在对项目施工过程进行成本管理时，必须遵循以下五个基本原则：

1. 成本管理科学化原则

成本管理是企业管理学中的一个重要内容，企业管理要实行科学化，必须把有关自然科学和社会科学中的理论、技术和方法运用于成本管理。例如，在施工项目成本管理中，可以运用预测与决策方法、目标管理方法、量本利分析方法和价值工程方法等。

2. 成本管理最低化原则

施工项目成本管理的根本目的是通过运用成本管理的各种手段，不断降低施工项目的成本，达到可能实现最低的目标成本的要求。但是，在实行成本最低化原则时应注意研究降低成本的可能性和成本最低的合理性，一方面挖掘各种降低成本的潜力，使理论变为现实；另一方面要从实际出发，制定通过主观努力可能达到合理的最低成本水平并据此进行分析、考核和评比。

3. 成本管理责任制原则

为了实行全面成本管理，施工管理人员应对企业下达的指标负责，班组和个人对施工管理人员的成本目标负责，以做到层层分解，以分级、分工、分人的成本责任制作为保证，定期考核评定。成本责任制的关键是划清责任，并与奖惩制度挂钩，使各部门、各班组和个人都关心施工项目成本。

4. 成本管理有效化原则

所谓成本管理有效化，主要有两层含义。一是以最少的人力和财力，完成较多的管理工作，提高工作效率；二是促使施工管理人员以最少的投入，获得最大的产出。

提高成本管理有效性，一是采用行政方法，通过行政隶属关系，下达指标，制定实施措施，定期检查监督；二是采用经济方法，利用经济杠杆、经济手段实行管理；三是用法制方法，根据国家的政策方针和规定，制定具体的规章制度，使人照章办事，用法律手段进行成本管理。

5. 成本管理全面性原则

全面成本管理是全企业、全员和全过程的管理，亦称"三全"管理。长期以来，在施工项目成本管理中，存在"三重三轻"问题，即重实际成本的核算和分析，轻全过程的成本管理和对其影响因素的控制；重施工成本的计算分析，轻采购成本、工艺成本和质量成本；重财会人员的管理，轻群众性的日常管理。为了确保不断降低施工项目成本，达到成本最低化目的，必须实行全面成本管理。

（五）施工项目成本管理的措施

为取得施工成本管理的理想成效，应当从多方面采取措施实施管理，通常可以将这些措施归纳为组织措施、技术措施、经济措施和合同措施。

1. 组织措施

组织措施是从施工成本管理的组织方面采取的措施。施工成本控制是全员的活动，如实行项目经理责任制，落实施工成本管理的组织机构和人员，明确各级施工成本管理人员的任务和职能分工、权力和责任。施工成本管理不仅是专业成本管理人员的工作，各级项目管理人员都负有成本控制责任。

组织措施的另一方面是编制施工成本控制工作计划、确定合理详细的工作流程。要做好施工采购计划，通过生产要素的优化配置、合理使用、动态管理，有效控制实际成本；加强施工定额管理和施工任务单管理，控制活劳动和物化劳动的消耗；加强施工调度，避免因施工计划不周和盲目调度造成延误工期而带来损失、机械利用率降低、物料积压等。成本控制工作只有建立在科学管理的基础之上，具备合理的管理体制、完善的规章制度、稳定的作业秩序、实现完整准确的信息传递，才能取得成效。组织措施是其他各类措施的前提和保障，而且一般不需要增加额外的费用，运用得当即可取得良好的效果。

2. 技术措施

施工过程中降低成本的技术措施包括：进行技术经济分析，确定最佳的施工方案；结合施工方法，进行材料使用的比选；在满足功能要求的前提下，通过代用、改变配合比、使用外加剂等方法降低材料消耗的费用；确定最合适的施工机械、设备使用方案；结合项目的施工组织设计及自然地理条件，降低材料的库存成本和运输成本；应用先进的施工、技术，运用新材料，使用先进的机械设备等。在实践中，也要避免仅从技术角度选定方案而忽视对其经济效果的分析论证。

3. 经济措施

经济措施是最易为人们所接受和采用的措施。管理人员应编制资金使用计划，确定、分解施工成本管理目标。对施工成本管理目标进行风险分析并制定防范性对策。对各种支出，应认真做好资金的使用计划并在施工中严格控制各项开支。及时准确地记录、收集、整理、核算实降低支出的费用。对各种变更，应及时做好增减账、落实业主签证并结算工程款。通过偏差分析和未完工程预测，可发现一些潜在的可能引起未完工程施工成本增加的问题，对这些问题应以主动控制为出发点，及时采取预防措施。因此，经济措施的运用不仅仅是财务人员的事情。

4. 合同措施

采用合同措施控制施工成本，应贯穿整个合同周期，包括从合同谈判开始到合同终结的全过程。对于分包项目，首先是选用合适的合同结构，对各种合同结构模式进行分析、比较，在合同谈判时，要争取选用适合于工程规模、性质和特点的合同结构模式。其次，在合同的条款中应仔细考虑一切影响成本和效益的因素，特别是潜在的风险因素。通过对引起成本变动的风险因素的识别和分析，采取必要的风险对策，如通过合理的方式增加承担风险的个体数量以降低损失的比例并最终将这些策略体现在合同的具体条款中。

二、公路工程施工成本计划与控制

（一）施工项目成本计划

在施工企业的综合经营计划中，不仅要有工作量完成计划、机械使用计划和劳动力调配计划等，还要有成本计划、利润计划。施工企业的施工项目成本计划是在成本预测的基础上进行的，是施工企业为确定计划年度降低成本水平和成本目标而变质的指导性计划，是计划年度施工企业各项降低成本措施及其经济效益的综合反映。

编制施工成本计划，需要广泛收集相关资料并进行整理，以这些资料作为施工成本计划编制的依据。在此基础上，根据有关技术文件、工程承包合同、施工组织设计、施工成本预测资料等，按照施工项目应投入的生产要素，结合各种因素变化的预测和采取的各种措施，估算施工项目生产费用支出的总水平，进而提出施工项目成本计划控制指标，确定目标总成本。目标总成本确定后，应将总目标分解落实到各级部门，以便有效地进行控制。最后，通过综合平衡，编制完成施工成本计划。编制施工项目成本计划，必须指标先进、切实可行、有科学论证、能具体落实。

1.施工项目成本计划表

成本计划就是费用开支计划。计划成本（目标成本）是费用开支的最高限额。成本计划要有效地控制工程成本，就必须充分重视成本计划的编制。

（1）材料成本控制计划表

按照投标报价计算的单位估价表中的材料用量汇总统计。材料细目的粗细程度可根据实际需要列出。

（2）设备成本控制计划表

如同材料一样，列出细目进行控制。

（3）临时工程费用成本控制计划表

根据施工组织设计中的临时工程项目内容制订计划，因工程规模和工期长短的不同而不同，工程费用的差别较大。例如，工期较长的工程，合理安排各类工人进场和出场时间，可以最大限度地利用工人的住宿营地，以减少营地建筑面积。

（4）技术组织措施计划表

技术组织措施是指在保证工程质量的前提下，改进工艺技术手段，节约工、料、机械费用等措施。一般包括行之有效的技术措施及推广应用新结构、新材料、新机具、新工艺等开拓降低成本新领域的措施。技术组织措施表是在项目计划期内各施工项目成本计划降低额的依据。

（5）降低成本计划表

降低成本计划表是根据企业下达给该施工项目的降低成本任务和项目管理人员自行确定的降低成本指标而制订的项目成本降低计划，是编制成本计划任务的重要依据。

（6）管理费用成本控制计划表

由于投资计算是按系数法估算的，签订合同后，可以较详细地分项核算，编制出接近现实的控制计划。它主要是反映施工项目间接成本中有关施工现场管理费用的计划数及降低额。

2. 施工项目成本计划的编制程序

（1）成本计划的编制过程是充分利用资料、研究分析资料和利用各种资料对规划计划年度降低成本水平和成本目标进行决策分析的过程。资料是编制成本计划的基础和主要信息来源。编制成本计划所必需的基础资料有以下五个方面：

①国家和上级主管部门下达的降低成本计划指标及其相关指标。

②施工单位年度与指定成本计划有关的各项经营管理计划，主要包括施工生产计划、劳动工资计划、物资供应计划、技术组织措施方案、年度报表和成本报表以及施工图预算、施工预算和施工组织计划等资料。

③材料、公式、施工机械台班消耗等市场信息的各项技术经济定额和费用开支标准。

④施工单位之前年度有关施工项目的成本计划、实际资料和分析资料。

⑤其他有关资料。

收集上述资料后，要进行初步整理与分析，检查资料的真实性、完整性、代表性，剔除虚假因素并排除偶发因素的干扰，认真比对，分析历史成本资料之间的差异，从中找出成本变化的一般规律。

（2）确定计划成本目标。财务部门掌握了丰富的资料后，应对其加以整理分析，特别是在对计划期成本计划完成情况进行分析的基础上，根据有关的设计、施工等计划，按照工程项目应投入的物质、材料、劳动力、机械及各种设施等，结合计划期内各种因素的变化和准备采取的各种层产节约措施，进行反复测算、修订、平衡，估算生产费用支出的总水平，进而提出全项目的成本计划控制指标，以确定目标成本。然后，把目标成本以及总的目标分解落实到各个部门、班组。

（3）编制成本计划草案。对于中大型项目，项目管理人员批准下达成本计划指标后，各职能部门应充分发动群众进行认真的讨论，在总结上期成本计划完成情况的基础上，结合本期计划指标，找出完成本期计划的有利和不利因素，提出挖掘潜力、克服不利因素的具体措施，以保证计划任务的完成。为了使指标真正落实，各部门应尽可能将指标分解落实下达到各班组及个人，使目标成本的降低额和降低率得到充分讨论、反馈、再修订，使成本计划既能够切合实际，又能够成为群众共同奋斗的目标。

各职能部门亦应认真讨论项目管理人员下达的费用控制指标，拟订具体实施的技术经济措施方案，编制各部门的费用预算计划表。

（4）综合平衡，编制正式的成本计划。在各职能部门上报部门成本计划和费用预算后，项目管理人员首先应结合各项技术经济措施，检查各计划和费用预算是否合理可行并进行综合平衡，使各部门计划和费用预算之间互相协调、衔接；其次，要从全局出发，在保证企业下达的成本降低任务或本项目目标成本实现的情况下，以生产计划为中心，分析研究成本计划与生产计划、劳动工时计划、材料成本与物资供应计划、工资成本与工资基金计划、资金计划等互相的协调平衡。经反复讨论多次综合平衡，最后确定的成本计划指标，即可作为编制正式成本计划的依据。正式编制的成本计划，上报企业有关部门后即可正式下达至各职能部门执行。

3. 施工项目成本计划的编制方法

在项目经理的主要负责下编制工程项目成本计划，编制工程项目成本计划的核心是确定目标成本，这也是成本管理所要达到的目的。施工项目成本计划的编制方法主要有以下三种：

（1）按施工成本构成编制施工成本计划

按照成本构成要素进行划分，施工成本可以分解为人工费、材料费、施工机具使用费、措施项目费和企业管理费等，编制按施工成本组成分解的施工成本计划。

（2）按施工项目组成编制施工成本计划

大中型工程项目通常是由若干个单项工程构成的，而每个单项工程又包括多个单位工程，每个单位工程又由若干个分部分项工程所构成。因此，首先要把项目总施工成本分解到单项工程和单位工程中，再进一步分解到分部工程和分项工程中。

（3）按施工进度编制施工成本计划

按照施工进度编制施工成本计划，通常可利用网络图进一步扩充。即在建立网络图时，一方面确定完成各项工作所需花费的时间，另一方面同时确定完成这一工作合适的施工成本支出计划。

通过对施工成本按时间进行分解，在网络计划的基础上，可获得项目进度计划的横道图，并在此基础上编制成本计划。

（二）施工项目成本控制

所谓成本控制，是指在施工过程中，对生产经营所消耗的人力资源、物质资源和费用开支进行指导、监督、检查和调整，及时调整将要发生和已经发生的偏差，把各项生产费用控制在计划成本的范围内，以实现降低成本的目标。施工项目成本控制具有以下三个方面含义：一是对目标成本本身的控制；二是对目标成本形成过程的控制和监督；三是在过程控制的基础上，着眼未来，为之后降低成本指明方向。

1. 施工项目成本控制的依据

（1）工程承包合同

施工项目成本控制要以工程承包合同为依据，以降低工程成本为目标，从预算收入和实际成本两个方面，研究节约成本、增加效益的有效途径，以获得最大的经济效益。

（2）施工成本计划

施工成本计划是根据施工项目具体情况制订的成本控制方案，包括预定的具体成本控制目标和实现控制目标的措施和规划，是施工项目成本控制的指导性文件。

（3）进度报告

进度报告提供了对应时间节点的实际工程完成量、工程施工成本实际支付情况等重要信息。通过把实际情况与施工成本计划进行比较，找出二者之间的差别，分析产生偏差的原因，从而采取改进措施以进行施工项目成本的控制。

（4）工程变更

在项目实施的过程中，由于各种原因，施工变更很难避免。一旦变更出现，工程量、工期、成本都有可能发生变化。因此，需要对变更要求的各类数据进行计算、分析，及时掌握变更情况，判断变更以及变更可能带来的索赔额度等。

除了上述几种施工成本控制工作的主要依据以外，施工组织设计、分包合同等有关文件资料也都是施工项目成本控制的依据。

2. 施工项目成本控制的对象与内容

（1）以施工项目成本形成的过程作为控制对象

①在工程投标阶段，应根据工程概况和招标文件，进行项目成本的预测，提出投标决策意见。

②施工准备阶段，应结合设计图纸的相关资料，编制施工组织设计，通过多方案的技术经济比较，从中选择经济合理、先进可行的施工方案，编制具体的成本计划，对项目成本进行事前控制。

③施工阶段，以施工图预算、施工预算、劳动定额、材料消耗定额和费用开支

标准等，对实际发生的成本费用进行控制。

④竣工交付使用及保修期阶段，应对竣工验收过程发生的费用和保修费用进行控制。

（2）以施工项目的职能部门、施工队和生产班组作为成本控制的对象

成本控制的具体内容是各个部门和生产班组日常发生的各种费用和损失。各职能部门、施工队和班组应对自己承担的责任成本进行自主控制；同时接受项目经理和企业有关部门的指导、监督、检查和考评。

（3）以分部分项工程作为项目成本的控制对象

为了把成本控制工作做得扎实、细致，落到实处，还应对分部分项工程进行项目成本的控制。在正常情况下，应根据分部分项工程的实物工程量，参照施工预算定额及相关成本计划，编制包括工、料、机消耗数量、单价、金额的施工预算，作为对分部分项工程成本进行控制的依据。

（4）以对外经济合作作为成本控制目标

施工项目的对外经济业务，以经济合同为纽带建立关系，明确双方的权利和义务。在签订经济合同时，除了要根据业务要求规定时间、质量、结算方式和履（违）约奖罚等条款外，还必须强调将合同的数量、单价、金额控制在预算范围内。

3.施工项目成本控制方法

施工阶段是控制工程项目成本发生的主要阶段，该阶段通过成本目标按计划成本进行施工，资源合理配置，对施工现场发生的各项成本费用进行有效控制，其具体的控制方法如下：

（1）人工费的控制

人工费的控制实行"量价分离"的方法，将作业用工及零星用工按定额日工资标准的一定比例综合确定用工数量与单价，通过劳务合同进行控制。

（2）材料费的控制

材料费的控制同样按照"量价分离"的原则，在保证符合设计要求和质量标准的前提下，有效控制材料用量和材料价格，减少材料物资消耗。

（3）施工机械使用费的控制

合理选择施工机械设备，合理使用施工机械设备对成本控制有着十分重要的意义。由于不同机械设备有着不同的特点，因此，在选择机械设备时，首先应根据工程特点和施工条件确定采取的机械设备类型与组合方式。在确定采用何种组合方式时，首先应该满足施工需要，其次要考虑费用的高低和综合经济效益。

施工机械使用费主要由台班数量和台班单价两个方面决定，因此，为有效控制施工机械使用费支出，应主要从这两个方面进行控制。

第三节　公路工程施工合同管理

一、公路工程合同的形式

(一) 工程项目合同及特点

1. 工程项目合同

一个建设工程项目的实施涉及的建设任务较多,往往需要许多单位共同参与,不同的建设任务往往由不同的单位分别承担,这些参与单位与业主之间应该通过合同明确其承担的任务和责任以及所拥有的权利。

工程项目合同是指业主与勘察、设计、施工、器材供应等单位,为完成一定的建设工程任务而签订的,旨在明确相互权利、义务和责任关系的合法合同。

由于建设工程项目的规模和特点的差异,不同项目的合同数量可能有很大的差别,大型建设项目可能有成百上千个合同。但不论合同数量有多少,根据合同中的任务内容都可划分为勘察合同、设计合同、施工承包合同、物资采购合同、工程监理合同、咨询合同、代理合同等。

2. 工程合同的特点

工程合同除了具有经济合同的一般法律特点以外,还具有下述特点:

(1) 经济、法律关系多元性。在合同签订和实施过程中会涉及多方面的关系,如承包方涉及专业分包、材料供应、构配件生产和设备加工、银行保险等多方单位,产生错综复杂的关系。这些关系都要通过经济合同来体现。

(2) 合同的多变性。由于工程项目庞大、复杂、施工周期长,在建设过程中又受到地区、环境、气候、地质、政治、经济及市场变化等多方面因素影响,在项目实施过程中经常出现设计变更、季度计划修改及合同某些条款的变更。在项目管理中,要有专人及时做好设计或施工变更洽谈记录,明确因变更而产生的经济责任并妥善保存好相关资料,作为索赔、变更或终止合同的依据。

(3) 合同的复杂性。由工程项目经济法律关系的多元性及工程项目的单件性所决定的每个工程项目的特殊性和建设项目受到的多方面、多因素的制约和影响,都相应地体现工程项目合同中,导致合同内容复杂、条款多,工程项目合同除了工作范围、工期、质量、造价等一般条款外,每个项目合同还有特殊条款并涉及保险、税收、文物、专利等多种内容,条款往往多达几十条。因此,在签订合同时,要全面考虑多种关系和因素,仔细斟酌每一条款,否则可能产生严重的不良后果。

(4) 合同履行方式的连续性和履约周期长。由于建设项目实施必须连续而循序渐进地进行，建设工程的特殊性决定了履约方式的连续性和渐进性。项目合同管理人员要随时按照合同的规定并结合实际情况对工程质量、进度等予以检查，以确保合同的顺利实施。

工程项目规模大、内容复杂决定了履约周期长。在长时间内，如何按照合同约定的权利，认真履行合同规定的义务是工程项目合同管理应注意的问题。项目负责人要加强对项目合同实施全过程的管理，防止因建设周期长而造成有关资料的丢失。

（5）合同的风险性。由于建设项目关系的多元性、复杂性、多变性、履约周期长、金额大、市场竞争激烈等特征，增加了项目承包合同的风险性。慎重分析研究各种风险因素，在签订合同时尽量避免承担风险的条款，在履行合同中采取有效措施防范风险的发生是十分重要的。

（二）工程合同的形式

1. 土木工程施工合同

（1）建设工程施工合同（示范文本）的组成

①合同协议书

合同协议书主要包括工程概况、合同工期、质量标准、签约合同价和合同价格形式、项目经理、合同文件构成、承诺、词语含义、签订时间、签订地点、补充协议、合同失效条件及合同份数等重要内容，集中约定了合同当事人基本的合同权利义务，是经合同双方签字和盖章认可而使合同成立的重要文件。

②通用合同条款

通用合同是合同当事人根据法律的规定，就工程建设的实施及相关事项，对合同当事人的权利义务作出的原则性约定。

通用合同条款的具体条款一般包括一般约定、发包人、承包人、监理人、工程质量、安全文明施工与环境保护、工期和进度、材料与设备、试验与检验、变更、价格调整、合同价格、计量与支付、验收和工程试车、竣工结算、缺陷责任与保修、违约、不可抗力、保险、索赔和争议解决。前述条款安排既考虑了现行法律法规对工程建设的有关要求，也考虑了建设工程施工、管理的特殊需要。

③专用合同条款

专用合同条款是对通用合同条款原则性约定的细化、完善、补充、修改或另行约定的条款。合同当事人可以根据不同建设工程的特点及具体情况，通过双方的谈判、协商对相应的专用合同条款进行修改补充。

（2）土木工程施工合同文件构成

组成合同的各项文件应互相解释、互为说明。除专用合同条款另有约定外，土木工程施工合同文件及优先解释顺序如下：合同协议书；中标通知书（如果有）；投标函及其附录；已标价工程量清单或预算书；其他合同文件。

上述各项合同文件包括合同当事人就该项合同文件所作出的补充和修改，属于同一类内容的文件，应以最新签署的为准。此外，在合同订立及履行过程中形成的与合同有关的文件均构成合同文件组成部分并根据其性质确定优先解释顺序。

2. 土木工程监理合同

土木工程监理合同是指土木工程发包人聘请监理人代其对工程项目进行管理，明确双方的权利义务关系而签订的合同。

（1）建设工程监理合同（示范文本）的组成

①协议书

协议书包括工程概况、词语限定、组成本合同的文件、总监理工程师、签约酬金、期限、双方承诺、合同订立等内容。

②通用条件

通用条件适用于所有工程监理业务的委托，是所有签约工程都应遵守的基本条件。通用条件共计20条，分别为定义与解释、监理人的义务、委托人的义务、违约责任、支付、合同生效、变更、暂停、解除与终止、争议解决和其他需要明确的内容。

③专用条件

专用条件是在通用条件的基础上，结合委托监理工程的项目特点、地域特点、专业特点等对通用条件中的某些条款进行补充、修改或细化。

（2）土木工程监理合同文件构成

土木工程监理合同文件及优先解释顺序如下：协议书；中标通知书（适用于招标工程）或委托书（适用于非招标工程）；专用条件及附录 A（相关服务的范围和内容）、附录 B（委托人派遣的人员和提供的房屋、资料、设备）；通用条件；投标文件（适用于招标工程）或监理与相关服务建议书（适用于非招标工程）。

合同签订后，双方依法签订的补充协议也是合同文件的组成部分。

3. 土木工程物资采购合同

（1）土木工程物资采购合同的概念

土木工程物资采购合同是指具有平等主体的自然人、法人、其他组织之间，为实现土木工程物资的买卖，设立、变更、终止相互权利义务关系的协议。合同中，出卖人转移土木工程物资的所有权于买受人，买受人接受土木工程物资并交付货款。土木工程物资采购合同属于买卖合同，具有买卖合同的一般特征。土木工程物资采购合同按照标的所属建设物资的种类不同可分为材料采购合同和设备采购合同。

（2）土木工程物资采购合同的主要内容

①材料采购合同。材料采购合同是指以工程项目所需材料为标的，以材料买卖为目的，明确双方的权利义务关系而签订的合同。土木工程材料采购合同的主要条款内容包括：当事双方的基本情况；合同标的；技术标准和质量要求；材料数量及计量方法；材料的包装；材料支付方式；材料的交货期限；材料的价格；结算；违约责任；特殊条款；争议解决方式等。

②设备采购合同。设备采购合同是指以工程项目所需设备为标的，以设备买卖为目的，明确双方的权利义务关系而签订的合同。土木工程设备采购合同的主要条款内容包括：定义；技术规范及标准；知识产权；包装要求；装运条件及运输；交货验收；保险；价款支付；质量保证；检验、安装、调试与保修；违约责任；不可抗力；履约保证金；争议解决方式；因破产而终止合同；合同修改；转让或分包；适用法律；有关税费；合同生效、修改等其他内容。

4. 土木工程保险合同

（1）土木工程保险合同的概念

保险合同是投保人与保险人之间设立、变更、终止保险法律关系的协议。依照保险合同，投保人承担向保险人交纳保险费的义务，保险人在保险标的发生约定事故时，承担钱财补偿责任或者履行给付义务。

土木建筑工程保险是指以各类民用、工业用和公共事业用的土木建筑工程项目为标的的保险，保险人承担被保险人在工程建设过程中由于自然灾害或意外事故引起的一切损失的经济赔偿责任。土木建筑工程保险一般以工期的长短作为确定保险责任期限的依据，即由保险人承保从工程开工之日起到竣工验收合格的全过程。

（2）建筑工程一切保险合同的主要内容

建筑工程一切保险合同是土木工程项目管理过程中最重要的保险合同，它的主要条款内容包括：总则；第一部分——物质损失保险部分，包括保险标的，保险费，责任免除，保险金额与免赔额（率），赔偿处理；第二部分——第三者责任保险部分，包括保险责任，责任免除，责任限额与免赔额（率），赔偿处理；第三部分——通用条款，包括责任免除，保险期间，保险人义务，投保人、被保险人的义务，赔偿处理，争议处理，其他事项，释义。

5. 土木工程借贷合同

（1）土木工程借贷合同的概念

借贷合同是在借款人和贷款人之间为实现商定数额的货币借贷，明确当事双方的权利义务关系而签订的合同。根据该合同，借款人从贷款人处取得合同规定的货币数额，经过规定期限后，借款人向贷款人归还相同数额货币并支付相应利息。

土木工程建设过程中，发包人为了筹集建设资金的不足部分，承包人为了解决工程前期资金的紧张，均可与金融机构签订借贷合同。土木工程借贷合同中，贷款人是指依法设立经营贷款业务的金融机构；借款人应为实行独立核算并能承担经济责任的全民（或集体）所有制企业、经国家批准的建设单位或中外合资（合作）企业。

（2）土木工程借贷合同的主要内容

土木工程借贷合同的主要条款内容包括：借款种类；借款用途；借款金额；借款利率和利息；借款期限；还款资金来源和还款方式；担保或合同保证条款；合同的变更；合同违约责任；贷款人的权利；争议解决方式；合同效力；双方当事人商定的其他条款。

二、公路工程项目施工合同管理

（一）工程项目施工合同管理

1. 工程项目合同管理的定义

工程项目合同管理是指对工程合同的签订、履行、变更和解除进行监督检查，对合同履行过程中发生的争议或纠纷进行处理，以确保合同的依法订立和全面履行。工程项目合同管理贯穿合同签订、履行到合同终结直至归档的全过程。

2. 工程项目合同管理的任务

工程项目合同管理的任务是根据法律、政策和企业经营目标的要求，运用指导、组织、监督等手段，促使当事人依法签订、履行、变更合同和承担违约责任，制止和查处利用工程合同进行违法活动，保证工程项目建设的顺利进行。

必须依法确定与承包人之间的经济权利和经济义务关系并通过签订的有关工程建设合同将这种关系进一步确立。有关的法律法规是签订合同的重要依据和保障，严格履行与科学管理工程建设合同是控制工程投资、确保工程质量的重要手段。还应通过工程合同的管理防范和化解合同双方间的纠纷。因此，要求合同双方在签订有关合同时，应就合同条款的内容进行认真研究、推敲，力求条款内容完善、词句严密、签订合同程序合法、双方的权益和义务明确。合同双方按有效合同认真地履行其责任，可以预防和减少合同纠纷的发生，即使发生合同纠纷，还可以通过调解或仲裁的方式，依据合同保护双方各自的合法权益。

3. 工程项目合同管理的内容

（1）对合同履行情况进行监督检查。检查有关法律法规贯彻执行的情况，检查合同签订和履行情况。通过检查，发现问题及时协调解决，减少或避免合同纠纷的发生，提高合同履约率。

（2）经常对项目经理及有关人员进行有关法律知识教育，提高合同管理人员的素质。

（3）建立健全工程项目合同管理制度，包括项目合同归口管理制度、考核制度、合同用章管理制度、合同台账统计及归档制度。

（4）对合同履行情况进行统计分析。包括工程合同份数、造价、履约率、纠纷次数、违约原因、变更次数及原因等，通过统计分析发现问题，及时协调解决，提高利用合同进行生产经营的能力。

（5）组织和配合有关部门做好有关工程项目合同的签证、公证和调解、仲裁及诉讼活动。

4.工程项目合同管理的原则

（1）遵守法律法规原则。合同的主体、内容、形式和程序等都要符合法律法规规定，才能受到国家法律的保护、保障当事双方预期目标的实现。

（2）平等自愿原则。签约各方在法律地位上是完全平等的。任何一方都不能将己方意愿（如单方提出不平等条款）强加于另一方，且当事人应根据自己的意愿签订合同，有权选择订立合同的对象、条款内容、订立时间及依法变更和解除合同，任何单位和个人不得非法干预。

（3）公平原则。民事主体必须按照公平的观念设立、变更或者取消民事法律关系。土木工程项目签订合同时应贯彻公平原则，即签约各方的权利和义务要对等，不能有限公平，从而反映出商品交换等价有偿的客观规律和要求。

（4）诚实信用原则。订立合同时要求当事人实事求是地向对方介绍己方的条件、要求和履约能力，充分表达己方的真实意愿，不得有隐瞒、欺诈的成分。拟定合同条款时，要充分考虑对方的合法权益和实际困难，以善意的方式设定合同权利和义务。

（5）等价有偿的原则。民事主体在从事民事活动中，除法律另有规定或者当事人另有约定外，应当按照价值规律的要求，取得他人财产利益或者得到他人劳务，均应当向对方支付相应的代价。

（6）不得损害社会公共利益和扰乱社会经济秩序原则。当事人订立、履行合同，应当遵守社会公德，不得扰乱社会经济秩序，损害社会公共利益。

（7）全面履行原则。当事人应当按照合同约定的标的、数量、质量、价款或者报酬等，在约定的履行期限、履行地点，以约定的履行方式，全面完成合同义务的履行原则。

5.工程项目合同管理的意义

（1）适应我国建立社会主义市场经济的需要。我国建筑业社会主义市场经济体制正日益规范化。随着政府部门职能的转变，要求业主与承包人双方的行为将主要依据合同关系加以明确及进行约束，其各自的权益也将依靠合同受到法律的保护。

（2）能加强工程项目管理，提高合同履约率。业主作为项目法人，必须树立合同法制观念，加强工程建设的合同管理。

（3）是推行项目法人责任制、招标投标制、工程建设监理制和合同管理制的重要手段。我国建筑市场管理中所推行的项目法人责任制、招标投标制、工程建设监理制和合同管理制是建筑业规范化管理的保证，业主必须学会正确科学地运用合同管理手段，规范化管理工程招标及各合同项目的实施，以提高工程建设的经济效益和社会效益。

（4）提高对国际工程建设市场的竞争意识及合同管理的技能，打开和进入国际工程承包市场。现代化建筑市场的模式应当是市场机制健全，具有合格的市场主体，具有完备的市场要素，通过建立健全市场保障体系及有关法规，保证建筑市场秩序良好。

（二）工程索赔

1. 工程索赔的概念

由于工程建设的复杂性，在市场经济条件下，发生工程索赔是一种正常的现象。加强对索赔理论和方法的研究，认真对待和做好工程索赔，对维护国家和企业利益具有十分重要的意义，同时有利于工程建设保质保量，按时完成。

工程索赔是指在合同履行过程中，合同一方因对方不履行或未能正确履行合同或者由于非自身因素而受到经济损失或侵权时，通过合同约定的程序向对方提出经济或时间补偿要求的行为。

凡超出原定合同规定的行为给承包人带来的损失，无论是时间上的还是经济上的，只要承包人认为不能从原合同规定中获得支付的额外开支，应该得到经济和时间补偿的，均有权向业主提出索赔。

索赔包括承包人向业主提出的索赔和业主向承包人提出的索赔。通常前者为索赔，后者为反索赔。反索赔是业主为维护自身的利益对承包人的一种防卫行为，业主的这种行为也是正当的。

索赔是一门融社会科学、自然科学为一体的边缘科学，涉及工程技术、工程管理、贸易、法律、财会、公共关系等在内的众多学科的知识，在索赔过程中，要注重对这些知识的有机结合和综合应用。

2. 工程索赔的原因

引起索赔的原因有很多，从现代土木工程项目的特点分析，包括以下五个方面：

（1）现代土木工程项目的特殊性。项目规模大、技术性强、工期长；项目的差异性大、综合性强、风险大，实施中的不确定因素多。

（2）项目内外部环境的复杂性和多变性。项目技术环境、经济环境、社会环境、法律环境的变化，使实际情况与计划不一致，导致工期和费用的变化。

（3）项目实施主体的多元性。项目参与单位多、关系复杂、相互影响、协调不一致，易导致索赔。

（4）合同的复杂性及易出错性。土木工程项目签订的合同多且复杂，容易造成合同当事人对合同条款的理解差异，提出索赔。

（5）投标的竞争性。竞争激烈，承包人利润低，索赔成为工程风险再分配的手段。

3. 索赔的分类

根据索赔范围、性质、依据等的不同，可对其进行以下六种分类：

（1）按索赔的目的分为费用索赔和工期索赔。

（2）按索赔的依据分为合同明示的索赔、合同默示的索赔、道义索赔。

（3）按索赔的有关当事人分为承包人与业主的索赔、总承包人与分包人间的索赔、承包人与供应商间的索赔、承包人与业主共同向保险公司索赔和其他索赔。

（4）按索赔的处理方式分为单项索赔和全部索赔。

（5）按索赔的性质分为工程变更索赔、工程中断索赔、工程终止索赔、不可预见因素索赔，以及由于物价、汇率、货币、政策法令变化等引起的索赔。

（6）按索赔的发生时间分为合同履行期间的索赔、合同终止后的索赔。

4. 索赔的程序

（1）意向通知

发现索赔或意识到存在潜在的索赔机会后，承包人应立即将索赔意向书面通知监理工程师（业主）。这种意向通知是非常重要的，它标志着一项索赔的开始。在引起索赔事件第一次发生之后28d内，承包人将他的索赔意向通知监理工程师，同时将一份副本呈交业主。事先向监理工程师（业主）通知索赔意向，这不仅是承包人要取得补偿必须遵守的基本要求，也是承包人在整合整个合同实施期间保持良好的索赔意识的最好方法。

索赔意向通知通常包括事件发生的时间和情况的简单描述、合同依据的条款和理由、有关后续资料的提供（包括及时记录和提供事件发展的动态）、对工程成本和工期产生的不利影响的严重程度等方面的内容。一般索赔意向通知仅仅是表明意向，应写得简明扼要，涉及索赔内容但不涉及索赔数额。

（2）资料准备

索赔的成功很大程度上取决于承包人对索赔作出的解释和具有强有力的证明材

料。承包人在正式提出索赔报告前的资料准备工作极为重要。承包人要注意记录和积累保存相关资料，并可随时从中提取与索赔事件有关的证据资料。

(3) 索赔报告的编写

索赔报告是承包人向监理工程师(业主)提交的一份要求业主给予一定经济(费用)补偿和(或)延长工期的正式报告。承包人应在索赔事件对工程产生的影响结束后的28d内，向监理工程师(业主)提交正式的索赔报告。如果索赔事件在整合工程施工期间持续影响，就不能在工程结束后才提出索赔报告，由监理工程师或按合同规定，应每隔一段时间向监理工程师报告。

索赔报告文件的正文包括：报告的标题，简明地概括索赔的核心内容；事实与理由，陈述客观事实，引用合同规定，建立事实与索赔之间的因果关系，说明索赔的合理合法性；损失计算及要求补偿的金额与工期，在此只需列举各项明细数字及汇总。

(4) 提交索赔报告

索赔报告编写完毕后，应及时提交监理工程师(业主)，正式提出索赔。索赔报告提交后，承包人不能被动等待，应隔一定的时间，主动向对方了解索赔处理的情况，根据所提出的问题进一步做资料方面的准备，或提供补充资料，尽量为监理工程师处理索赔提供帮助、支持和合作。

(5) 索赔报告的评审

监理工程师(业主)接到承包人的索赔报告后，应马上仔细阅读其报告并对不合理的索赔进行反驳或提出疑问，监理工程师将根据自己掌握的资料和处理索赔的工作经验就以下问题提出质疑；索赔事件不属于业主和监理工程师的责任，而是第三方的责任；事实和合同依据不足；承包人未能遵守意向通知的要求；合同中的开脱责任条款已经免除了业主补偿的责任；索赔是由不可抗力而引起的，承包人没有划分和证明双方责任的大小；承包人没有采取适当措施避免或减少损失；承包人必须提供进一步的证据；损失计算夸大；承包人此前已明示或暗示放弃了此次索赔的要求等。

在评审过程中，承包人应对监理工程师提出的各种质疑作出圆满的答复。

(6) 谈判解决

经过监理工程师对索赔报告的评审，与承包人进行较充分的讨论后，监理工程师应提出对索赔处理决定的初步意见并参加业主和承包人之间进行的索赔谈判，通过谈判，作出索赔的最后决定。

(7) 争端的解决

如果索赔在业主和承包人之间不能通过谈判解决，可就其争端的问题进一步提交监理工程师解决直至仲裁。

第四节 公路工程施工技术管理

一、概述

公路工程施工技术管理是施工企业对生产技术工作进行的一系列组织、指挥、协调和控制等活动的总称，也就是对公路工程施工中的各项技术活动（如图纸会审、技术交底、技术检验、科学研究等）和技术工作的各种要素（如技术人员责任制、职工的技术培训、技术装备、技术文件、资料及档案等）进行的科学管理工作，它是实现施工项目控制目标的必要手段，是整个施工管理的重要组成部分。只有将技术管理与具体活动有机地结合，才能真正发挥技术管理对实现施工目标的保证作用。

公路工程施工技术管理根据合同条款和技术规范的要求，通过一定的组织系统，按照规定的程序，运用各种有效和必要的施工方法使工程最终达到一定的标准，满足设计要求，实现设计目的的一系列管理活动。公路工程施工技术管理广义来讲包括施工机械设备选型配置、施工方案选择、工程进度设计编制与控制、测量试验控制、技术方案实施、材料选择加工、技术资料收集整理等各方面的管理工作，是与工程主体有直接联系的各种表现活动的总称。狭义来讲，公路工程施工技术管理内容包括技术保障、技术数据、技术文件有关的管理活动。

（一）技术管理的概念

1. 技术管理的作用

为保证施工活动的正常开展，获得高效、优质、低成本的效果，必须采取一定的施工技术措施。因此，制定技术措施、组织及协调技术活动等工作，就成为施工管理的重要内容。概括起来，技术管理工作的作用有以下四点：

（1）保证施工过程符合施工技术规范和合同文件的要求，在设计文件和图纸规定的技术要求及技术标准的控制下，使施工生产正常有序地进行。

（2）不断提高技术管理水平和施工人员的技术素质。依据一定的管理程序，有目的地分析施工中可能存在的技术薄弱环节并预先采取有针对性的措施，力求高质量地完成工程施工任务。

（3）通过对技术的动态管理，发掘施工中人工、材料及机械设备等资源的潜力，从而在保证工程质量和生产计划的前提下，降低工程成本，提高经济效益。

（4）通过技术管理，积极研究、开发与推广新技术、新工艺、新材料、新机具，促进企业技术管理现代化，增加技术储备和技术积累，提高企业的竞争能力。

2.技术管理的任务

技术管理的任务就是对项目施工全过程运用计划、组织、指挥、协调和控制等管理职能促进技术工作的开展，贯彻国家的技术政策、技术法规和上级有关技术工作的指示与决定。动态地组织各项技术工作，优化技术方案，推进技术进步，使施工生产始终在技术标准的控制下按设计文件和图纸规定的技术要求进行，使技术规范与施工进度、质量与成本达到统一，从而保证安全、优质、低耗、高效地按期完成项目施工任务。具体体现在以下三个方面：

（1）增强科学研究工作的开展，提高生产的现代化水平。通过提升科学研究，在工程结构设计方面尽量采用国内外先进的理论和技术；在施工方面要采用切实可行的先进工艺来缩短建设周期、降低工程成本；在工程质量方面要不断地进行研究和改进，确保工程质量要大力开展挖潜、革新、改造，提高施工生产的现代化水平。

（2）科学地组织各项技术工作，建立良好的技术管理秩序。建立和健全各项技术管理制度；贯彻执行技术规程、技术规范和技术标准，充分发挥技术力量的作用，大力开展技术革新和开发工作，不断采用新技术；开展全面质量管理，确保工程质量，组织安全生产和文明施工。

（3）加强技术研究的组织和技术教育的开展，努力提高机械化施工水平，做好信息情报和技术资料的管理，促进管理工作现代化。

3.技术管理的原则

为实现技术管理的任务，技术管理工作的基本要求如下：

（1）尊重科学技术原理，按照科学技术的要求办事。公路项目施工中的技术要求可分为两类，一类是只适用于公路施工活动的具体技术要求，主要包括施工工艺技术、操作方法、机械设备的使用、安全施工技术等方面的技术要求；另一类是适用于任何生产领域且带有普遍性的技术要求，如一切新技术的采用应先经过试验等要求。

（2）全面讲求经济效果。即技术管理工作要符合经济节约的原则。全面经济效果是与狭隘的经济效果相对立的。狭隘的经济效果只求本单位的和当前的经济效果，并把它作为衡量经济效果的唯一标准和尺度。全面经济效果则与此不同。第一，既要注意本单位的经济效果，还要看为整个国民经济带来的经济效果；第二，不仅要看当前的经济效果，还要看远期的经济效果，要把两者结合起来。为此，就要全面地进行技术经济分析，对重要的施工部分进行多方案比较。

（3）要贯彻执行国家的技术经济政策。国家根据不同时期的技术经济状况和自然资源的特点，依据科学技术的发展规律，对国民经济中的重大技术问题制定一系列的技术政策。这些政策保护了技术和经济的统一，应该贯彻执行。如：在公路建设方面的技术政策有节约木材的政策；节约能源和节约稀缺材料的政策；节约土地、保护农田的政策；保护环境的政策；等等。技术政策是有阶段性的，随着生产技术和经济水平的发展而变化。

（二）技术管理的特点

在公路工程项目施工过程中，施工技术管理工作呈现出有动有静、动静结合的特点。从管理因素和管理效益来看，它们又表现出不同的规律性。

1.因素性特点

技术管理因素主要指人员、措施及规章制度的影响，其表现出以下特点：

（1）项目施工技术管理的现场工作是明确固定的，即该项目施工技术管理的各项制度、标准、要求是确定的。

（2）项目主要技术负责人、工程各部分和工序的技术负责人是稳定的，以保证项目及工序的技术管理工作的连续性和交工、竣工资料的齐全、完整。

（3）项目的一般技术工作人员是随着工程进展的需要而增减、调整的，其技术措施是随着项目的内外条件的变化而作出相应调整的。

（4）工程队的主要技术负责人根据施工项目的需要巡回流动于各项目之间，检查、指导该队的技术工作。

2.效益性特点

施工技术管理具有先导性、时效性、动态性、规范性和经济性五个特点。

（1）先导性。所谓先导性是指技术工作要先行，要抓紧抓好施工前的技术准备和施工过程中的超前服务和预控。这是项目动态管理在空间上的"动"。推行项目动态管理，要充分利用公司智力密集的优势，组织好施工组织设计的编制工作，结合工程项目的特点，尽量采用新技术、新工艺、新材料、新机具。在项目实施前，集中力量规划好施工方案、主要施工机械的进出场时间并采取预控措施优化劳动组合。对特殊工种，采取先培训后上岗的办法。根据实际需要在不同项目之间动态调度各种生产要素，为工程项目的实施创造良好的技术条件。这种先导性的技术管理是项目动态管理取得成功的重要保证。

（2）时效性。所谓时效性就是要强调时间观念、提高工作效率。这是项目技术管理在时间上的"动"。对于一定的项目，施工过程有其客观规律性、阶段性和工期目标，而各生产要素的需求在时间上是变化的，动态管理就是一个寻求动态平衡的过程，因此，必须按网络计划的部署，准确、及时地完成施工准备、队伍调动、机械调配和材料供应等工作。而技术管理要在动态中跟踪做好超前服务，如及时进行交工技术资料的整理，做到与施工同步等。

（3）动态性。动态性是指把动态管理作为技术管理的核心，贯穿项目技术管理的全过程。要求改变把施工队伍成建制地固定在某一施工点上进行管理的传统静态做法，而应采取灵活机动的措施，因地制宜地使用人力、财力、机械、物资等活生产要素。一个施工队伍往往同时参与几个施工项目，各项目之间工期重叠，或处于不同的施工阶段，因此对资源的需求是此消彼长、错落起伏的。这就要求随时掌握资源、气候条件等施工要素的信息动向，及时收集整理各种原始资料，反馈质量信息，优化施工方案，制定切实可行的技术措施，做好技术管理工作。同时应指出，推行项目动态管理时，虽然人力、财力和物资诸生产要素是流动的，但由于实行了技术工作的统一领导和分级管理、项目总工程师责任制和岗位责任制等管理制度，使技术系统的质量保证体系在每一项目内保持相对稳定，因而可以充分发挥人的主观能动性和实现资源的优化配置。

（4）规范性。规范性即要求施工技术管理向标准化、规范化的方向发展。规范化是针对具体的工程项目，将先进的适用技术制定出规范性的施工方法并予以推广应用。项目动态管理条件下，技术管理规范化的一项重要内容就是采用工法制度。工法以工程为对象、以工艺为核心，用系统工程方法，将先进技术与科学管理相结合，形成具有实用价值的综合配套的新技术。工法既规定了工序、工艺要求、操作规程，又规定了相应的机械设备、劳动组合、质量标准、安全措施、材料消耗、经济分析及工程实例等内容，这与项目动态管理条件下的技术管理的特点和要求是一致的。这有利于增强企业的技术积累、技术储备和竞争能力，提高工作效率，确保安全和质量，最终提高企业的综合技术经济效益。所以，标准化工作是企业技术管理的重要工作之一。

（5）经济性。经济性就是要以明确的经济观点指导项目的技术管理，用有效的技术管理工作达到实现更好的综合经济效益目标的目的。因为竣工工程所具有的价值，由消耗资源、占用土地等要素的价值转移而形成，其中科技含量越高则经济效益越好。为此，要求通过科学合理的施工方案、先进可行的技术措施和周密细致的技术管理，来节省投资，提高经济效益。项目动态管理追求企业的整体效益，以提高企业整体技术水平为最高目标，技术管理的经济性以整个施工企业为对象。企业技术管理的综合经济效益，运用投入产出的观点，计算技术投资与其经济效益效果间的比率来衡量。据此，可用技术进步年效益率来考核施工企业的技术进步工作，其表达式为：

技术进步年效益率＝技术进步取得的年直接经济效益／年施工产值 ×100%

企业的施工产值一般是逐年增加的，这就促使企业通过加强技术管理，推进技术进步，提高经济效益来保证技术进步年效益率的稳步增长。

二、施工技术管理

(一) 施工准备阶段的技术管理

施工前的技术准备工作是为了创造有利的施工条件，保证施工任务顺利完成。其主要工作内容及基本任务是了解和分析建设工程特点、进度要求，摸清施工的客观条件，编制施工组织设计，合理部署和全面规划施工力量，制订合理的施工方案，充分、及时地从技术、物资、人力和组织等方面为工程施工创造一切必要的条件，使施工过程连续地、均衡地、有节奏地进行，保证工程在规定期限内交付使用，同时使工程施工在保证质量的前提下，做到提高劳动生产率和降低工程成本。在施工准备的诸项工作中，以网络计划技术为手段的施工组织设计的编制应列为中心内容。

施工组织设计既是指导一个工程项目进行施工准备和施工的基本技术经济文件，又是企业做好项目之间动态平衡的依据。根据各工程项目的施工组织设计，企业可在人力和物力、时间和空间、技术和施工组织上作出一个全面合理的安排，最大限度地合理规划人力、财力、物资、机械等在项目之间的合理流动，达到在动态中实现平衡的目的。项目动态管理加快了各项工作的节奏，施工组织设计的编制也应适应动态管理的需要。为此，应采取以下两项措施：

1. 加强施工组织设计编制的组织工作

工程承包合同签约以后，及时组织编制。大型工程项目由企业总工程师领导，企业技术管理部门具体组织，项目经理部及参加施工作业层有关人员具体编写。中小型项目由项目总工程师组织项目经理部技术管理机构和参加施工的作业层有关人员一起编写。为了加快编制进度，由组织编制者将编写内容列出提纲，对参加编写的人员明确分工，落实责任到个人，限定时间完成，再由主编汇总整理、组织讨论、修改定稿。编制过程中尽可能将文稿录入计算机，采用专用软件处理，最后将成果送技术管理部门审核。大型工程项目的施工组织设计报企业总工程师审定，企业经理批准中小型项目由项目总工程师审定，项目经理批准。

2. 管理标准化

施工组织设计的编制依据、编写格式、基本内容和编写审批程序应有统一规定，实行标准化管理。编制时尽可能采用图表形式，为组织集体编写创造条件。施工组织设计的编写内容包括工程概况、工程施工任务量、施工综合进度控制计划、施工资源安排、重点工程的施工方案和技术组织措施、工程质量管理和安全施工措施、施工总平面图布置、物资供应管理、预计存在的问题等。

（二）施工过程中的技术管理

施工过程的技术管理即施工现场技术管理，是施工技术管理的主要内容。项目经理部为了实现质量、工期、成本、安全的预定目标，搞好现场文明施工，必须加强施工过程的技术管理，其主要内容如下。

①搞好图纸会审，坚持按图施工。

②编制并优化施工方案或施工措施，包括施工技术组织、降低成本措施、合理化建议等。

严格按照施工组织设计和施工方案的各项要求组织施工，做好技术交流，认真执行规范和规程，保证施工质量和施工安全。

③及时检查施工进度和计划执行情况并根据实际变化有效地调整资源使用计划，确保工程按期完成。

④认真做好施工记录和隐蔽工程检查记录。

⑤做好施工技术资料的积累和整理，确保与施工进度保持同步。

在项目动态管理过程中，由于施工节奏快、工序施工周期短、人员流动频繁，因此，各种施工记录和隐蔽工程检查记录以及一切施工技术资料的积累必须及时，与施工进度保持同步。在施工过程中，记好施工日志，按规定填写各种交工技术表格，由各有关人员签字认可，并办理质量评定验收手续。对于每个分部工程，一旦施工完毕，必须及时将施工结果的真实情况记录在案。为此，项目经理部应结合网络计划节点考核，同时考核施工技术资料的积累是否与工程进度保持同步。企业管理部门也应定期组织到各项目施工现场巡视跟踪服务，检查和督促这项工作的开展情况。

在施工过程中推行技术系统目标控制管理，对于顺利完成各项技术管理工作是非常有效的。技术系统目标管理是方针目标管理在技术系统管理中的具体应用。其要求从技术管理、质量管理、安全技术、试验检测、计量管理、技术进步等方面，将方针目标层层展开，抓住主要控制环节，制定出实施对策并明确责任单位和完成日期。其核心是用现代化的管理技术与方法实行目标预控，体现管理的先导性和规范性。其措施和方法是从基础工作入手，进行全过程与全员的控制并通过层层相关的计划—执行—检查—总结循环运作，在动态中逐个实现分解的具体目标，从而在项目实施过程中保证总目标的最终实现。

（三）竣工验收阶段的技术管理

竣工验收是工程施工的最后一个环节，是全面考核施工成果、检验施工质量的重要技术管理阶段。它开展的主要工作如下：

①组织试验人员进行以试通车为主的全面实验检查。

②按单位工程组织预验收，填报竣工报告。

③整理交工报告，编写技术总结。

④向业主及监理工程师办理竣工验收和交工技术文件归档。

竣工验收阶段时间短、工作量大。因此，在该阶段应特别重视做好交工资料的收集和整理并与工程完工尽可能同步，保证迅速交工。

交工技术资料的整理有以下两项内容：一是指将平时积累的资料审查整理，检查有无错项和遗漏，使之成为一套完整齐全、先后有序、真实可靠、质量达标的竣工资料；二是指竣工图的绘制。由施工企业负责绘制的竣工图有两种情况，一种是按原图施工没有变动的，只要在原施工图上加盖"竣工图"章后，即作为竣工图归档。这种情况比较简单，工作量不大。另一种情况是在施工中仅做一般性设计变更，要求在施工图上标出修改的部位，并附上设计变更文件，或直接在施工图上修改，再加盖"竣工图"章。作为竣工图，这种情况的工作量较大。为了减少工作量、提高功效、缩短绘制时间，可采用刻有"此处有修改，见××号设计变更联络笺"和"此处有修改，见×月×日技术签证"的印章，并印在施工图的修改部位附近，再填上联络笺字号或技术签证日期，最后再加盖"竣工图"章，为了抓紧抓好交工验收及竣工验收工作，作业层和项目经理部必须在工程竣工后的一定时间（一般是1个月）内，将交工技术资料和竣工图整理装订成册，送交项目监理工程师审核，在一个月内与业主办理手续并返回技术资料一份，送交企业综合档案室存档。这一工作应视为施工进度控制网络计划延伸的最后一个节点，列入节点考核内容。

第六章　公路桥梁的养护管理

第一节　公路桥梁养护管理工程建构

随着我国公路建设的发展，排查安全隐患，对于存在隐患的桥梁的维修加固成为我国公路桥梁的重要工作。为了保证我国人民的生命财产安全，相关部门必须加大公路桥梁的管理工作。只有加强对桥梁公路的管理，才可以保证公路的健康运行，将其使用寿命延长，对于加快我国交通基础设施的建设具有十分重大的意义。

一、公路桥梁养护管理工程的概述

公路桥梁养护管理工程就是从管理层面研究公路桥梁养护问题的学科。追根溯源，公路桥梁养护管理工程是公路桥梁工程、管理工程与养护工程三大学科相互渗透并在其边缘之上发展的学科。公路桥梁工程的学科背景对其提出了定量分析的要求，如数学计算或工程建构结构分析等；管理工程的学科背景对其提出了定性分析的要求，如逻辑推理或辩证思维等；养护工程的学科背景对其提出了定性、定量分析相结合的要求，特别对养护经验的积累与沉淀提出了要求。

公路桥梁养护分为维护、小修、中修和大修。目前，全国各地对养护范围的划分也不尽一致，维护一般指保护性措施，如公路桥梁的保洁、疏通排水、勾堵缝隙、小量喷涂、零星补修、伸缩缝修理、护坡整修等。中修和大修的界限更难划分，故通常将中修和大修放在一起统称为大中修。公路桥梁大中修工程的作业范围比较广泛，一般划分是凡属小修工程的项目，除全桥改建工程外都属于大中修工程范畴，其主要内容有较大数量的修理的项目，合桥喷涂，更换构件、加固、加宽、加长以及各种改善性工程等。

二、公路桥梁养护管理工程的研究

公路桥梁养护管理工程是研究公路桥梁养护管理活动及规律的学科，其研究内容为公路桥梁养护管理理念、公路桥梁养护资源管理、公路桥梁养护质量控制与安全控制等。

（一）公路桥梁养护管理理念

公路桥梁直接关系行车安全与道路畅通以及公众的人身安全。近年来，各国相继发生在役桥梁和在建桥梁的垮塌事故，不仅让人们心存担忧，还引起了各国政府及世界桥梁工程界的高度关注。公路桥梁工程结构的安全性与可靠性及其所涉及的技术、管理、投资的立法问题，都已成为当前世界关注的焦点，既是发展中国家面临的技术课题，也是发达国家正在探讨和亟待解决的问题。很少有人去反思公路桥梁施工、养护管理中存在的问题和缺陷。公路桥梁施工、养护、维修检测的记录以及实践中的宝贵经验，值得研究和探索，以形成系统化、理论化的公路桥梁养护管理工作理念，来指导我们的实践，引导公路桥梁养护管理工作实现新突破。

1."桥路共养，桥梁优先"的管养理念

随着社会经济的发展和技术的进步，部分老旧公路桥梁如何承受当前车辆荷载要求等方面的问题日益突出。社会需要公路桥梁承载更大的交通量和承载量，公路桥梁的健康与安全维系着公路的安全与畅通。公路桥梁运营时，由于频繁承载，甚至超载，再加上自然界乃至自然灾害的侵袭以及交通事故等人为事端的侵袭，会造成损伤和局部破坏。随着使用年限的增长，公路桥梁的损伤种类和损伤部位会越来越多，其程度也会越来越严重。如果因设计和施工，导致一段公路桥梁"先天不足"，加上"后天失养"，那么运营中无疑是雪上加霜、问题丛生、病害加剧，将难以维持正常的使用状态。对运营的公路桥梁进行科学的经常性养护维修与管理，显得越来越重要。"桥路共养"是历史的必然，也是社会发展的需要。只有认真地、不间断地进行公路桥梁维修，才能保持公路桥梁的每个组成部分均处于健康状态，确保公路桥梁抵抗自然灾害的能力，在保证安全运营的同时，最大限度地实现和延长公路桥梁的设计使用寿命。

2."预防为主，安全至上"的工作方针

公路桥梁养护管理应贯彻"预防为主，安全至上"的工作方针。这一工作方针是公路桥梁养护管理工作的出发点和落脚点，指明了公路桥梁养护管理工作的思路和目的。"预防为主"体现了"凡事预则立，不预则废"的理念。高度重视公路桥梁养护管理工作，坚持公路桥梁日常巡查、日常养护，做到365天不放松，采取科学有效的措施进行公路桥梁预防性养护，保持公路桥梁健康，延长公路桥梁寿命。"安全至上"体现了"以人为本，以车为本"的理念。公路桥梁管理单位应严格执行公路桥梁养护管理的各项规章制度，及时进行公路桥梁的检查、检测和评定，按照公路桥梁技术状况分类采取养护对策，在未实施维修改造工程前，全部实行24h监控制度，认真组织实施养护维修、加固、改造工程，确保公路桥梁的安全运营。

3. "统一领导，分级管理"的管理体制

公路桥梁养护管理实行"统一领导、分级管理"的管理体制，根据"事权一致、责任清晰"的原则，按照监管单位和管养单位进行划分：省级公路局对全省干线公路桥梁养护负有监管责任；市级公路局对全市干线公路桥梁养护负监管责任；县级公路局对辖区干线公路桥梁养护负管理责任；公路站对辖区干线公路桥梁养护负具体管理责任；各级公路管理机构根据上级主管部门确定的职责，负责所管养公路桥梁的养护管理工作。上级公路管理机构对下级公路管理机构具有监管职能。各级公路管理机构必须明确负责桥梁养护管理工作的分管行政领导和具体技术人员，保证公路桥梁养护管理的各项职责得以贯彻落实。

4. "公路桥梁养护工程师"制度

公路桥梁养护专业性强、技术含量高，公路桥梁养护工程师作为公路桥梁养护措施的制定者和实施者，是保障公路桥梁养护质量优良的关键。按照监管单位和公路桥梁管养单位对公路桥梁养护工程师的职责、基本任职条件、定期培训考核等内容，分别作出了规定。公路桥梁管养单位的养护工程师应具有三年以上从事公路桥梁养护管理的工作经历，具有工程师及以上技术职称；公路桥梁养护管理监管单位的公路桥梁养护工程师应具有 5 年以上从事公路桥梁养护管理的工作经历，具有高级工程师及以上技术职称。应定期对持证公路桥梁养护工程师进行技术培训，并核发上岗证。公路桥梁养护管理技术人员经培训并参加考核合格后，才可持证上岗。

5. 公路桥梁养护工程"四制管理"模式

公路桥梁小修保养、中修工程由管养单位组织实施，大修、改建工程由地市级及以上公路局组织实施。公路桥梁大修、改建工程应实行项目业主责任制、招投标制、工程监理制和合同管理制的"四制管理"模式，通过招投标择优选择具备相应资质和能力的施工和监理单位。情况特殊不进行招投标的项目，应对被委托人的资质、业绩和信誉等有关情况进行审查。市级公路局制定和完善公路桥梁养护工程市场管理的规章制度，并对从业单位及人员实行信用管理，加强公路桥梁检测、设计、施工、监理等的市场管理工作，逐步构建统一公开、竞争有序的公路桥梁养护工程市场。公路桥梁大修、中修、改建工程完工后，应按照相关规定进行验收。工程实施后的公路桥梁技术状况必须恢复至一类或二类。

6. 公路桥梁检查"三问"

公路桥梁检查分为经常检查、定期检查和特殊检查。公路桥梁检查是公路桥梁养护工作的重要环节，也是公路桥梁养护的基础性工作。"为什么查？查什么？怎么查？"，通过这"三问"，能正确指导公路桥梁养护管理工作，贯彻落实好部、省公路桥梁养护工作制度，及时认真做好公路桥梁检查，准确作出技术状况评定，分类

制定养护对策。

为什么查？为了系统地掌握公路桥梁的技术状况，较早地发现公路桥梁的缺陷和异常，评定公路桥梁技术状况等级，进而合理地提出养护措施。

查什么？主要对公路桥面设施、上部结构、下部结构和附属构造物的技术状况进行日常巡视检查；定期检查是指按照规定周期，对公路桥梁结构及其附属构造物的技术状况进行定期跟踪的全面检查；特殊检查指在特定情况下对公路桥梁技术状况进行鉴定，以查清公路桥梁的病害成因、破损程度、承载能力或抗灾能力等。

怎么查？检查由县局负责，公路桥梁工程师组织实施，主要以目测配合简单工具进行，检查周期为每月不少于一次，汛期应增加检查频率；定期检查由市局负责，公路桥梁工程师组织实施，主要以目测结合仪器检查的方式进行，其检查周期一般不低于每三年一次；特殊结构桥梁应每年一次，特殊检查由市局委托具有相应资质的专业检测机构实施，公路桥梁工程师负责组织、协调、监督，采用仪器设备，通过检测或试验的方法，并结合理论分析，对公路桥梁的损害状况、病害成因、承载能力或抗灾能力作出科学明确的判定。

（二）公路桥梁养护资源管理

1. 公路桥梁养护人力管理对策

人力资源包括智力和体力两种，人力资源管理要与公路桥梁养护企业的战略目标一致，对养护岗位分析，使用各类人才，通过培训教育不断提高其工作能力，以绩效等作为激励手段。

2. 公路桥梁养护设备管理对策

设备管理要从设备的选购、使用、维修上实行全过程的管理，包括技术管理和资金管理两个方面，技术管理上要做好设备的选购、验收、调试、使用、修理、改造、更新等、资金管理主要指设备的投资、维修费用管理，设备管理能够保证设备的正常运行，促进技术改革，充分发挥设备的作用。

3. 公路桥梁养护材料管理对策

材料管理是公路桥梁养护管理中的主要部分，能够促进节约，有效防止材料的积压，加速流通，降低工程成本，提高资金的利用效率。材料管理要从采购、库存管理以及使用上分布做好控制，制定相应的管理对策。另外，公路桥梁养护还包括资金管理、时间管理以及信息管理等。

（三）公路桥梁养护的质量控制与安全控制

1.公路桥梁养护的质量控制

（1）做好对公路桥梁施工技术的准备

公路桥梁养护工作要想取得良好的效果，需要做好公路桥梁养护技术的前期准备工作。养护企业在工程建设的前期阶段，需要仔细审核工程建设的相关文件，全面了解养护周边的整体环境，做养护成本的预估算，将工程养护成本控制在一定的范围内，制订科学合理的养护方案。与此同时，作为公路桥梁的设计者，在前期阶段，需要检查设计图稿，确保图稿在实际养护中的可实施性。此外，养护人员在养护过程中需要严格按照设计图稿的要求来进行工程建设。如果在建设的过程中发现工程存在质量问题，需要报告给相关管理部门，从根本上提升公路桥梁工程的质量，避免在养护的过程中出现人员伤亡，保证养护人员的安全。例如，在某一桥梁工程施工管理时，为了能够提升管理工作的有效性和针对性，要能分析图纸，包括纵面和横断面两种，在分析横断面时，要兼顾考虑钢箱梁。

（2）采用先进的公路桥梁养护技术

在我国发展现阶段，科学技术随着经济的不断发展得到了很大程度的提升，在公路桥梁养护过程中不断引进先进的技术，对提高公路桥梁工程的养护质量提供了很大帮助。作为公路桥梁工程养护工作的承建企业，养护单位在施工中采用新技术的同时，需要保证工程施工的科学性。针对技术不成熟的情况，需要进行反复试验，确保工程养护质量能够达到国家相关标准，保证工程使用过程中不出现质量问题。此外，养护工作人员在工程养护过程中遇到新问题，需要保持冷静，采取科学的方法合理解决养护工作中存在的问题。通过利用先进的公路桥梁养护技术，显著提升公路桥梁工程的养护质量，进而保证公路桥梁工程在后期使用时不出现质量问题。

（3）加强对公路桥梁养护技术安全方面的管理

安全性是公路桥梁养护过程中需要注意的重点问题，安全性直接关系公路桥梁工程能否正常养护，同时对工程质量也有重要影响。因此，工程承建企业需要在养护过程中加强对公路桥梁养护技术安全方面的管理，加强对养护人员的安全宣传教育，增强养护人员的安全意识，确保工程养护能够规范化进行。此外，加强提升养护人员的综合素质。在养护过程中真正实现安全性与质量并存，从而推动我国公路桥梁工程养护向更高水平方向发展。

（4）做好对公路桥梁质量的监督和检查

作为公路桥梁工程养护工作的承建企业，在工程养护过程中需要加强对公路桥梁质量的监督和检查，从根本上加大养护技术管理的力度，不断提高养护人员在工程建设过程中的积极性。做好公路桥梁质量工作能够有效提升公路桥梁建设的总体质量，从而保障公路桥梁的交通安全，促进我国居民生活质量的提升。例如，在监督检查时，要从锚固筋、边梁、中梁、承压支座等不同的结构点入手，通过分析和判断了解桥梁施工过程中存在的问题，并选择相应的解决措施，改进公路桥梁的施工质量。

2. 公路桥梁养护的安全控制与改进

安全管理是指在生产过程及其相关活动中，防止意外伤害及财产损失的管理活动。它利用计划、组织、控制等管理职能，运用人力、物力、财力等管理资源，消除来自外界以及人为的不安全因素。其根本目的在于防止伤亡事故的发生。

公路桥梁养护行业的特殊性为安全管理带来了困难，主要反映为以下几点：公路桥梁养护为露天作业，易受到阳光、风、雪、雨、雷、电等自然条件的影响及伤害；公路桥梁养护为混合作业，参加工种多、涉及技术多样，稍有不慎就可能造成事故发生；公路桥梁养护为流动作业，战线长、地点不定，容易发生疏忽且养护安全条件参差不齐；公路桥梁养护高空作业频繁，作业时脚下多为深沟大河而非安全网（与建筑行业相比）；公路桥梁养护机械化水平较低，多依赖于人工作业，而人的行为通常是导致事故的要因。公路桥梁养护是为了保障公路桥梁安全，但其本身接触到的大多为三、四类公路桥梁甚至是更危险的公路桥梁。

公路桥梁养护安全管理的要点：以人为本，与生命相比，任何经济损失都是微不足道的，首先应保护人员免遭伤害；预防为主，公路桥梁养护安全管理应将"防"作为核心，与其亡羊补牢，不如未雨绸缪；动态管理，与公路桥梁养护动态管理相一致，应进行全天候、全方位、全过程的安全管理。

针对上述特性及要点，下面将从公路桥梁养护事故的分析入手，对安全控制与改进提出相应对策。

公路桥梁养护事故是指公路桥梁养护过程中突然发生的人员伤亡、机物损毁、环境破坏等意外事件。从以人为本的原则出发，将它们分为一般事故（机物损毁或环境破坏但人身没有受到伤害的事故）与伤亡事故（人身受到伤害或有人员死亡的事故）。公路桥梁养护事故具有偶然性（公路桥梁养护事故是随机事件，发生时间、地点及程度很难预测，应高度警惕）、必然性（"偶然中通常蕴含着必然"，公路桥梁养护事故并非完全没有规律，应仔细分析）与预防性（公路桥梁养护事故很难预测，但并非不能预防，应通过事前努力将其降至最低）特点。在公路桥梁养护事故成因上主要分为人的不安全行为、物的不安全状态、环境的不安全影响与管理问题。针对这些，下文中提出了公路桥梁养护的安全控制与改进方法。

(1) 公路桥梁养护安全控制

公路桥梁养护安全控制是指在公路桥梁养护中，为了养护者及用路者的人身免遭伤害、机物免遭损毁、环境免遭破坏而采取的技术与活动。

针对人、物、环境等公路桥梁养护事故因素，通过控制管理，作出相应对策。

针对人的对策有以下几点：基层养护工作者要进行安全技术培训，使这些员工学会保护自己；养护设备操作者需要进行岗前培训，使其懂构造、懂性能、会使用、会排障、会保养；养护喷涂操作者必须穿戴好口罩、手套等防护用具，身体不适应立即停工，禁止明火；养护高空作业者必须佩戴安全帽、安全带，工具抓牢放好，即便是螺丝钉也禁止乱丢；养护现场用路者，在驾驶员培训中加入养护教育环节，使他们理解并配合公路桥梁养护工作。

(2) 公路桥梁养护安全改进对策

同质量改进一样，公路桥梁养护安全改进的目标也是要超越现状，即针对公路桥梁养护中存在的安全问题，采取措施，寻求突破。下文将从 SC 小组及 PDCA 两个角度，作出对策。

SC 是英文 Safety Control 的缩写。本对策沿用了 QC（Quality Control）小组的思想，设计了公路桥梁养护安全管理小组。小组的活动程序是选择安全改进课题、命名安全改进课题、组建公路桥梁养护安全管理小组、设定安全改进目标分析安全事故原因、确定安全事故原因制定安全改进政策、实施安全改进政策、检查安全改进政策与总结安全改进成果。

公路桥梁养护安全管理是一项多变的、需长期改进的工作。以动态改进、良性循环的思想，将复杂的公路桥梁养护安全管理工作分为四个阶段：P 计划、D 实施、C 检查与 A 处理。

三、公路桥梁养护管理工程的研究方法

(一) 历史法

即从历史事件中吸取教训、避免重演，从前人管理思想中，有所吸收、有所发展等。

(二) 比较法

有比较才有鉴别。以引进公路桥梁管理系统为例，至少应进行以下三个方面的比较：第一，引进与国产的比较，这样才能找到该领域同发达国家的差距，明确今后的努力方向。第二，与国外公路桥梁管理系统间的比较，应吸取 20 世纪 80 年代

初引进工业设备的教训。第三，国内外适用范围的比较，从适用出发，切忌生搬硬套，应考虑系统的后期费用。

（三）案例法

公路桥梁养护管理者可通过对典型案例的分析、研究，总结出公路桥梁养护管理的问题、经验和原则。如通过研究国内外公路桥梁养护管理项目的案例，总结教训，汲取经验。又如，通过研究国内外实事公路桥梁案例，得出公路桥梁养护全寿命周期的理念。

第二节　公路桥梁养护管理的理论体系

一、公路桥梁养护流程原则

我国公路桥梁随着社会经济的进步逐年增多，人们越来越重视有关公路桥梁的质量问题。近年来，由于国内外重大桥梁事故的频繁发生，给人们敲响了警钟，加大了对公路桥梁养护决策与管理的研究，成为研究的热点。做好养护决策与管理工作可以使公路桥梁的使用寿命延长，对我国公路桥梁的安全长久运营有着极其重要的意义。

公路桥梁建设作为一项关乎民生的工程，积极地做好管理养护工作具有重要意义。随着交通流量的不断增加，只有积极地做好管理和养护工作，才能够确保公路桥梁的正常使用，避免安全事故的发生。

（一）流程再造的原则

流程再造的原则有很多，在此仅简单介绍其核心原则（指导变革根本方向）和可行性原则（保障变革顺利进行）。

1. 流程再造核心原则

流程再造核心原则即坚持以流程（而非职能）为导向，坚持以人为本的团队式管理。

2. 流程再造可行性原则

流程再造可行性原则即围绕结果（而非工序）进行组织，充分尊重当事人的意见。

（二）公路桥梁养护流程再造六阶段法

1. 构思设想阶段

公路桥梁养护流程再造首先要得到高层领导的支持。基于他们的理解，考虑技术与经济条件，结合公路桥梁养护发展整体战略，确定需要改善的公路桥梁养护流程。

2. 再造启动阶段

再造启动阶段有建立公路桥梁养护流程再造小组；通知相关管养单位；制定再造计划和预算；设立再造标准并进行成本效益分析；确定公路桥梁养护流程再造的绩效目标。

3. 分析诊断阶段

分析诊断阶段即对现有公路桥梁养护流程及子流程建模；描述各流程属性，如养护管理责任、养护资源、养护信息等。分析现有公路桥梁养护流程中存在的问题及其产生原因。

4. 流程设计阶段

流程设计阶段可通过头脑风暴法等技术，提出公路桥梁养护新流程的各种可能方案；新方案应满足公路桥梁养护战略目标；应建立公路桥梁养护新流程的模型并作出相应的说明。

5. 流程重构阶段

流程重构阶段即通过变化管理技术确保新、旧流程的平稳过渡。该阶段需完成公路桥梁养护员工的新流程培训，配合好公路桥梁养护组织结构和运行机制的转型。

6. 监测评估阶段

监测评估阶段需要监测和评估公路桥梁养护新流程的绩效，确定其是否满足预定的目标，通常可以和全面质量管理联系起来，该阶段若发现问题应及时解决、补救。

二、公路桥梁养护集成管理

针对我国公路桥梁养护管理现状及存在的问题，提出应用相互关联的公路桥梁养护管理单元来实现公路桥梁养护的集成管理，以养护工作为管理核心，使养护的成本、质量、进度、管理、责任体系、信息管理形成一个有机的整体。

（一）公路桥梁养护集成管理概述

公路桥梁养护管理体系是一个复杂的系统，可分解成相互关联的桥梁养护管理

单元 (层次、模块、元素等)，并使各管理单元明确自己的责、权、利及在管理体系中的地位、作用。

1.公路桥梁养护集成管理的特性

（1）放大性

公路桥梁养护集成管理的最终目的是实现公路桥梁养护管理要素功能及优势的整合。公路桥梁养护集成管理的功能放大效应不是简单组合或叠加的结果，而是一种非线性的功能变化及功能涌现。

（2）主动性

公路桥梁养护管理集成的实现及运行与人的主动行为密不可分。它要求管理者具有创造性的思维能力，要求养护者积极参与，进而形成优势互补，最终发挥出集成团队的能量跃变作用。如公路桥梁养护虚拟集团就是由公路桥梁养护管理高层主动创造，从不同企业主动选取桥梁养护所需的优势资源，进而集合成的动态网络联合体。

（3）多样性

传统公路桥梁养护管理中，人、机、料、金、时、息是基本管理要素。公路桥梁养护集成管理中，还增加了知识、技术、方法等管理对象，涉及的集成要素数量众多且复杂多变。如公路桥梁养护团队既是人的集成，又是技能的集成，还是知识的集成。又如，公路桥梁养护虚拟集团既是养护企业的集成，又是养护资源的集成，还是养护知识的集成。

（4）互补性

公路桥梁养护集成管理强调集成要素的相互融合、协同互补，以弥补知识的不足，集成互补而产生的整体倍增效果。

（5）泛边界性

公路桥梁养护集成管理采用了全新的思维方式，拓宽了公路桥梁养护资源优化配置的范围，其触角由公路桥梁养护机构的一个层面延伸到多个层面，由单个机构延伸到多个机构，打破了公路桥梁养护机构内 (间) 的界面，甚至打破了公路桥梁养护行业与其他行业的界面，实现了公路桥梁养护机构 (行业) 内部各要素与外部资源的优势互补、集成共享。公路桥梁养护集成管理"内部优势外在化，外部资源内在化"的要素整合，使得传统公路桥梁养护机构中"非此即彼"的明确组织边界变得越来越模糊、越来越难以确定，呈现出泛边界性。

2.公路桥梁养护集成管理的原则

（1）整体性原则

系统论的基本思想是整体性、综合性，整体效应是系统论最重要的观点。个人服从集体、少数服从多数、局部服从全局，从一定程度上说明了这个观点。公路桥梁养护集成管理也要把握这一原则，从全局出发，运用系统的观点和原理进行分析，使公路桥梁养护管理集成体系成为一个严密、合理的结构，具有最大的整体功能。该原则还应从集成的时间和空间布局两个方面加以认识：从时序考虑，公路桥梁养护集成管理应将近期、中期与长远目标结合起来，统筹规划；从地域考虑，公路桥梁养护集成管理应注意到地区间经济、能力的差异，使得公路桥梁养护资源均衡分布，达到整体最优化。

（2）整分合原则

整分合原则是集合与分工关系问题的升华，在公路桥梁养护管理集成体系建立初期就应对可能影响全局的问题认真分析并周密部署，以实现整体最佳为最终目标；在强调分工重要性的同时，应看到分工并非集成管理的终结，因为公路桥梁养护分工后的各个局部可能在时间、空间、数量、质量等方面有所脱节；必须在公路桥梁养护纵向分工间建立起紧密的横向联系（组织保障），使各个局部协调配合，平衡发展；整体把握，重视分工，组织综合，这就是桥梁养护集成中整分合原则的要义。

3. 公路桥梁养护中集成管理的分类

公路桥梁养护管理集成按集成对象的不同可分为多种：既有桥梁养护资源的集成，又有公路桥梁养护方法的集成；既有时间的集成，又有空间的集成。

（二）公路桥梁养护组织集成对策

1. 公路桥梁养护组织集成的概念与特征

公路桥梁养护组织集成是指为了有效地利用公路桥梁养护机构（行业）内外部的优势资源，为了配合其他类型的公路桥梁养护集成管理活动，对公路桥梁养护组织的目标、结构、形态等进行集成，其实质是"此亦彼"，以诚信和契约为基础，以集成手段形成的一种泛边界网络组织模式。按集成对象的不同，虚拟公路桥梁养护单位、分析与设计，以期最大限度地提高组织运行效率的一种组织过程和结果。

将具有不同功能的公路桥梁养护组织要素集成为一个有机组织体的行为过程。桥梁养护集成化组织的主要特征有以下三点：精锐化、柔性化、泛边界化。

（1）精锐化

公路桥梁管养部门业务多样，人员超编，却未能建立起专业化养护队伍，起不到公路桥梁养护的中流砥柱的作用。机构冗杂已成为公路桥梁养护传统职能式组织结构的一大弊病。集成组织的精益化要求在公路桥梁养护组织结构的设计中去掉多余的东西，只保留最有效、最精干的部分，从而达到先"精瘦"再"精锐"的目的。

（2）柔性化

公路桥梁养护集成组织的柔性化表现在以下两个方面：一方面是对桥梁病害的不确定性，面对桥梁养护技术与材料的日新月异，公路桥梁养护组织应能及时、实时地作出反应；另一方面是对多变的市场经济，公路桥梁养护组织应具有快速响应市场变化的能力，应做到"宜分则公路桥梁施工组织与养护管理分、宜合则合"。

（3）泛边界化

公路桥梁养护管理的集成化打破了传统模式，公路桥梁养护的组织管理方法也都趋于模糊，导致公路桥梁养护集成组织的泛边界化。

2.公路桥梁养护组织集成对策——虚拟养护组织

桥梁养护组织集成的对策多种多样，这里仅就虚拟桥梁养护组织做一简单研究。

（1）虚拟桥梁养护组织的概念

虚拟一词在计算机科学中指通过灵活调用外围设备等资源，弥补主设备功能的不足，在企业组织中指为了突破企业的有形界限，扩大企业资源的优化配置范围，借用外力，通过集成管理，加速自身发展的一种企业组织形式。虚拟公路桥梁养护组织是指为了突破传统公路桥梁养护组织的有形界限，扩大公路桥梁养护资源的优化配置范围，以"不求引人、但求引智；不求所有、但求所用"等思想为基础，以诚信和契约为纽带，通过集成手段形成的一种泛边界网络组织模式。按集成对象的不同，虚拟公路桥梁养护组织可分为虚拟公路桥梁养护团队与虚拟公路桥梁养护集团。

（2）虚拟公路桥梁养护团队对策

公路桥梁养护行业急需专业技术人才与管理人才，桥梁养护人员的价值取向在市场经济中也发生了变化。因种种问题，养护行业通常留不住人才，有数据表明，越是经济发达的地区，人才密度越高。这种人才分布的非均衡性在公路桥梁养护中亦有所体现，导致欠发达地区公路桥梁养护人才短缺而发达地区却人才过剩。就单个公路桥梁养护组织、企业而言，也不可能要求所有人才或苛求员工都是全才。鉴于上述原因，以"不求引人但求引智"为主导思想的虚拟公路桥梁养护团队应运而生。

它依靠市场运行机制，以诚信及契约为纽带，动态集聚和利用了不同地域、不同单位、不同行业的公路桥梁养护人力资源，从不同渠道整合了关于公路桥梁养护的各种意见、经验及技术，实现了人才集成、知识共享、优势互补。

①明确团队目标

与普通团队一样，虚拟公路桥梁养护团队也是针对具体目标或任务建立的。

②人才短缺分析

分析公路桥梁养护组织缺乏什么样的人才，需要哪方面的经验、意见等。例如，某些公路桥梁养护企业在公路桥梁评定环节较薄弱，则可以考虑引进评定方面的经验与技术。

③获取人才信息

利用互联网、行业推荐等手段获得公路桥梁养护人才信息，建立人才库。

④建立团队联盟

联系公路桥梁养护人才，交流、谈判并签约。虚拟公路桥梁养护团队主要有以下五种人才来源：社会上关心公路桥梁养护事业的热心人士；高等院校公路桥梁养护专业的教授或资深教师；科研院所的公路桥梁养护专家；公路桥梁咨询公司在养护领域的业务代表；实力雄厚的公路桥梁养护企业中暂时空闲、可以短期租用的人力资源。后四种人才来源存在着两层约束，即单位与单位的契约、单位与个人的契约，利益分配时会更复杂些。对于第一种人才来源应热情鼓励，因为公路桥梁养护事业从某种意义来说是一种社会公益事业。

（3）虚拟公路桥梁养护集团对策

传统公路桥梁养护企业壁垒森严，严重阻碍了公路桥梁养护信息等资源在部门之间的流动。传统公路桥梁养护企业受计划经济影响，在公路桥梁养护设备配置问题上追求"大而全""小而全"，造成了一方面设备闲置、利用率低，另一方面购买新设备却资金短缺的怪圈。就单个公路桥梁养护企业而言，也不可能配齐所有的公路桥梁养护设备或频繁地更新设备，面对市场经济压力，公路桥梁养护企业普遍存在着资金不足、技术创新能力薄弱等瓶颈。鉴于上述原因，以"不求所有，但求所用"为主导思想的虚拟公路桥梁养护集团应运而生。

虚拟公路桥梁养护集团依靠市场运行机制，以诚信及契约为纽带，动态集聚和利用了不同地域、不同企业、不同行业的公路桥梁养护资源，打破了传统公路桥梁养护机构的组织界限，促成了公路桥梁养护企业及相关企业间的强强联合、弱弱联合与强弱联合，实现了企业集成、资源共享、优势互补。其建构方法如下：

①明确全局目标

与虚拟公路桥梁养护团队一样，虚拟公路桥梁养护集团也应有其具体目标，但该目标应放眼全局。将虚拟公路桥梁养护集团的目标定位于：通过借力整合，以有限的公路桥梁养护资源，获得最好的养护效果（社会效益＋经济效益）。

②建立市场秩序

可通过设立公路桥梁养护行会、协会，完善公路桥梁养护项目招投标制度、制定并贯彻相关法规等途径为公路桥梁养护建立有序的市场环境，这也是本对策的根本前提。

③资源短缺分析

分析公路桥梁养护企业缺乏什么资源，有哪些资源可以共享等。例如，某些公路桥梁养护企业机械化水平较低，则可以考虑从其他养护企业或租赁公司租借所需的设备；某些公路桥梁养护企业取得了某一技术领域的研究成果，可以考虑集团共享或有偿转让。

④整合企业信息

利用互联网、交流会等手段整合公路桥梁养护企业信息，建立企业信息库。

⑤建立企业联盟

公路桥梁养护企业与相关企业间的交流、谈判与签约。虚拟公路桥梁养护集团除传统意义上的公路桥梁养护企业外，还吸收了很多外围企业，如租赁公司、咨询公司等。

3. 公路桥梁养护组织集成思想的培养

公路桥梁养护组织集成成功与否还取决于公路桥梁养护工作者的观念能否与时俱进。为了使公路桥梁养护者了解并理解组织集成的内容及意义，应着重从以下四个方面进行培养：

（1）整体观念的培养

整体观念是组织集成思想的主要内容。传统公路桥梁养护组织中，小到养护段的日常保养，大到某条线路公路桥梁的全线改造任务，各部门都以其局部利益为基础来完成各自的养护任务，各部门间缺乏联系，各自为政，"只见树木，不见森林"，严重影响了公路桥梁养护事业的健康发展。组织集成需要将各部门的公路桥梁养护资源充分利用，肯定会触及某些部门或人员的利益。所以，必须通过整体观念的培养，使公路桥梁养护各级工作者（特别是部门领导）树立整体观念，站在"求生存、求发展"的高度认识组织改革。

（2）沟通观念的培养

公路桥梁养护专业性较强，各个技术部门有着不同的运作方式和行为规则，机构内、机构间、行业间沟通困难、信息不畅。加强沟通、增进交流是公路桥梁养护组织集成的前提，也是公路桥梁养护组织集成的目的，只有积极培养沟通观念，才能真正打破传统的组织界限，有效整合组织要素，实现公路桥梁养护组织集成的功能放大作用。

（3）共享观念的培养

公路桥梁养护组织集成的目的之一，就是通过借力整合，实现公路桥梁养护要素间的优势互补。这种互补既是桥梁养护设备、材料、资金等硬件的共享，又是公路桥梁养护知识、信息、技术等软件的共享，由此对公路桥梁养护共享观念的培养提出了要求。

（4）学习观念的培养

不论是虚拟公路桥梁养护团队，还是虚拟公路桥梁养护集团，组织的集成都并非一蹴而就，更非一劳永逸，而是一种循序渐进、不断进步的变革。这种变革要求组织成员不断提高自身素质，以适应多变的环境。通过树立学习观念，可以使提高业务素质成为公路桥梁养护组织成员自觉的、主动的、积极的行为，使组织永葆活力。

（三）公路桥梁养护工序集成对策

随着我国公路桥梁老龄期的临近，公路桥梁养护工作的规模日益扩大、种类日益繁多，成百上千个工序在不同时间、不同地点交替进行着。这些种类繁多、数量惊人的公路桥梁养护工序单元成为一个复杂的巨大系统，按照前面的集成思想，对它们进行分解、整合很有必要。公路桥梁养护工作应运而生，它建立于工作分解结构与模块化等思想基础之上。工作分解结构是一种用来熟悉工程结构，全面分析工程项目的方法。它按照系统原理将项目分解成相互独立、相互影响、相互联系的项目单元，并通过项目管理将所有单元合成为一个工作整体，以达到综合计划与综合控制的要求。先分后合、合中有分的桥梁养护集成思想与 WBS（Work Breakdown Structure）理念是一致的。模块指能完成一定功能的相对独立的子系统。一个系统可以分为不同的模块，各模块间通过标准化的接口进行协调与交互；模块化指将单元独立设计，但作为一个整体运转。模块化思想在现代管理领域较为常见，常应用于组织复杂的过程。

（四）公路桥梁养护知识集成对策

公路桥梁养护知识集成是指通过对分散在公路桥梁养护者头脑中及不同养护部门间的知识进行捕获，实现知识共享，运用集体的智慧提高公路桥梁养护的创新能力。其具体方法有：第一，文档法，通过论文、教材、著作等文字载体集成公路桥梁养护者的宝贵经验并广为传播。第二，编码法，通过编码实现公路桥梁养护知识的有序化，使存储、检索与共享知识更加方便。第三，网络法，通过网上论坛、电子邮件等网络工具实现公路桥梁养护隐性知识的交流与共享。第四，激励法，通过奖金、晋升等手段鼓励公路桥梁养护的成功经验共享化、隐性知识显性化。

三、公路桥梁养护全寿命周期

公路桥梁养护全寿命周期为：规划—立项—设计—施工—竣工—经营—老化—

拆除。从立项到拆除所经历的周期称作桥梁全寿命周期（Bridge's total Life Cycle, BLC）。公路桥梁养护工作自竣工之日才算正式开始，且通常是老化之后才得到重视，但应指出：BLC 中从规划、立项、设计、施工、竣工直至拆除各项工作与养护工作都有着不同程度的联系。就养护论养护，充其量只能治标，要治本就必须在 BLC 内考虑养护问题。公路桥梁设计、施工等起始环节将直接影响公路桥梁的质量，进而增加养护工作的难度。公路桥梁养护是一项系统工程，需要公路桥梁设计、施工、养护、管理等单位的协调沟通。

（一）公路桥梁全寿命周期中涉及的养护问题

公路桥梁设计时，忽略了构件在检查时的可视性与维修时的可换性。如宜宾南门桥的吊杆在设计时，因没有考虑吊杆下端的防腐检查问题，出事后才发现腐蚀严重。

公路桥梁设计时，对耐久性考虑不够、安全意识不足，加速了桥梁的老化，增加了养护压力。公路桥梁建筑材料选用时，未考虑建桥地区的环境因素。

公路桥梁施工时，不合理地加快施工进度。通过优化作业、技术创新等途径提前完工的做法应该提倡，但少数单位为了在某重要节日前完成献礼工程，用行政手段压缩工期的做法就值得商榷了。公路桥梁设计、施工时，未考虑检查、检测等需要，导致竣工后养护工作的诸多不便。

（二）预防性养护在公路桥梁全寿命周期中的应用

随着社会经济的快速发展，我国公路桥梁建设也得到了快速发展，对人们的生活有着重要作用。但是随着公路桥梁使用时间的延长，出现了一些问题，严重地影响了公路桥梁的使用寿命，并且增加了公路桥梁的养护成本。因此，为了改善公路桥梁状况，就需要对公路桥梁进行预防性养护。预防性养护不仅能节约公路桥梁全寿命周期的养护成本，还能够减少养护的时间。因此，必须做好公路桥梁的预防性养护工作，明确其在公路桥梁全寿命周期中的重要性。

1. 公路桥梁全寿命周期中预防性养护的重要性

在公路桥梁全寿命周期中，预防性养护具有十分重要的作用。预防性养护可以从狭义上与广义上进行理解，并且，站在不同的角度上进行预防性养护分析时，能够达到一样的目的，即改善公路桥梁的状况，延长公路桥梁的使用寿命，使得公路桥梁的功能能够得到正常发挥。采用预防性养护对公路桥梁进行养护时，能够在很大程度上降低公路桥梁全寿命周期的成本。路面全寿命周期成本是从路面建成投入使用到下一次面的结构性整体大修或重建的时间段内产生的建设费用和养护费用之和。公路桥梁的预防性养护能够大大地降低各部分的成本，从而节约养护的成本。及时对公路桥梁进行预防性养护，不仅能够节约成本，还能减少公路桥梁全寿命周期的养护工程量，确保公路桥梁一直处于良好的使用状态，保证公路桥梁交通的质量。在目前的公路桥梁养护中，普遍使用的是矫正性养护措施，即对出现问题的公路桥梁进行修复、补救，但是该养护措施的养护经费与养护目标很矛盾严重地影响了公路桥梁的养护。而采用预防性养护能够有效地遏制公路桥梁病害的发展，不仅能够最大限度地延长公路桥梁的使用寿命，还比较经济。预防性养护在公路桥梁全寿命周期中具有技术措施先进、理论基础坚实、经济效益显著、工作程序规范以及决策体系科学等优点，对公路桥梁的养护具有重要价值与积极意义，必须加强对公路桥梁预防性养护的研究。

公路桥梁建设对我国现代化发展非常重要，完善的公路桥梁网络不仅能够促进经济的发展，还可以拉动内需，推动交通事业的进步。在公路桥梁的养护工作中需要将预防性养护作为公路桥梁全寿命周期中的重点。大量研究表明，质量合格的公路桥梁，在其全寿命周期中75%时间段内，公路桥梁的使用性能将下降40%，通常将这个阶段称为预防性养护阶段。在预防性养护中，应该对公路桥梁进行及时养护，避免由于养护不及时导致后续12%全寿命周期阶段公路桥梁性能的下降。及时地进行预防性养护，不仅能够节约养护成本还能保证公路的使用性能。

在多个国家中，预防性养护被广泛应用，并且取得了非常好的养护效果。在公路桥梁全寿命周期中，通过一系列预防性养护措施的应用来延长公路桥梁的使用寿命、确保公路桥梁状况良好的过程被称之为预防性养护。在预防性养护过程中，不需要增加附属设施，公路桥梁系统就能够实现公路桥梁状况的改善。防患于未然就是公路桥梁全寿命周期中预防性养护的核心理念，并且将经济性最优作为养护的基础。所谓的预防性养护就是通过最小的寿命周期成本进行公路桥梁的预防养护，从而改善公路桥梁状况。

2. 公路桥梁全寿命周期中的预防性养护决策及应用

(1) 公路桥梁预防性养护技术评估

在预防性养护工作中，需要做好预防性养护技术评估工作，并且将适当养护措施的选择作为评估工作的目的。在进行预防性养护工作时，应该对养护技术措施的经济性、合理性、适用性以及可靠性进行充分的考虑分析。首先，需要对减缓预期病害、被预防或者发生病害的养护技术措施进行明确，对养护技术进行评价。其次，对公路桥梁的环境、交通、气候以及路面状况等进行评价。最后，评估公路桥梁在养护后所花费的养护成本与预期寿命。在公路桥梁全寿命周期的预防性养护工作中，主要的预防性养护技术措施有灌缝、喷雾封层、微表处以及热沥青混合料罩面等几种。在进行公路桥梁的预防性养护时，应该结合公路桥梁的实际状况进行养护技术的选择，采用合理的预防性养护技术对公路桥梁进行养护，从而节约养护成本，延长公路桥梁的使用寿命。因此，必须加强对公路桥梁预防性养护技术评估的研究。

(2) 预防性养护最优时间的选择

在公路桥梁全寿命周期的预防性养护中，占据核心地位的就是预防性养护最优时间的选择，同时对预防性养护经济性有着重要的作用。在进行公路路面的养护时，想要节约养护成本，将其降到最低，就需要选择最优的预防性养护时间。在进行预防性养护最优时间的选择过程中，经常使用的方法就是寿命周期成本分析法，寿命周期成本分析法即寿命周期成本评价。在公路桥梁全寿命周期的预防性养护决策中，为了得到全寿命周期的最低成本方案，就需要在整个周期内进行养护技术措施的应用，在不同时间段内通过对比选择最经济的成本方案，这也是预防性养护决策分析的特殊点。预防性养护最优时间的选择对公路桥梁全寿命周期有着非常重要的影响，必须加强对最优时间选择的研究。

(三) 公路桥梁养护全寿命周期对策

将 BLC 中规划、设计、施工、运营、养护等各个环节通过充分的信息交流集成为一个整体，使信息在各环节间能准确、充分的传递，各阶段参与方能有效地沟通与合作。

公路桥梁设计时应提高安全系数、选材时应考虑耐久性及环境因素、施工时应保证工期。公路桥梁设计单位应附带提出不可更换构件检查、维修的要求，不应将难题留给养护单位。公路桥梁养护单位根据设计部门的要求，认真落实不可更换构件的养护细则，并及时反馈问题。公路桥梁设计的易损构件应便于更换，如盆式橡胶支座，墩顶应预留千斤顶的位置。在大型桥梁设计中，重要部件应使养护人员易于接近；箱梁构造应便于养护人员通过；主梁及墩台内部的尺寸至少不应妨碍检测仪器、维修设备的运送与放置；桥面人行道应可供检查车行驶；国外谷架桥梁墩台做成空心以方便检查的方案值得借鉴。桥梁施工时在梁侧及墩台上预设小孔，便于竣工后桥梁养护时悬挂脚手架。公路桥梁施工时在桥上预留养护便道，便于竣工后桥梁检查、检测、维修等工作的开展。公路桥梁养护全寿命周期理念已经体现在工作的各个方面，如交通部已下发文件，从规划设计阶段就要考虑桥梁的使用成本和耐久性，并开展了这方面研究的课题，提高公路桥梁的耐久性，节约工程全寿命成本。

第三节　公路桥梁养护管理内容

随着公路网络的逐步完善，道路等级的普遍提高，公路通车里程的不断增加，公路桥梁养护的工作任务也将越来越多、越来越重。当公路基础设施的建设对国民经济的"瓶颈"制约逐渐缓解后，交通行业的管理重点也会逐步转向公路的养护和管理。随着公路交通基础设施建设的飞速发展，公路桥梁养护工作的逐步深入，以往的公路桥梁养护工程管理方法和模式已很难适应现代养护管理要求，对养护管理科学化、规范化的要求越来越高，交通部也明确将公路桥梁养护成套技术、综合信息服务、智能化养护运营管理作为下一个五年规划中技术创新的重点。另外，信息技术的发展为养护管理科学化提供了技术手段和保证，如何将实际的养护工作与先进的计算机信息技术结合，使公路桥梁养护过程系统化、规范化和科学化，是交通系统养护工作者共同的迫切愿望。

一、公路桥梁养护管理系统

随着公路桥梁经济的飞速发展，公路桥梁系统化、信息化程度越来越高，公路桥梁养护管理系统是最近十几年来在桥梁工程界出现的一个新领域。它涉及系统学、管理学、统计学、运筹学等多种学科，是跨学科、跨领域的系统工程。公路桥梁管理系统对整个公路管理的发展起着重要作用，特别是在资源匮乏的现代社会，它已经成为公路管理不可或缺的环节。

(一)路面管理系统概述

路面是道路的主要工程结构物。路面的投资在整个道路建设费用中占很大比例，通常为 10%~30%。这是一笔极为可观的资产。路面状况的好坏将直接影响车辆行驶的舒适性和营运费用，也直接影响社会的经济效益。如何决策好路面投资的去向（规划项目和选择对策），如何经营管理好这笔资产（设计、施工和维护），使之充分发挥效益，具有十分重要的经济价值和社会效益。

路面使用过程中，其使用性能会因行车荷载和环境因素的不断作用而逐渐变坏。路面使用性能的恶化，将增加车辆的运行费用，包括燃油、轮胎和保修材料的消耗以及行程时间等。因而，在路面使用期内，还需继续投入大量资金以维护（包括养护和改建）路面，使之保持一定的使用性能。在资金充足的情况下，可以对所有不满足使用性能最低要求的路段及时采取养护或改建措施。然而，资金通常总是不充足的，这就需要考虑怎样把有限的资金分配到最需要采取措施并能取得最佳效果的路段上，使现有的路网保持合理的服务水平。因而，无论是新建路面或是维护现有路面，都需要进行有效的管理。

路面管理工作包括规划、设计、施工、养护、路况监测和评价、研究等方面。这些活动分属不同的管理层次。例如，规划活动主要关心的是网级水平上的投资决策和计划安排，而设计或施工活动则主要涉及各个工程项目的技术管理。

路面管理并不是一个凭空提出的概念。各个道路管理部门在日常工作中不断地作出有关路面的各项管理决定。

每个道路管理部门都必须考虑如何向上级申请投资和决定如何使用好分配到的资金。这就需要对路网内路面的使用性能进行监测，对其现状做出评价，由此确定哪些项目需要投资，在预算允许的范围内按优先次序资助尽可能多的急需项目。需要投资的项目及其优先次序的确定，可以采用不同的标准和方法，从简单地汇总和取舍下属单位提出的项目申请清单，到应用计算机分析路网内所有候选项目的效益后提出"费用—效果"最佳对策。

项目优先次序的安排，需依据该项目的使用性能或服务水平现状。而路面的现状显然同其结构、荷载、环境和其他因素等历史状况有关，它是以前所作出的某些管理决策的结果。同样，目前所作出的管理决策也将会对未来的路面状况产生影响。因此，作出管理决策时既要考虑它们的直接影响，也要预期它们对未来的影响。不仅需考虑目前的需要和所需的费用，也要考虑对将来的需要和费用所带来的后果。

在向上级管理部门申请投资时，除了以路面的现状和需要作为依据外，还应对投资的效益进行论证：如果申请得以批准，路网的服务能力或路况将会得到多大的改善；如果投资额减少，则路面的使用性能会恶化到什么程度，额外的用户费用和养护费用将增加多少，对今后的路况和投资会有什么影响。

上述分析表明，管理部门在进行管理决策时需要对所采取行动的后果作出预估。这种预估有时往往是决策者头脑中的"工程经验判断"。这种方式的预估有时可能是合埋的，然而，它最大的缺点是如果预估错了，就很难分析出错误的原因。而采用某些特定的方法进行预估，就有可能在事先对先前采用的预估方法的可靠性进行分析，以确定预估方法中哪些部分需要修正。这就有可能不断更新和改善预估方法，使之逐步接近实际。

相互关联的各部分路面管理工作，分别隶属不同的管理单位，如计划处、设计院、工程处、管理局、研究所等。这些单位往往在其管辖的工作范围内各自作出相应的管理决策，而这些决策有时是相互不协调的。例如，设计单位按计划任务书规定的使用性能要求和预算水平，假设某一施工质量控制水平和设计期内的养护水平，据此设计出路面结构。但施工和养护部门可能根据本单位的情况和条件，并不严格遵循对施工质量控制和养护水平提出的管理要求。这时，所修建的路面就可能达不到设计所预期的目标。所以，管理部门应及时提供充分的信息以沟通各下属单位，并协调各单位的管理决定。

由此，路面管理是协调和控制同路面有关的各项活动，其目的是使管理部门通过这一过程有效地使用资源(资金、劳力、机具设备、材料、能源等)，以最低的资源消耗，提供并维持在预定使用期内具有足够服务水平的路面。

而路面管理系统则是通过应用系统分析的方法，综合考虑技术、经济、社会和政治等方面因素，协调各项路面管理活动，促使路面管理过程系统化。它是为管理部门的决策人提供分析的工具和方法，帮助他们考虑和分析比较各项可能的对策，定量地预估各项对策的影响，在预定的标准和约束条件的基础上，选用"费用—效果"最佳的方案。因而，路面管理系统的建立和实施，可以帮助管理部门改善所作出的决策效果，扩大决策范围，为决策效果提供反馈信息，以积累管理经验，并保证部门内各级单位决策的协调一致性。

(二) 路面管理系统的组成

路面管理系统可划分为网级管理系统和项目级管理系统，分别适应不同管理层次的需要，具有不同的功能和结构。

1. 网级路面管理系统

网级路面管理系统的范围，包括一个地区(省、市)的公路网或一大批工程项目。它的主要任务是为管理部门在进行关键性的行政决策时提供对策。包括：路况分析、路网内路面现有状况的分析和今后路面状况变化的预估分析；路网规划——确定路网内需要养护、改建和新建的项目；计划安排这些项目应进行养护、改建和新建的时间，各项目的优先排序；预算漏制——路网达到不同预定服务水平时，各年度所需的投资额；资源分配各行政区域或不同等级道路的养护、改建和新建之间的资源分配。

为完成上述任务，网级路面管理系统主要包含管理方面的输入要素、工程方面输入要素、"费用—效果"最佳的养护和改建对策要素、分析结果输出要素等各项基本要素。

其中，管理方面的输入要素包括：使用性能标准和目标——为路网内各项目规定的使用性能(行驶质量、损坏程度、结构强度和抗滑能力)最低要求，预定路网使用性能应达到的总体水平等。政策约束条件项目优先排序的特定原则，事先规定的地区投资分配比例或养护、改建和新建投资分配比例等。预算约束条件——各年度可用于路面工程的资金等。

工程方面的输入要素包括：路面现状通过路况监测系统定期采集到的路面使用性能数据(平整度、路况指数、弯沉、抗滑指数等)以及依据这些数据所作出的路况水平的评价。养护和改建对策——为不同类型和不同路况的路面，按当地的经验、条件和政策，制定出若干典型的养护和改建对策，供选择对策方案时参考。使用性能预估模型——建立各类路面(包括采取各种养护和改建措施后)的使用性能随时间或交通作用而变化的关系，据以分析比较各种对策方案的效果，以求得到最佳的对策。费用模型——通常包括建筑费用、养护费用和用户费用三个部分。建筑费用是指新建或改建时的一次投资。养护费用则是路面在使用期间的日常维护费。用户费用是指使用道路的车辆所担负的运行费、行程时间费和延误费等。它反映了公路部门提供的投资和服务水平所产生的直接社会效益。

上述管理方面和工程方面的输入要素为系统进行分析提供了基础。建立管理系统的主要目的之一是提供最佳的路网养护和改建对策。这些对策能使整个路网在预算受约束的条件下维持最高的路况(服务)水平，或者使整个路网在满足最低使用性能标准的条件下所需的投资最少。为实现这一目标，可以采用不同的优先规划或优化方法，从最简单的排序方法到利用数学规划模型考虑时序影响的全面优化方法。

优化分析的结果可为路网提供养护和改建项目的优先排序表。据此，可以编制年度计划、中长期规划和财务计划。这些计划或规划可以按改建或养护分别编制，也可综合在一起编制。

路面管理系统必须建立在大量信息的基础上，以数据作为支撑。这样一来，才能使系统提出的对策具有客观性和针对性。因而，整个管理须包含数据管理系统。它由两部分组成：路况监测(数据采集)系统和数据库。路况监测主要为定期采集路面使用性能参数和交通参数。这是一项需要长时间和大投资的工作，但又是一项必须进行的基础工作。

数据库提供了数据的储存和检索，通常包含下述四类信息：设计和施工数据——道路等级、几何参数、路面结构和厚度、所用材料及其性质试验结果、路基土性质及试验结果等。养护和改建数据——曾采取过的养护和改建措施的类型、日期和费用等。路面使用性能数据——主要包括行驶质量、路面损坏状况、结构强度和抗滑能力四个方面参数的定期测定结果。

其他——环境(降水、温度等)、交通(日交通量、标准轴载数)和单价等。

2.项目级路面管理系统

项目级路面管理系统仅针对一个工程项目。它的主要任务是为管理部门对某一工程进行技术决策时提供对策，以选择"费用—效果"最佳的方案。

项目级管理系统的基本要素及其同网级管理系统的关系。由网级管理系统的输出，可以得到某一计划工程项目的三方面目标：行动目标（采取哪一类养护、改建或新建措施）、费用目标（可分配到的最高投资额）和使用性能目标（在预定期限内应具有的使用性能指标）。这三方面目标是选择项目方案的约束条件。

项目级管理系统依据网级系统所给定的约束条件，把该计划项目有关的设计、施工、养护和改建活动组织协调在一起进行周详的考虑。

通常，新建或改建路面的设计都是按预定的服务年限（设计年限）提出结构断面方案，既不分析寿命周期的经济性，也不考虑初期修建同养护和改建（铺加铺层）的相互影响。项目级管理系统可以对考虑设计、施工、养护和改建的各个方案的费用和效益进行比较，从中得出可以在分析期内以最低的总费用提供要求的服务水平或效益的最佳对策方案。

利用所采集到的路面使用性能参数及材料、交通和环境等数据，可以按预定的路面备选方案。这些方案经过应用路面结构分析模型做结构损坏的计算分析和路面使用性能预估分析，表明其在寿命周期（分析期）内成立后，即可进行寿命周期费用分析，并对各方案的分析结果作出经济评价。随后，按达到预定的可靠度水平时费用最小的目标进行优化，并按预算约束条件选择最佳方案。

（三）路面管理系统的发展历程

路面管理系统的研究起源于美国和加拿大，最初的焦点是路面设计。1966年，美国全国公路合作研究计划（National Cooperative Highway Research Program，NCHRP）设立了改善路面设计方法的研究课题，意图在路面设计领域内取得新的突破。其结果是，在路面设计中引入了系统分析方法，并首次提出了路面设计系统的概念。

依据路面设计系统来看，仅囿于设计不可能设计出良好的路面结构。施工质量的控制水平和路面使用周期内的养护水平，对于设计出的路面结构是否具有预期的使用性能或使用寿命有重大影响。此外，预期的使用性能或使用寿命是否符合实际，需要通过对使用期内的路面状况进行定期的监测和评价予以检验。因而，设计系统应能在系统中很好地反映出这些因素的影响。同时，路面设计不能仅考虑一次修建、设计及初期修建费和该路面结构的使用寿命，而应考虑预定分析期内可能采用的各种修建方案，这些方案包括各种初期修建及养护和改建措施的不同组合。为此，设计系统应包含使用性能预估、经济分析和优化部分，以便通过分析比较得到"费用—效果"最佳的方案。

20世纪70年代初期，许多研究者致力于引入系统分析和运筹学以建立路面设计系统（如柔性路面设计系统FPS和路面系统分析方法SAMP等）。而在逐步完善的过程中，设计系统便扩展成了项目级路面管理系统。

20世纪70年代起，发达国家的公路管理部门把注意力从扩展公路网和新建公路转向通过养护、改建维护来改善现有路网。养护和改建工作得到了重视，养护和改建的投资比例也得到了增加。如何合理分配和使用养护和改建资金，使路网具有更好的使用性能和服务水平，成为人们关注的重点。因此，研究工作由项目级路面管理系统转向建立和实施网级路面管理系统。现代管理方法在这一时期的重大发展为路面管理系统的建立提供了理论基础，计算机技术的迅速发展则为之提供了高效率的工具。平整度仪、弯沉仪、抗滑系数仪等一系列使用性能量测仪器的研制和改进，为数据采集和路况评价，也为路面管理决策提供了支持信息。银行等单位在路面状况和车辆营运费之间提供资金支持，从而为计算效益、进行经济分析、选择"费用—效果"最佳方案提供了可能性。上述各方面的进展都大大地推动了路面管理系统的发展。

路面管理系统的兴起和迅速发展，其主要推动力是社会的需要和系统实施所带来的效益。通常公路路面建设投资非常大，理应对它进行科学的管理。为了保持和改善现有路网的路面状况和服务水平，每年还要花费大量的资金，而各国都面临资金严重不足的问题。怎样使用好有限的资金，尽可能提供高服务水平的路面，是各管理部门需优先解决的任务；而路况的好坏将直接影响用户的支出和全社会能源的节约。

一些公路管理部门通过建立和实施路面管理系统也取得了许多收益，表现在：第一，可以利用通过监测系统采集到的客观资料来说明路况的现状，以便及时采取适当的措施改善路况。第二，可以利用具有一定可靠度的路面使用性能预估模型，预测各种养护和改建对策的后效以及路网内路况今后的发展变化。第三，申请投资时，可以用客观的数据作为依据，并可以论证不同投资（预算）水平对路网络况和服务水平的影响。第四，为合理地、有效地分配投资和其他资源提供"费用—效果"最佳方案。第五，可合理评价各种设计方案，选择"费用—效果"最佳方案。第六，利用监测系统采集到的数据，可考察和评价设计、施工和养护工作，为改善和更新各种设计、施工和养护方法和规范提供依据。

随着越来越多的国家与地区建立和实施路面管理系统，路面管理的技术也将得到进一步的完善。路面评价的技术，例如应用光学和声学方法量测路面的平整度，采用图像分析技术的自动化路面损坏量测设备，高速度的弯沉与摩擦系数测定方法等，将会迅速得到推广应用，从而提高路况数据采集的效率和可靠度。以知识为基础的专家系统将会受到更多的重视，在路面管理系统的路况评价、养护和改建对策选择、排序等方面得到应用，使众多管理专家的经验融入系统。路面设计和施工技术的研究进展，例如路面结构设计和施工质量控制同路面使用性能的直接结合，以便得到使用性能有保证的路面，将会推动项目级路面管理系统的发展。此外，网级和项目级管理系统的界面将得到进一步改善，使网级和项目级系统能更为密切地融合于整个路面管理系统中。

二、公路桥梁养护的技术管理

公路桥梁养护技术管理是道路管理的重要组成部分，是道路管理部门合理组织设计、施工、养护的主要方法，也是为了不断提高养护、管理道路的技术水平，积极采用先进的新技术、新工艺、新材料、新设备，努力提高道路养护工程的质量和劳动生产率，全面降低原材料消耗和生产成本，确保各级道路养护工程任务高速、安全、低耗地完成。

公路桥梁养护技术管理和基本任务就是要严格贯彻国家有关道路建设的技术政策、标准、规范、办法和相应的安全规章、操作规程、管理条例，以提高养护质量，做到安全生产。

(一) 公路桥梁养护指导方针和技术政策

公路桥梁养护工作应贯彻"预防为主，防治结合"的方针，加强预防性养护，保持公路及其沿线设施良好的技术状况。公路桥梁养护工作应切实贯彻"科技兴交，科学养路"的方针，大力推广和应用先进的养护技术、机械装备和科学的管理方法。公路桥梁养护工作应重视资源节约和环境保护，注重养护生产作业安全及减少对通行车辆的影响。在整个公路工作中，应把现有公路桥梁的养护和技术改造作为首要任务。

公路桥梁养护工作应贯彻执行以下技术政策：第一，预防为主，防治结合。根据积累的经济技术资料，进行科学分析，预加防范，提高公路及其设施的耐久性和抗灾能力，特别要重视雨季防护，减免洪涝灾害损失。第二，重视调查研究，针对病害原因采取相应的技术措施。第三，因地制宜，就地取材，做到经济适用。第四，挖潜改造，合理利用。第五，尽量采用国内外有关科研成果，推广使用新技术、新材料、新设备、新工艺，将科学养路与经济效益相结合。第六，强化科学管理，严格土工试验，坚持"质量否决权"制度。第七，加强综合治理，保护生态平衡，防止环境污染。

除此之外，还需遵循以下相关政策：第一，积极开发、应用公路数据库和养护管理信息系统，逐步实现信息传输处理和病害处治对策科学化。第二，发展养护机械，实行大中小结合，以小型为主，尽量一机多挂，减轻劳动强度，保障工作人员的健康。第三，积极研究并增设现代化交通工程设施和服务设施，及时抢险救援，提高公路服务水平。第四，建立桥梁养护工程师制度，切实纠正"养路不养桥"的倾向。第五，积极开展有针对性的应用科学研究，通过技术进步解决公路桥梁养护与管理手段方面的种种技术疑难，达到"多、快、好、省"的目的。

（二）技术管理的主要内容

公路桥梁养护的技术管理工作包括安全质量管理、技术交底、施工组织设计、作业检查、施工记录、技术档案、技术培训和推广先进技术等。

1. 安全质量管理

安全质量管理的主要内容包括：执行安全质量措施计划；检查措施效果和问题；发现问题，分析原因，制定改进措施。

2. 技术交底

由路段主管工程师将各路段的养护重点、施工方法操作规程、质量要求、安全技术措施等，向所属班组长和施工人员进行现场交底。

3. 施工组织

中修以上工程应对施工工序、进度、质量控制指标、现场布置等与施工方案相配合，进行施工组织设计。

4. 作业检查

对安全质量、进度、材料计量与测试、设备利用等，进行检查，并与原始记录核实。

5. 施工记录

施工记录的主要内容包括：各种原材料、半成品、成品检验、试验记录和合格凭证；各种外露、隐蔽工程及松件检验记录；施工测量图表记录和工程日记；推行新工艺、先进技术和采用新材料的记录以及取得的技术成果总结；对安全、质量事故的检查处理进行记录和拍照留档。

6. 技术档案

科技档案与技术档案管理是养护部门生产管理的重要环节。加强公路科技档案的管理，必须遵照集中、统一管理的原则，建立、健全科技档案，使之达到完整、准确、系统的科技文件材料。

档案管理工作是经济建设和技术管理工作的重要组成部分。技术档案是一种巨大的信息资源，充分开发和利用科技档案资源，为领导决策及时提供依据，为公路桥梁的建养管理提供优质服务，为提高经济、社会效益和及时解决纠纷提供凭证都具有重要意义。因此，加强公路桥梁技术档案管理，按照集中统一管理技术档案的基本准则，按档案管理的具体要求，建立健全技术档案，是公路桥梁养护管理工作的重要环节。

要建立健全科技文件的形成、积累、整理、归档制度，做到每一项科研、工程等活动都有完整、准确、系统的科技文件材料归档保存。

成立技术档案室，配备专人负责管理。建立健全各项规章制度、档案室管理制度、科技档案查阅制度和技术档案归档制度。技术档案部门应将接收到的档案，按专业系统的技术档案分类，编制必要的检索工具和参考资料。

重要的技术档案资料应当复制副本，分别保存，以保证技术档案在非常情况下的安全和利用。借阅、复制和销毁技术档案要有一定的批准手续，防止失密。定期检查技术档案的保管状况，包括防盗、防火、防晒、防虫、防尘等设施，对破坏或发霉的档案，要及时修补和复制。

为提高技术档案工作管理水平，争创"一流"，将有计划、有步骤地实现技术档案资料的计算机管理，压缩复制技术以及其他现代化保管技术的应用，逐步实现技术档案管理现代化。各单位应设置专门的技术档案，由专人负责管理，建立健全相应的各项档案管理规章制度。

（三）公路养护工程分类

公路养护按其工程性质、技术复杂程度和规模大小，分为小修保养、中修工程、大修工程、改建工程四类。

1. 小修保养

小修保养是对公路及其沿线设施经常进行维护保养和修补其轻微损坏部分的作业。通常是由养护工区（站）在年度小修保养定额经费内，按月（旬）安排计划，经常进行的工作。

2. 中修工程

中修工程是对公路及其沿线设施的一般性损坏部分进行定期的修理加固，以恢复公路原有技术状况的工程。通常是由基层公路管理机构按年（季）安排计划并组织实施的工作。

3. 大修工程

大修工程是对公路及其沿线设施的较大损坏进行周期性的综合修理，以全面恢复到原技术标准的工程。通常是由基层公路管理机构或在其上级机构的帮助下，根据批准的年度计划和工程预算来组织实施的工作。

4. 改建工程

改建工程是对公路及其沿线设施因不适应现有交通量增长和荷载需要而进行全

线或逐段提高技术等级指标，显著提高其通行能力的较大工程项目。通常是由省级公路管理机构或地（市）级公路管理机构根据批准的计划和设计预算来组织实施或通过养护招标完成的。

对于当年发生的较大水毁等自然灾害的公路抢修和修复工程，可列为专项工程办理。对于当年不能修复的项目，视其规模大小，列入下年度的中修、大修或改建工程计划内完成。

（四）路况登记的内容与依据

1. 路况登记的内容

路况登记的内容包括：路况平面略图；公路基本资料；路况示意图；构造物卡片；桥梁、隧道、涵洞、挡土墙、绿化等。

2. 路况登记的依据

路况登记的依据包括：公路现状调查资料；设计文件；施工记录、检测、检验资料；竣工文件、技术总结；水毁修复、大修、改造资料。

三、公路桥梁养护施工区安全管理

公路桥梁养护施工安全直接关系公路的安全畅通，不仅涉及施工管理者和操作者的安全，而且涉及行驶车辆和周边环境的安全。为加强公路桥梁养护施工安全管理，保障公路事业科学、协调地发展，促进和谐社会建设，特制定相关措施确保安全施工。

（一）养护施工安全合同管理

养护工程的安全责任必须纳入承包合同内容，公路段部与养护道班签订安全合同，需明确安全管理要求，落实安全责任。养护道班对施工设计应当兼顾安全措施。凡是拒不执行安全规定的，要限期整改，实施处罚。公路段部应对养护道班的安全情况予以监督。

（二）施工前期安全准备与施工现场安全管理

1. 施工前期安全准备

养护道班要对养护施工作业人员进行安全知识和安全技能培训。养护工程开工前，公路段部在召开技术和安全交底会议时，应对养护道班的安全工作明确具体要求，对进场施工的安全准备情况进行核查。养护道班要制定施工项目的安全管理岗位职责、制度和操作规程，配备保障施工安全必需的设施、设备。

2.施工现场安全管理

(1)完善生产安全的责任制度

公路施工安全措施这个制度基于安全生产责任制是公路所有管理环节的标准，所以应该完善生产安全责任制。在原有的标准上严格实行，这样可以提高生产质量。如果要使责任制更加健全和完美，就需要公路管理每个部门和单位以及每个员工的努力，在责任制上要细化到每一个人。同时，再根据交通管理的法律法规严格规范公路施工的操作流程，严谨地完善生产安全责任制和施工现场管理安全制度，以此来提高公路施工区的安全性。把安全管理做到严格、细化，每个人该承担怎样的责任都明确下来，不徇私舞弊。对领导层的管理必须更加严格，这样才能最大限度地减少交通事故的发生，保障每一个基层施工人员的安全。

(2)重视安全管理教育

公路管理部门必须进行安全管理教育，定期实行安全教育的培训，使每个员工都参与安全教育，加大安全教育的宣传力度，使安全施工的观念深入每个员工的内心。实行这样的教育培训能够提高施工人员的综合素质，使施工人员了解各个施工步骤中潜在的风险，使施工人员的安全意识进一步加强，降低事故的发生率，从而形成一个安全的施工管理环境，减少员工工作的压力。安全管理教育的培训也要因人而异，在每个层面培训的方法应该有所差别，针对每个阶层的现实情况进行专业的管理。施工人员培训的分类可以按照职责类型划分为管理人员及施工人员。

对管理人员的培训方法如下：对施工阶段的每个安全目的进行分析，分析在进行养护施工时潜在的安全隐患，管理人员应该怎样合理有效地处理各种问题，使得管理人员更加专业化，提高他们的使命感。对待施工人员的施工方法应更加细化，一线的施工人员工作风险更大，培训方法如下：重点分析在进行施工养护工作时应该注意的问题以及每个环节潜在的风险、怎样实施安全防护工作并如何把安全防护做到位，着重强调工作现场的安全规范和操作、注意施工过程中标志警示牌的摆放位置、明确高空作业时的安全指标。另外，一线施工人员也要注意公路桥梁养护的细节部分、路面清洁时需要注意的问题、施工设备维护等环节，施工人员要定期检查各个设备的安全性能，加强各个方面的安全管理，如发生突发状况时，必须马上进行处理，不能有一丝懈怠。

(3)加强机械设备的安全管理和养护

施工时需要用的机械设备非常繁杂，在管理和维护上必须更加严谨。加强对机械的养护和安全性的管理能够延长其使用寿命，能够使公路桥梁养护施工的工作效率和质量大大提高。对于机械设备的管理方法如下：一是要求每类设备的养护人员的专业性，对养护时的每一个步骤都清楚熟悉，可以独立地完成养护操作，严格地按照养护操作的流程进行设备养护。二是严禁使用问题设备，一旦发现有问题的设备立即停用并进行修理，施工的车辆在现场不能逆行或者掉头，施工的大型机械设备在每一次使用前都要进行全面的安全检查，并做好一系列的安全防护措施，保障现场施工人员的人身安全。

（4）施工现场安全注意事项

在公路桥梁养护施工区作业危险系数较高，现场的安全管理必须严格执行。注意事项如下：第一，凡是在施工现场的工作人员都要身着橘黄色的作业服或者反光背心，必须佩戴安全帽，基本装备必须到位；第二，施工现场必须配备专门的安全管理人员，对员工活动区域进行严格管理；第三，要把施工现场的各种材料和物品整齐有序的放置，不能影响施工车辆行驶；第四，现场的施工车辆、机械设备等安放位置要严格有序，规范停放；第五，在公路桥梁养护施工完成后，安排工作人员时刻巡查，直到开放交通，这样才能避免刚养护好的道路再次遭到损坏，减少交通事故的发生。

总之，现阶段我国对交通运输业越来越重视，出台的一系列政策也加快了公路的建设和使用，这也使得公路的养护更加重要。公路上车速快、车流量大，使得养护工作危险系数增大。因此，需要对公路的养护安全问题进行仔细分析，研究出更加完善的管理制度和管理措施，完善安全生产责任制，加强对每个员工的安全管理教育，把责任明确到每一个人，提高公路桥梁养护施工的安全性。

（三）养护设备安全管理及养护安全信息管理

养护道班的所有养护设备运行时需严格执行安全规定。操作人员必须具备相应的资格、资质证书，应掌握基本知识、熟悉操作技能，养护道班要定期对机械设备操作人员进行安全检查考核。养护施工作业车辆不准带病出车，不准随意掉头和逆向行驶，夜间行车必须保持高度警觉，严禁疲劳和违规驾驶。

公路段部和养护道班必须坚持路况巡查制度和紧急情况报告制度。及时掌握所辖路段的路况和养护施工信息，凡是可能影响交通安全的施工作业情况，都应当及时地将信息汇集至上级部门，突发紧急情况必须及时上报，将收集的养护信息认真予以记录。

（四）公路桥梁养护施工区安全保障设施设置

公路通行运营一段时间之后，由于工程自身质量存在缺陷，再加上受车辆荷载及外界环境的影响，容易出现质量缺陷，应该立即采取养护措施，及时修复存在的缺陷，保障工程的有效运营。同时，在养护施工过程中，为确保施工区的安全，合理设置安全保障设施是必要的。但一些养护单位对该问题不重视，安全保障设施的设置不到位，为养护作业效益提高带来不利影响，需要采取改进和完善措施。

1.公路桥梁养护施工区安全保障设施设置的特点

安全保障设施设置的目的是确保施工安全，避免发生安全事故，并确保车辆顺利通行。具体来说，其主要特点表现在以下六个方面。

(1)设置的目标多样性

安全保障设施设置既要为施工提供便利，还要确保施工期间交通顺畅，避免交通拥堵。保障施工人员的安全，实现对安全事故的预防，防止出现不必要的损失。

(2)安全保障设施设置是一项动态的工程

养护施工的不同阶段，应分别采取不同的安全保障措施。根据施工需要，对安全保障措施进行动态调整和完善，有效保障施工安全的需要，顺利完成公路桥梁的养护施工任务。

(3)考虑设施的基本用途

将临时性和永久性设施结合起来，对其进行充分合理利用，确保施工区安全。一般临时和永久隔离设施是通用的，但高度不同，安装方法不完全一样，施工中应该考虑养护施工需要，综合应用组合式立柱基础方案。近期立柱固定于护栏，远期立柱采用组合式基础，进而提高方案的合理性，确保养护施工区的安全。

(4)对比不同设计方案

根据养护施工需要，以确保养护施工安全和提高工程效益为目标，对比不同方案的技术性与经济性，选用最优设计方案。同时，还要维持道路畅通，缓解交通压力，提高方案设计的科学性。例如，在中央分隔带加设临时标志，路侧设移动标志，将这两种方案有效结合，能更好地指导养护工程施工。

(5)合理确定材料来源

养护施工中，有些安全保障设施材料可以进行再次利用，不仅方便施工，还能节约成本。因此，养护施工中本着节约投资的目的，应该合理利用废弃或淘汰设施。对可以继续使用的交通标志加以保护，并适当改造，科学设置安全保障设施，为养护施工创造便利。

(6)提高公路服务水平

设置安全保障设施时，应该考虑安全行车需要，确保交通顺畅，促进车辆安全顺利地行驶。尽量缓解交通拥堵现象，为车辆安全、便捷行驶创造条件，有效提升公路的整体服务水平。

2.公路桥梁养护施工区安全保障设施设置的不足

由于一些养护施工单位的资金投入不足、相关制度不完善，导致养护施工区安全保障设施设置存在以下问题，制约了养护施工安全水平的提高，应该有针对性地采取完善措施。

（1）资料分类和整理不足

一些养护单位不重视资料收集，难以全面掌握和了解公路施工和运营基本情况，对工程建设带来不利影响；或者没有合理整理相关资料，难以对养护方案的制定发挥指导作用，对确保养护作业安全，提高养护施工水平产生不利影响。

（2）安全保障设施不到位

确保养护施工区的安全是养护工程不可忽视的内容，应该根据养护工作需要设置安全保障设施。但一些养护人员忽视该项工作，未能将这些制度措施落实到位，不利于提高养护工程质量和施工安全。例如，安全指示标志、安全警示标志、施工安全设施的设置不到位，难以对养护施工现场进行有效规范和约束，制约了养护施工区安全管理水平的提高。

（3）其他工作存在的不足

为保障养护施工区的安全，做好其他安全设施的设置工作是必要的。但目前这些工作没有全面落实，例如临时交通管理和服务设施、临时通信控制设施、临时收费设施、供电照明设施的设置不到位，对养护施工带来不利影响，影响施工区安全管理水平的提高。

3. 公路桥梁养护施工区安全保障设施设置的对策

为弥补安全保障设施设置存在的不足，确保公路桥梁养护施工区的安全，避免安全事故的发生，确保施工人员的安全，应该采取以下改进对策：

（1）重视资料分类和整理

对公路运营的基本情况进行全面调查，做好资料收集和分类整理工作，然后制订科学合理的养护施工方案。对需要拆除或大修部分优先利用，减少养护工程量，降低养护维修成本。并提高养护施工方案的科学性与合理性，恰当设置安全保障设施，促进养护施工效益的提升。

（2）设置临时交通管理和服务设施

新旧路面拼接过程中，单向封闭一个或几个车道，应设置施工警告标志灯。同时，还要安排值班人员，加强施工现场的巡视和检查，及时发现并排除存在的安全隐患，确保现场施工各项活动顺利进行。互通养护施工中，要充分利用现有监控设施，监控并管理公路的交通状况。对不同路段要有针对性地提出交通管制方案，及时疏导交通，为养护施工的安全、顺利进行奠定基础。如果连续养护施工路段较长，通常每隔 1~2km 应该设置临时紧急停车带或小型停车区，为车辆紧急停靠创造条件，对推动施工顺利进行、保障养护施工安全也具有积极作用。

(3) 设置安全保障设施

根据养护施工的需要，以保障施工安全为目标，合理设置交通安全设施，包括临时标志、标线、临时护栏、隔离设施、视线诱导设施等。通过这些设施的合理利用，可以有效规范和引导养护施工，对确保养护施工安全具有重要作用。临时交通标线用三级反光膜，包括车道边缘线、分界线、路标、导向箭头等。临时防护栏和隔离设施包括施工场地的隔离防护栏、封闭交通时的防护栏、隔离墩、防撞护栏等，并注重将临时设施和永久设施结合使用。临时诱导设施主要包括视线诱导和分合流端诱导，例如轮廓标、线形诱导标、分合流诱导标、雾天视线诱导设施等，对于确保有效规范和指引行车、确保行车安全具有重要作用。

(4) 设置临时通信控制设施

养护施工中，应该合理利用原有的监控通信设施，确保养护施工安全顺利进行。在拆除原有通信设施且新设施尚未建成之前，可利用移动通信网络和无线紧急电话开展通信工作，进而方便施工人员与管理人员的联系，方便沟通，更好地满足施工建设的需要。同时，也有利于提高养护施工和管理水平，保证公路桥梁养护施工作业的安全。公路都配有完备的通信管理系统，整个线路都敷设了通信光缆。改扩建施工中，中央分隔带的管线不会受到影响，但互通分歧管线会受到影响，为尽量降低这种影响，确保施工的安全与可靠，有必要架设临时通信线路，满足公路通信工作的需要。临时通信光缆常用架空方式跨越施工区域，并引至通信站，为通信工作顺利进行提供保障。互通扩建工程完成后，需要重新敷设管道路线，代替临时管线，满足通信工作的需要。

(5) 设置临时收费设施

互通养护施工中，需要在临时出入口处设置收费设施。采用就近收费站的站名，并完善各项收费设施配置，有效满足收费管理需要，并将临时收费站的收费设备接入收费站的计算机网络，对过往车辆进行收费和管理。临时收费设施包括收费广场、收费岛、排水设施等，养护施工中需要加强设计和施工，合理设置各项设施，满足收费管理的需要，达到有效提升收费管理水平和服务质量的目的。

(6) 设置供电照明设施

为保障养护施工安全，预防安全事故的发生，合理设置临时照明设施是必要的。公路道路加宽施工时，需要设置警示照明灯，满足车辆安全行驶的需要，同时也为养护施工的安全可靠进行创造便利。临时管理机构用电时，应该合理利用附近的供配电设施，新建供配电设施完成施工后，再进行切换，满足供电和照明需要。

整个公路桥梁养护施工中，为确保施工区的安全可靠，保障施工人员作业安全，促进机械设备发挥作用，应该考虑工程建设的基本情况，合理设置安全保障设施，并加强每个环节的规划工作，预防发生安全事故，确保养护施工顺利进行，避免出现不必要的损失，促进公路桥梁养护施工效益提升。

（五）突发紧急情况处置与安全检查考核

养护道班应针对安全事故、交通运输事故、公共设施和设备事故等突发紧急情况分别制定处置预案，提前做好各项准备工作，提高处置突发紧急情况的能力，最大限度地预防和减少突发情况造成的损害。

公路段部必须坚持安全检查和督察，常抓不懈，警钟长鸣。将养护安全工作纳入目标责任管理，分期进行考核，严格执行奖惩制度。对管理不善、监督不为、执行不力导致的重大养护安全责任事故，坚决实行责任追究制度。对严重违反规定且拒不整改的问题，要求停工整改。

第七章　公路建设期的环境保护措施

第一节　拆迁安置中的环境保护

一、基本概念

(一) 项目征迁再安置

公路建设项目征迁再安置包括征地、拆迁和再安置三个方面的内容，简称为"征迁再安置"。

1. 征地

征地是指公路工程用地范围之内的土地，由于修建公路而需长期或永久地改变这部分土地的原产出能力，以及由于公路施工营地、材料堆放场、沥青搅拌站、施工便道等在施工期对土地的临时占用，需要短时期内影响被占用土地的产出能力。公路建设项目征地主要指前者。

2. 拆迁

拆迁是指公路工程征地范围内的建筑物、土地附着物和其他构筑物，如电力线、电讯线、水井、坟墓、道路等，由于修建公路而不得不进行升高、降低或拆除另建的行动过程。此外，当交通噪声等因素对环境敏感点（主要是学校、医院等对噪声或其他环境影响敏感的单位）的影响超标时，由环境评价单位建议，经建设单位同意，可扩大个别敏感点路段的拆迁范围，由此引起的拆迁也是公路建设拆迁的一部分。

3. 再安置

再安置是指对受公路工程占地和拆迁影响的人口、集体和企事业单位采取一系列措施和步骤，使他们的生活和生产在较短时间内得到恢复，并尽可能提高受影响人口生活水平的行动过程。

(二) 项目征迁再安置的特点

公路建设项目征迁再安置具有以下几个特点：

(1) 由于公路项目的线性特征，决定了项目建设的征迁也是呈线性的。它所涉及的省、市、地区和乡镇较多，但又很少出现完全占用一个村或一个乡的情况，而是相对较为零散的搬迁。这一点是公路建设项目征迁再安置与其他大型建设项目征迁再安置工作最显著的区别。

（2）受影响者的生产资料和生产条件的改变不是完全、彻底的，总是或多或少保留着原有特征，比如说不会或很少由于公路建设的原因使得农民的生产方式由农业向牧业或林业发生转变。当然，公路建成通车后将使地方由封闭走向开放，从而导致地方产业结构发生较大变化，这种变化属于公路项目对沿线社会经济的有利影响。

（3）公路项目建设引起的拆迁往往是小规模的，很少有引起整个社区搬迁的项目。项目受影响户通常是在本村范围内重建房屋，或是得到重新分配的土地。他们整体的社群关系、文化特征、生活习俗都没有发生变化。

（4）公路建设项目的再安置措施没有统一的模式，再安置措施需要根据项目沿线的具体情况来制定。同一个县不同乡的再安置措施可以不同，同一个乡不同村的再安置措施也可不同，甚至同一个村不同受影响者的再安置措施也可不同。这也反映了公路建设项目征迁再安置工作的具体性和复杂性。

（三）项目征迁再安置的影响对象

1. 项目沿线地区的土地

公路项目的建设将长期地占用沿线地区的部分耕地和非耕地，如水田、旱地、果园、林地、宅基地、墓地等。这些被占用的耕地和非耕地的原有功能将会长期改变。由于工程建设施工的要求，公路项目还将对沿线地区部分耕地和非耕地产生短期影响。待工程施工结束后，这部分土地的原有功能将被恢复。

2. 沿线地区的建筑物

项目沿线地区位于公路征地红线范围内的各类建筑物因工程建设将被拆除。此外，沿线地区靠近公路的部分建筑物因交通噪声或其他环境因素影响也将被拆除。

3. 沿线地区的土地附着物和构筑物

项目沿线地区位于公路征地红线范围内的土地附着物和构筑物，如水井、树木、围墙、地坪等，因公路建设将被拆除。

4. 沿线地区的基础设施

项目沿线地区位于公路征地红线范围内的各类基础设施，包括高、低压电力线，通信线路，埋置电缆，农田灌溉系统和设施，饮用水设施以及各种管道设施等，因工程建设的需要，将被拆除另建，或采取改变高度和埋置深度等措施。

5.沿线地区的家庭户

公路工程建设将会对沿线地区部分家庭户造成影响，例如征用他们的耕地、拆除他们的居住用房。

6.沿线地区的集体

公路项目建设将会对沿线的集体产生影响，如使自然村或屯的耕地数量减少，并使得集体需要做出土地重新调整的措施和方案。

7.企事业单位

公路工程建设将会对沿线地区的部分企事业单位造成影响，如征用企事业单位的生产用地、拆除建筑物和生产设备等。

(四)项目征迁再安置受影响者

公路建设项目征迁再安置受影响者可能是自然人，如农民、工人、学生；也可能是法人，如一家公司、一个公共机构。因此，受影响者是指所有因工程建设而受到影响的个人、集体、单位和组织。

项目征迁再安置受影响者所受的影响是指工程建设已经或将要使他们的生活水平、工作和生产条件等受到不利影响，如他们享有所有权权益或经济效益的各种房屋、土地和各种其他的动产、不动产被临时或永久性征用，以及他们的生产经营活动、工作岗位、生活居住地等受到的各种不利影响。

二、项目征迁再安置的目标和基本原则

(一)项目征迁再安置目标

1.总目标

公路建设项目征迁再安置的总目标是使受影响的人口、集体和企事业单位的生活和生产在较短的时间内得到恢复，并尽快得以提高。

2.具体目标

公路建设项目征迁再安置的具体目标一般有以下几个方面：

(1)受征地影响的家庭户在本村安置时，重新分配给他们的耕地数量和质量不低于其他未受项目建设影响的家庭户。当受影响者出村安置时，他们获得的耕地数量和质量不能低于项目建设前的水平。当受影响者重新分配的耕地达不到上述要求时，应通过发展农业、种植经济作物和开展多种经营等方式，尽快恢复他们的生活水平。

(2)受拆迁影响家庭户重建房屋的面积和结构等级至少能够达到征迁前的水平。

（3）对受影响的家庭户进行再安置时，应确保搬迁户的子女能够就近入托、入学接受文化教育。尽快建立安置地的社会服务配套设施，如医院、商店、诊所等，使受影响者的生活便利性能够达到征迁前的水平，并有所提高。

（4）受影响的公共建筑物和基础设施以重置价得到补偿，并按原标准、原功能进行恢复重建。

（5）受影响企业重建后，生产规模、生产能力和职工就业不受影响。

（6）集体和事业单位经过再安置后，能尽快恢复正常的生产和工作。

（二）项目征迁再安置的基本原则

1. 征地原则

（1）按照项目规划和设计文件进行征地，防止造成土地资源的浪费。

（2）结合土地利用规划选择取土场地点，并科学、合理地选择取土方式。当采用集中取土方式时，宜结合平整土地选取较高地势的土丘取土，或结合河道治理进行滩槽取土；当采用宽挖潜取方式时，应保留表土，待取土完毕，回填复耕。

（3）弃土场的设计，应结合用地规划，进行开发与复垦，以促进地方经济的发展。

（4）其他施工临时用地应结合公路永久用地，进行统筹安排。占用耕地的临时用地，待工程竣工后尽快清理复垦。

2. 拆迁原则

（1）拆迁建筑物时，应慎重从事，按国家和地方政府制定的有关规定及项目设计文件执行。对公路两侧需拆迁的建筑物进行调查统计，并分门别类、登记造册。

（2）对因交通噪声或其他环境因素影响而需拆迁的建筑物，应进行多方案防治措施的比较，尽量减少拆迁量。

（3）进行拆迁时，要注意分清主次，对企事业单位的拆迁应给予充分的重视。

（4）拆迁时要给予项目受影响的弱势群体充分的帮助和照顾。

3. 再安置原则

（1）贯彻开发性方针的原则。利用项目赔偿金和项目建设的机会帮助项目受影响者逐步走上致富的道路。

（2）对受征地影响的农民，安置方式以农业安置为主，通过土地再分配，使他们获得可耕作的土地，并结合当地的资源优势综合发展二、三产业。采用多产业、多渠道、多形式妥善安置受影响的农民，使他们的生活水平尽快得以恢复，并有所提高。

（3）充分重视受影响者的再安置意愿，对于愿意在原居住区安置的，应尽可能在本组、本村、本乡内就近安置。对于愿意在其他地方安置的，则根据他们的要求安置在其他地方。

（4）安置地的选择应符合国家和地方的用地规划，安置地的规划应执行国家和地方的法规。

（5）在安置地做好"三通一平"工作，即通水、通电、通路、平整宅基地。安置地应有良好的环境条件和便利的生活服务设施。

（6）减少企事业单位受到的不利影响，在重建地点选址、资金落实等方面，要优先安排受影响的企事业单位。

（7）进行再安置时，应给予受影响的弱势群体优先照顾和帮助。

（8）受项目影响的各种基础设施，以恢复设施的原有标准和原有功能为再安置原则。

（9）重视农业人口的培训工作，提高劳动力的生产水平。

4.其他原则

（1）受影响人参与征迁再安置工作全过程。

（2）合理利用土地，搞好重建计划。做到合理用地、节约用地，控制国家建设资金和国土资源的使用。

第二节　公路绿化施工与质量控制

一、乔木和灌木的绿化施工

（一）栽植的质量要求

（1）为了减少蒸发，保持长势平衡，保证树木成活，栽植前应进行适量的修剪。修剪时必须剪口平滑，并注意留芽位置，根部修剪剪口也必须平滑，修剪要符合自然树形和设计要求。分枝点的选留对主干明显的杨树类分枝点高度在公园绿地一般为树高的 $1/3 \sim 1/2$，行道树分支点高度为 $2.2 \sim 2.8\mathrm{m}$。灌木修剪应保持其自然树形，短截时树冠要保持外低内高，疏枝要保持外密内疏，对枯枝、感染病虫害枝、断枝应剪去。

（2）栽植的位置要符合设计图纸要求，树木高矮、干径大小要搭配合理、排列整齐。栽植的树木本身要保持上下垂直、不得倾斜，树形好的一面要迎着主要方向。栽植行列树必须树干竖直，树干应在一条线上，相差不得超过半个树干。相邻树木的高矮不得超过 50 cm, 栽植绿篱株行距要均匀, 丰满的一面要向外, 高矮树冠大小要搭配均匀合理, 栽植填土要分层填实, 栽植深浅要适合。一般树木应与原土痕平, 个别速生树木 (如杨树、柳树等) 可较原土痕深栽 5cm。栽植带土球树木, 土球的包装物应尽量取出。

（3）要按设计位置散苗。散苗时注意保护根系、主干树尖、枝条和土球的完好, 以保证树木的成活。

（二）刨坑

1. 刨坑刨槽的规格要求

（1）刨坑刨槽位置要准确, 坑径应根据根系、土球大小及土质情况而定, 刨坑刨槽要直上直下成桶形, 不得上大下小或上小下大, 以免造成窝根或填土不实。

（2）坑径一般可按规定比根系或土球直径大 20 ~ 30cm。

（3）如遇土质过黏、过硬或含有害物质如白灰、沥青等, 则应加大坑径 1 ~ 2 号。

2. 刨坑的操作方法

（1）刨坑时要找准位置, 以选定位置为中心, 按规定坑径划出坑的范围。

（2）挖坑时应把表土与底土分别置放, 如土质有好有坏亦应分开堆放, 堆放位置以不影响栽植为宜。刨坑到规定深度后在坑底垫底土。

（3）挖坑的坑壁要随挖随修使其成直上直下, 不要呈锅底形。

（4）刨坑时如发现地下管道、电缆等地下设施应停止操作, 并及时向项目监理报告解决。

（5）在斜坡处挖坑应先做成一平台, 平台应以坑径最低规格为依据, 然后在平台上再挖坑。

（三）栽植的操作方法

（1）修剪工作对高大乔木应在散苗前后进行, 即在栽植前进行；高度 3m 以下无明显主尖的乔木和灌木, 为了保证栽后高矮一致、整齐美观, 可在栽植后修剪, 修剪的剪口应与树干平齐、不留枯枝, 以免影响愈合；短截时注意留外芽, 剪口距芽位置要合适, 一般离芽 1cm 左右, 剪口应稍斜成马蹄形；修剪 2cm 以上的大枝剪口应涂防腐剂, 以促进愈合和防止病虫雨水侵害。

（2）散苗。散露根苗应掌握随掘、随运、随散苗、随栽植, 尽量缩短根部暴露时间, 以利成活。散苗时要轻拿轻放, 行道树散苗要顺路的方向放树苗, 不得横放路上影响交通；散带土球树木, 要注意保护土球完整, 搬运土球时不得只搬树干, 尽量少滚动土球；散 50cm 以下土球可放在坑道, 散 50cm 以上土球应尽量一次放入坑内，但深浅要合适。

（3）栽植前要对露根苗的根系进行修剪，将断根、劈裂根、感染病虫害根、过长的根剪去，剪口要平滑，带土球苗和灌木应将围拢树冠的草绳剪断，以便选择树形好的一面。

（4）栽植前检查坑的大小、深度是否与根系、土球规格标准要求的坑径一致，不符时应修整。

（5）栽树时不得歪斜，要保持树木上下垂直，有树弯时应掌握树尖与根部在一垂直线上，行道树的树弯应在顺路的方向，与路平行。如为自然树，孤立树应注意好面朝主要方向，并尽量朝迎风的方向。

（6）栽植露根树木应根系舒展，不得窝根。立直树后填入表土或好土，再将树干轻提几下使土与根系密接，并应一边填土一边用脚踏实。踏实时注意不要踩树根，以免将根踩坏，栽植深度应符合规定。

（7）栽行道、行列树必须横平竖直，栽植时可先每隔10株或20株按规定位置准确地栽上一株标兵树作为依据，再分别栽植。

（8）栽植带土球树木，要尽量提草绳入坑，摆好位置和高度后用土铲放，再剪断腰绳和草包。栽绿篱时如土球完整、土质坚硬，应在坑外将草包打开，提干捧坨入坑。坑内拆包应尽量将包装物取出，如有困难亦应剪断草绳，剪开草包尽量取出剩余部分。然后填土踏实，踏实时不要砸坏土坨。

（9）栽植较大规格的常绿树和高大乔木时应在栽植时埋上支柱，支柱应埋深在30m以下，支柱要捆牢，注意不要使支柱与树干直接接触以免磨伤树皮。立支柱方向应在下风口。

（10）灌水、封堰。栽植后48h之内必须及时浇上第一遍水；第二遍水要连续进行。第三遍水在第二遍水后的5～10天进行，秋季植树如开工较晚可少浇一道水，但灌水量要足。

二、草坪及地被植物的绿化施工

（一）播种与灌溉

草坪种子一般比较小，拱土能力差，不宜深播，所以多采用撒播的方式播种，播后用钉齿耙沿一个方向耙，然后镇压，保证种子与土壤充分接触。播后要注意保湿，保证种子发芽所必需的水分，同时又要防止土壤板结。所以最好加覆盖，一是可以防止土壤水分蒸发，二是可以防止阵雨或灌溉造成的土壤板结和水土流失，三是可以保温，促使种子尽早出苗。

由于边坡与平地的环境条件相差较大，为此在边坡上植草时必须经过特殊处理。坡面植草的方法有很多，每一种方法都有其优缺点，所以应该选择适应当地的土质条件和施工时期的方法。

（1）判断种草的可能性。应用硬度计测定土壤的硬度。硬度在 23mm 以下，苗容易扎根；超过这一指标，扎根逐渐困难起来；当土壤硬度超过 27mm 时，草坪的根就扎不下去了。

（2）选择合适的草种。最好选用具有深根系、耐干旱和有匍匐茎或根状茎的草坪草，因为边坡首先要考虑防止水土流失，确保路基的稳定。所以在我国的北方可选用野牛草、老芒麦、无芒雀麦、紫羊茅、小冠花和结缕草；南方宜选用香根草、狗牙根、假俭草、细叶结缕草、沟叶结缕草等。

（3）选择适当的施工工艺。可供选择的方法有植生带、土工网或三维网、喷播、点穴或挖沟施工法，等等。

（4）边坡的立地条件差，如果管理疏忽，一般情况下，当年种植的草坪，经过 2～3 年，随着外来种的侵入，就会逐步被取而代之。所以，为了使草坪保存时间更长，可以选用当地野生的多年生低矮的禾本科或豆科牧草作为草坪用草，在当年种植的草坪中可适量加入一些豆科牧草以增强土壤肥力。

此外，在一些土质不稳定的边坡单纯依靠植物护坡往往不可靠，所以常采用与防护工程相结合的方式。目前采用最多的是水泥蜂窝块，块内种草坪；另一种常见的是拱形或网格护坡，在拱内或网格内种草等。

（二）无性繁殖方式

无性繁殖是利用草坪草的匍匐茎或根状茎以及草皮块进行植草的种植方式。

1. 利用无性繁殖建植步骤

（1）选择健壮的苗。

（2）松土：这是植草中非常重要的一环。松土厚度为 20～30cm，并清理土中的碎石块及其杂物等。

（3）施肥：以有机肥为主，培肥同时也改善了土壤结构，为草坪的生长创造了一个适宜的环境。

（4）预先浇水，增加土壤墒情。

（5）植草。

（6）有一段时间的缓苗期，这一段时间应特别注意保湿，促使苗的生根。

2. 草坪无性繁殖方式的应用

无性繁殖建植比种子直播见效快，尤其在满铺的情况下，几乎是把异地的草坪原封不动移过来，它的应用归纳起来有以下几个方面：

（1）有些植物生产种子比较困难，所以多采用营养体进行建植。如暖地型草坪草中的狗牙根、细叶结缕草、沟叶结缕草、假俭草和野牛草以及青根草等。

（2）幼苗生长比较慢，发芽率低，特别是一些豆科植物如小冠花，种皮很厚，透水性极差，采用种子直播当年出来的苗很少。这种情况下常从育好的苗圃中移苗，以保证尽快覆盖。

（3）植物立地条件比较恶劣，如在一些砂质边坡进行建植，若采用种子直播，由于新出的苗抗逆性差，极易死亡，采用移苗可以大大提高建植的成功率。

（4）绿化时间比较紧迫，只能采用铺草皮的方式。特别在雨季，为了防止雨水对公路边坡的冲刷，常采用满铺的方式，把草皮切成30cm×40cm大小的块平铺在坡面上。为防止草皮脱落还可以在草皮块上钉一些楔形木桩。在草皮的连接处垫上富含营养的土壤，以防草根暴露在空气中。

（5）比较陡直的土质边坡，采用种子直播会受风、雨或灌溉等的影响而被冲刷掉，此时也可以采用移栽的办法。

3. 无性繁殖的建植方法

无性繁殖的建植方法很多，公路上可能采用的方法有：

（1）铺草皮块。此法见效最快，但成本也高。

（2）开沟植茎。主要针对一些具有匍匐茎的草坪，加狗牙根和野牛草等。先开沟，沟与沟之间的距离为5~10cm，沟深4.5 cm，把根茎埋入沟中然后覆土填压。

（3）草塞法。在边坡上挖穴，把成丛带根的草塞入穴中，草最好带一些原土，有条件的可以在保水剂中浸泡一下以增强保水力。

（4）撒茎覆土法。在立交或缓边坡，整地完成后将草坪的根茎撒在土壤表面，覆土，然后浇水。狗牙根适合采用此法。

（5）移苗。这种方法关键在于选好壮苗、整好坪床。种植时选择带有2~4个节的嫩枝扦插时将其中1~2个节埋入地下用于生根，另一端带有叶片的部分露出地面，种后压实，使之与土壤水分有效接触便于生根。

三、树木病虫害的防治

树木病虫害的种类非常多，不同病虫其寄主往往不同。有的危害性很强，如危害海棠、苹果等的锈病；有的寄主范围很广，如天牛，其寄主范围可达数十个属，上百种植物。病害和虫害的特征、预防和防治措施，在发生、发展规律上也有一定的区别，本节将介绍公路上常见的病虫害防治技术。

病虫害的防治原则是"预防为主，综合防治"。采取多种措施，综合防治、控制病虫害的发生。综合防治是针对有害生物进行，应充分发挥自然因素的控制作用，因地制宜地协调应用多种必要措施，将有害生物控制在经济损害水平以下，以期获得最佳的经济、社会和生态效益。综合治理是指一方面利用自然控制，另一方面根据需要使用多种防治措施，把有害生物的种群密度控制在经济受害允许密度以下。采取的措施主要是生物防治，具体包括：用生物代谢物、信息素、抗性植物品种、捕食或寄生者；栽培措施防治；机械或物理防治和化学防治；等等。

（一）植物检疫

在从苗圃调苗时，就要向当地植保植检部门了解疫情。防止调入携带病虫害的种苗。

（二）栽培措施防治

树木生长质量与病虫害的发生有关，树木生长健壮旺盛，其抵抗病虫害的能力强。在很多情况下树木患病，不是因为环境利于病虫害的发生，而是树势比较弱。因此，除做好一切的养护管理外，在施工图设计阶段应合理选择树种，适地适树。在土壤条件不相适应时，特别是公路路域内，各种废弃物很多，尤其是粉状污染物，在土壤中不容易被消除，所以最好采用客土栽植。异地调苗时，要慎重考虑苗源所在地的气候条件，要采取相应的保护措施。只要树种选择合适，且养护得当，就可以降低病虫害发生的概率。另外，在不同植物搭配时，要避免将两个转主寄生的树木邻近栽植。如梨锈病，它的生活史中需要有一个阶段在桧柏上才能完成世代交替，如果把苹果梨等与桧柏种植在一起，很容易导致锈病的发生。设计时选择的树种要广，不能太单一，特别是行道树和中央隔离带，应每隔一定距离换一种树种，这样即使某一病虫害发生，也不至于迅速蔓延，可起到一定的阻隔作用。

（三）整形修剪

整形修剪可以改善树冠的通风透光条件，降低树冠内的湿度，使一些喜阴湿的真菌不能生存，如疫霉和腐霉类。剪下来的枯枝、病叶等，要及时清除或烧掉，防止病虫害的传播。

（四）树干绑塑料袋

互通立交区中经常种植松柏类植物，如油松、马尾松、黄山松等。近年来松毛虫害发生比较重，松毛虫吃完一株树的针叶后，从树上爬下来再爬上另一株树，另外还有几种害虫也有这种特性，如桃小食心虫等，利用害虫的这种特性，可以采取一些办法，阻止害虫上树。具体的做法以松毛虫为例，在松树树干高度 1m 以上处，用 15 ~ 20 cm 宽的塑料薄膜将树干围捆扎好，松毛虫从树根爬上树至塑料薄膜处，由于塑料薄膜表面很光滑，无法上爬而落下，最后饥饿而死。

（五）化学防治

化学防治在目前特别是在公路系统内仍是最主要的防治病虫害的措施。虽然化学防治长期不合理的使用，会带来很多副作用，特别是抗药性的产生。但是在目前的情况下不应该取消或轻视化学防治，而是考虑如何正确科学地使用农药、合理用药。化学防治的优点是收效快、急救性强，不论是病虫害发生前还是发生后，一般都可以迅速控制，并能及时取得显著效果，对于一些短期内即能造成严重危害的病虫害进行防治时，化学防治的优点尤其突出。在使用药剂时，同一品种不能长期使用，否则容易产生抗药性，最好几种农药轮换使用。另外，病虫害往往不是一种虫蚁病，经常是一种复合状态，几种虫（或病）共同危害，所以在使用农药时，应依据发病情况及农药的理化性质进行混配，达到控制多种病虫的目的。农药的种类很多，根据剂型可分为可湿性粉剂、颗粒剂、乳化剂、水剂、油剂等；根据杀虫除病的机理又可分为触杀、内吸等。农药的使用方法很多，常见的有：①喷雾，将农药制剂加水稀释或直接利用农药液体制剂，以喷雾机喷雾的方法杀虫，适宜用这种方法的剂型有可湿性粉剂、乳油、胶水剂或油剂；②喷粉，用喷粉器械所产生的风力将药粉吹出，分散并沉降于植物及有害生物体表面的方法，此法适用于干旱缺水的地区；③熏蒸，使用熏蒸剂防治病虫的方法，公路上很少采用；④土壤消毒，将药剂注入土壤中，以防治土壤中生长危害树木的病虫。

四、补植

在公路绿化施工中，再理想的管护措施也难免出现部分苗木死亡的现象，因此需要补植。补植方法与一般栽植基本相同，但由于种植时间上滞后，不在植物最适的生长季节，而公路不会允许一年以后再补植，因此，需要采取部分特殊的措施。

夏季补植主要针对春季栽植死亡的树木，由于发现死亡后正是植物生长旺季，此时不宜补植。但树木夏季有 20 天左右生长比较缓慢的时期，此时春梢停滞生长，其他枝尚未发芽，如此时补植，宜选择春梢停止生长的苗，配合重剪和向枝叶上喷水控制小气候。如果是裸根，可以采用泥浆沾根或适当带一些原来的土壤，若养护得当基本可以保证成活。此外，还可以用生长素处理根系，促使根的发生；对于土球苗木，可以加大土球量，并采用重剪、叶面喷水等措施，改善小气候条件，减少水分蒸发。

夏季种植的苗木主要为常绿树种，特别是松柏类占的比重很大，发现死亡后多在秋季，如果种植所在地的冬季不是很冷，风不大，可以在秋季补植。

第三节 公路建设项目环境污染控制技术

一、公路交通水污染控制

（一）水污染控制的基本原则及方法

控制水污染，根本的原则是将"预防"、"治理"和"管理"三者结合起来。

"预防"是指在生产工艺过程、施工过程等产生污染物的源头处，通过有效的措施使污染物排放量减到最少。例如，对于生活污染源，可通过使用节水用具、提高民众节水意识、减少用水量，来减少生活污水排放量。在公路运营阶段，限制除冰盐的使用，可减少路面冰雪融化水中的污染物含量；在洗车场，采用循环用水系统，可减少洗车废水排放量；在公路施工过程中，禁止将化学物品堆放在河流湖泊等易于被洪水冲刷进入水体的场合，可防止化学物品对地表水体的污染；限制将公路弃渣堆放在河道，可防止弃渣对河流的污染；在桥梁施工过程中，采用沉淀池沉淀处理桥梁基础施工中的泥浆，替代直接将泥浆排入河流，可减轻对河流的污染等。

"治理"是水污染控制中不可缺少的一环。采用合理的技术，确保废水在排入水体前达到国家或地方规定的排放标准，是水污染控制的重要途径。废水处理的方法可归纳为物理法、化学法和生物法等。

（二）生活污水处理

公路沿线的附属设施，如服务区、收费站、管理站及车站排放的废水都具有生活污水水质特征，所以常采用生活污水处理方法进行处理。

1. 生活污水处理的典型工艺及原理

生活污水处理，依据污水的出路或受纳水体的要求及环境特征、经济技术状况等因素，可选择不同的方法或处理工艺。

2. 组合式生活污水处理设备

无法排入城市污水处理厂的小规模集中住宅或厂矿生活区污水，目前常采用组合式生活污水处理设备（一体化生活污水处理器）处理，该污水处理器将一、二级处理单元组合在一个设备内完成（也有利用化粪池作为一级处理单元来沉淀固体悬浮物及污泥消化),节省了占地,便于施工安装及产品化。产品分地埋式和地上式两种。从原理上讲,属于二级生物处理。

3. 干厕及化粪池

(1) 干厕

在一些干旱或半干旱地区的公路施工营地或已建成的公路服务设施内,如果使用人口较少,则修建干厕不失为一种因地制宜的环保措施。干厕中沉积的粪便经长时间的自然厌氧消化后是最好的农田肥料,而其上部清液也可当作农田肥液用。

(2) 化粪池

化粪池的最初使用是对未建城市污水处理厂的城镇建筑排放的粪便污水进行初步的处理,以减轻污水对环境的污染。分散的住宅小区或无法排入城市污水处理厂的建筑物排水(生活污水)通常也采用化粪池处理。

化粪池处理污水的机理为:污水从一端流入后,在池内缓慢流动,污水中的悬浮固体得以沉淀分离,储存于底部,在常温下进行厌氧消化。由于污泥的消化过程完全是在自然条件下进行的,所以效率低、历时长,一般需6~12个月,相应所需污泥储存容积较大。上部流动的污水则在池内停留12~24h后排出,化粪池主要去除了污水中的悬浮物,对溶解性有机污染物的去除有限,出水难以达到排放标准,通常作为生活污水初步处理的设施。

4. 污水土地处理

污水的土地处理系统包括慢速渗滤系统、快速渗滤系统、地表漫流系统、湿地系统和地下渗滤系统(地下灌溉系统)等。

污水慢速渗滤系统即污水灌溉农田系统,适用于渗水性良好的土壤和砂质土壤及蒸发量小、气候湿润的地区。污水经布水后垂直向下缓慢渗滤,依靠土壤微生物—农作物系统对污水进行净化,农作物可充分利用污水中的水肥营养素。该系统被认为是土地处理系统中最适宜的方法。其控制因素是场地、灌溉方法、灌水率、管理、耕作情况及污水所需的预处理等。

(三) 洗车及机修废水处理

大型洗车场废水除含有石油类外,还含有大量泥沙颗粒物。另外,大型洗车场废水都要求循环使用。冲洗车体用水和冲洗底盘用水水质也有所不同,要求处理的程度也不同。所以,洗车废水处理除除油外,还要与沉淀、过滤工艺相结合,以达到循环使用的目的。

（四）公路地表径流水污染控制

1. 植被控制

植被控制是一种利用地表密植的植物对地表径流中的污染物进行截流的方法，它能够在地表径流输送的过程中将污染物从径流中分离出来，使到达受纳水体的径流水质获得明显的改善，从而达到保护受纳水体的目的。地表的植被不但有助于降低径流的流速、提高沉淀效率、过滤悬浮固体、提高土壤的渗透性，而且能够减轻地表径流对土壤的侵蚀，常常是一种有效的径流污染控制方法。

植被控制包括植草渠道（Grassed channels）和漫流（Overland flow）两种。植草渠道即在输送地表径流的沟、渠中密植草皮以防止土壤侵蚀并提高悬浮固体的沉降效率。经国外专家研究，在较为平缓的坡度（< 5%）上种植高于地面至少15cm的草，保持植草渠道内较小的流速（< 46cm/s），可取得良好的去除效率。地表漫流是过滤带理论的应用，它是在坡度较小的带状地面密植草皮，使水流发散成为面流，从而过滤污染物质并提高土壤渗透性能的一种方法。

2. 湿式滞留池

湿式滞留池是池中平时保持有一定水量的滞留池，是去除地表径流污染最实用有效的方法之一。湿式滞留池的效率取决于滞留池的规模、流域面积和暴雨特征等。水在滞留池中的停留时间是影响去除效率的关键因素。滞留池去除颗粒状污染物的基本机理是沉淀，但一些滞留池对一些可溶性营养物质也有很好的去除效果，如可溶性磷、硝酸盐及亚硝酸盐氮，其机理可能是由于湿式滞留池中的生物作用。

湿式滞留池不同于干式滞留池（Dry detention ponds），干式滞留池中平时无水，主要是用于暴雨径流量控制，可消减洪峰流量，由于其滞留时间通常为几个小时，一般不足以使细小的悬浮物沉淀下来（已证明地表径流中的污染物主要与细小颗粒有关），且前一次地表径流的沉积物有可能在后一次的降雨中被冲出，使后一次的处理效果降低，所以，长期的总的效果不如湿式滞留池好。

3. 渗滤系统

渗滤系统是使地表径流雨水暂时存储起来，并渗透到地下的一种暴雨径流控制方法。渗滤系统在美国的许多地方都作为一种处理暴雨径流的可选方案，可单独使用，也可与其他常规方法结合使用。渗滤系统通常包括渗坑、渗渠及渗井。

4. 湿地系统

地下水位在地表或接近地表、土地被一层潜水淹没或种植水生植物的土地均称之为湿地。饱和浸润是湿地演化过程的主导因素。湿地是一种复杂的生态系统，通常出现在陆地与水体的交界处，其特征通常是：植物生长茂盛，对营养的需求量大，分解速率高；沉积物及生化基质的氧含量低，生化基质具有大的吸附表面。

湿地可高效地控制地表径流污染，它可以同化水流中大量的悬浮物或溶解态物质。其去除污染物的主要机理是沉淀截留和植物吸附。湿地不同于滞留系统的特征有水层浅、利用植物作为污染物去除的机制、强调水流缓慢、强调面流。不同的地理位置、气候、水力参数和湿地类型都会大大影响污染物的去除效率，在很多地方，湿地处理系统并不可行。

二、公路交通噪声污染控制

(一) 公路交通噪声污染控制基本措施

1. 公路规划

合理选线，避绕敏感区。交通干线应避免穿越城市市区和乡镇的中心区，并尽可能避让学校、医院、城镇居民住宅区和规模较大的村庄等环境敏感点。

在公路规划时，就应考虑避免产生噪声污染的问题，调整公路线位。线位调整的距离应依据公路建设项目环境影响报告书交通噪声预测结果，参考预测的路边交通噪声级，按距离倍减量 3.0 ~ 4.5dB 计算。在公路线形设计标准许可范围内，可结合工程条件进行技术经济分析，增大公路距环境敏感点的距离，降低公路交通噪声影响。

2. 区域建筑规划

在区域发展规划中，公路两侧交通红线内不建学校、医院和居住区等敏感点。城市道路两侧应布置商业、工贸和办公等建筑，以起声障作用。临街如建住宅时，将临路侧布置为厨房、厕所等非居住用房，或采用封闭门、窗、走廊等隔声措施。如果道路为南北向时，将住宅等敏感性建筑的端面 (山墙) 朝街，以减轻噪声干扰。

3. 公路交通工程

在公路两侧已有学校、医院和居民区存在的敏感路段，设禁止鸣笛、限制车速等交通标志，以减轻噪声干扰。

4. 公路工程

研究及使用低噪声路面是降低车辆行驶噪声的有效途径。噪声随传播距离的衰减和在传播途中的吸收衰减是声波的基本性质。由线声源模型可知：在硬地面环境中，距行车线的距离增大 1 倍时，噪声级降低 3dB；增大 2 倍时，噪声级降低 6dB。在软地面环境中，如接收点距地面高度小于 3m，因地面吸收的衰减也是十分显著的，噪声倍减量增大为 4.5 dB。

（二）公路声屏障隔声原理及类型

1.声屏障的降噪原理

声屏障是用来隔离声源和接收者之间直达声的设施，它对交通噪声的衰减作用主要是通过吸声和隔声来达到的。吸声是靠吸声材料来实现的，而隔声主要是靠增加噪声的传播距离来达到的，噪声传播路径的不同是噪声衰减的原因。声屏障隔声的原理与光照射一样，当声波遇到一个阻挡的障板时，会发生反射，并从屏障上端绕射，于是在障板另一面会形成一定范围的声影区，声影区的噪声相对小些，可以达到利用声屏障降噪的目的。

2.公路声屏障类型

（1）直壁式及"T"形声屏障

直壁式声屏障是公路声屏障中最常见的形式。声屏障的高度取决于所要达到的降噪量及防护对象的高度，车流量大而受保护的建筑物较高时，要建造较高的声屏障。当其高度较大时，有时会受到公路交通工程设施所需净空的限制或风荷载的限制。在此情况下，声屏的上部可做成向内弯曲或倾斜的形状，以间接增大其有效高度，改善屏障的降噪效果。这种形状的声屏即为"T"形声屏障，常用于公路两侧需保护的建筑物高度较高的场合。

（2）土堤

土堤作为一种降噪方式可以单独使用，也可与声屏组合起来使用。土堤的顶部及两侧斜坡常被绿化以便与周围景观相协调。当公路及其两侧的建筑都处于规划之中时，可综合考虑公路及两侧的建筑布局，充分发挥土堤降噪的功能，以便在最少降噪费用及充分利用土地资源的条件下达到降噪的目的。将公路弃土有组织地堆放于路旁，形成自然的隔声屏障，不仅能解决公路弃土问题，而且能达到降噪目的。

（3）生物型声屏障

近年来，声屏障的材料构造趋向自然生态类型。例如：采用混凝土槽砌筑屏障壁体，在槽内填土绿化种植；在路侧堆筑土堤，在土堤表面绿化种植，当土堤较高时在土堤外设砌块护面或分层梯状砌筑，在砌块间绿化种植等，以形成生物墙。生物类声屏障的优点是声学性能好，能与周围环境较好地融合，不影响景观。

（4）半地下式结构

半地下式结构在发达国家的公路建设中曾被采用。常设置于人口稠密区域的挖方路段，并配合有绿化带设计。由于地下式结构常导致进出口处的噪声级和汽车尾气污染物浓度增高，所以，半地下式结构比地下式结构要优越一些。

（5）隧道式声屏障

隧道式声屏障又称为掩蔽式声屏障或地下式结构。适用于城市交通干道两侧的高层建筑物的保护，造价高。在日本、加拿大等国都采用此方法。为了采光，顶部常用透明材料或设置采光罩。

（6）壳式声屏障

此种方式适用于穿过城市的高架桥在无法采用其他降噪措施的场合。与地下式结构相同，壳式设计亦存在于出入口处噪声及汽车尾气污染物浓度增高的问题。壳式声屏障还会给路旁居民建筑带来遮挡光线的问题。

（三）公路隔声绿化带设计

1. 隔声绿化带的概念及作用原理

隔声绿化带也称为隔声林带，是指公路两旁人工栽植的成行列分布，以乔木、灌木为主的林带，是降低公路交通噪声的主要手段之一。

隔声绿化带的降噪原理是当声波通过高于声线 1m 以上的密集植物丛时，因植物的吸收屏障效应，即植物阻挡而产生声衰减。

2. 隔声绿化带的降噪效果

隔声绿化带的降噪效果因声波频率、树林密度和深度而异。由于树叶的吸收作用是在树叶的周长接近或大于声波波长时，才有较大的效果，所以，要得到绿化降噪的良好效果，树要种得密，林带要相当宽，而且要栽植阔叶林。

三、公路交通大气污染控制

（一）使用清洁燃料

1. 无铅汽油

为满足新的无铅汽油标准的要求，实现车用汽油的无铅化，防止燃油产生的污染，就必须调整、优化汽油组分结构，加大含氧燃料的应用，这是进一步提高汽油产品质量、满足现代汽车发动机需求和改善汽车尾气排放的主要手段。

在汽油中，硫是一有害组分。高硫含量的汽油燃烧排放后，会腐蚀系统，使三元催化剂中毒，排放出的 SO_2 污染大气，造成酸雨。因此，降低汽油中的硫含量是炼油加工企业不断努力的目标。

2. 开发研究替代能源

随着石油资源的日益减少和环境污染问题的日益突出，开发研究环保型替代能源已成为一种趋势。目前，在汽车可替代能源的开发研究中，以下五种能源受到人们的关注。

(1) 天然气及液化石油气

天然气是一种资源丰富的气态能源，它具有辛烷值高、价格低廉、对环境污染小以及使用安全可靠等优点，其主要成分为甲烷。甲烷具有很高的抗爆性，辛烷值达130，能适应较高压缩比的发动机，从而提高发动机的功率。天然气在发动机的工作温度下以气态存在，因此，它能与空气混合得十分均匀，在发动机燃烧过程中不会有高分子的液态燃料存在，能充分燃烧。使用这种燃料的有害物质排放量与汽油相比有明显减少。且其深冷液化技术已获得突破性进展，气态时储运不便的问题得以解决。目前，天然气汽车技术已日渐成熟，在许多国家获得广泛使用并被大力推广。

(2) 电能

作为"绿色环保交通运输工具"的电动汽车已受到世界各国的普遍重视，具有十分诱人的发展前景。这是因为电动汽车是零排放车，噪声很小，结构简单，维修方便，特别是采用车用燃料电池，在常温下就能够工作，并输出稳定电流，不需维护，具有很强的耐振性和耐冲击性，在低负荷、高负荷下都能高效率地工作，甚至可以在零度以下工作。

(3) 醇类

醇类能源系指甲醇和乙醇，可利用生物及煤炭来制取，来源有长期保证。且其自身含氧，燃烧所要求的理论空气量少，其热值虽比汽油柴油低，但理论空燃比的混合热值却比它们高，自燃温度和辛烷值高，着火界限度宽，火焰传播速度快，有利于提高充气系数。但其沸点低、蒸汽压高，易产生气阻；汽化潜热高，低温起动性差；对塑料及橡胶有腐蚀作用；对人体有害，且醇类汽车污染大。

(4) 氢气

氢气是一种辛烷值高、热值高且不会产生有害气体的气态能源。其来源丰富，但生产成本高、能量密度小且储运不便。而液态氢技术难度大、成本高，目前仍处于基础研究阶段。若制氢技术及储运技术有突破性进展，其应用范围必将大大拓宽。

(5) 二甲醚

二甲醚（DME）是一种储运较方便、污染小、可用于压燃式发动机的新燃料。其主要成分是丙烷和丁烷，燃烧时几乎不产生碳烟，颗粒排放也很低。允许使用较大的 EGR（废气再循环）率，可使 NO_x 大幅降低。

(二) 机内净化

改革汽车发动机的构造和性能，提高燃料在内燃机内的燃烧水平，实施机内净化是控制汽车污染的根本途径。

机内净化技术有：

（1）调节化油器或使用新型化油器。化油器的改进可改变燃料和空气的混合程度，使燃料燃烧完全，减轻一氧化碳和碳氢化合物的排放。

（2）使用电子点火装置。使用电子点火装置取代传统触点式点火装置，可减少约2%的碳氢化合物排放。

（3）燃料直喷技术。传统内燃机的气缸中是均匀的富油混合气体，由于燃烧不完全，会增加碳氢化合物的排放量。如果气缸中是贫油混合，可使燃烧完全，但点燃困难，使发动机难以正常工作。采用分层进料，使发动机燃料事先不与空气混合，而是将燃料直接注入一种特殊设计的燃料室内，通过一系列严格精细的控制，使空气—燃料比在气缸中的不同部位呈不同的数值，即不同比例的油气混合按层分布。火花塞附近有足量燃油，便于点燃，而其余部分的混合气含空气多，燃烧完全，因而产生的各种污染物也少。

（4）研制开发性能先进的新型内燃机。

（三）机外净化

1. 汽油车（点燃式发动机）机外净化技术

（1）热反应器

热反应器是在发动机之外增加一个燃烧室，使未燃烧完全的物质再进一步氧化成无害物质。

（2）催化转化器

催化转化器是将汽车废气中的有害成分转化成无害物质的装置，一般都安装在汽车底盘上，与发动机的排气系统连接在一起。催化转化器的组成一般包括一个陶瓷载体，一层用来提供很大的表面面积的活性氧化铝涂层，另一层是起催化剂作用的贵金属（最常用的是铂、钯和镑）。

（3）废气再循环装置

可把汽车排出废气中的一部分再送回进气管，然后导入燃烧室重新燃烧。由于这种额外气体惰性较大，可使燃烧室温度降低，而不影响空气—燃料比，因此，在不增加一氧化碳和碳氢化合物排放量的情况下，可降低 NO 的排放量（60% ~ 80%）。

2. 柴油车（压燃式发动机）机外净化技术

（1）微粒捕集器

微粒捕集器系统是在发动机排气管中设立一个颗粒物过滤器（捕集器），并采取几种方法燃烧（氧化）过滤器中收集的颗粒物。制造一种能够从排气中捕集炭黑和颗粒物的过滤器并不难，有效的过滤介质也已开发出来并得到应用。开发微粒捕集器系统存在的主要问题是如何有效去除炭黑并让过滤器再生。

（2）氧化催化剂

柴油机氧化催化剂能氧化颗粒物中的大部分可溶性有机物，以及气态的 HC、CO、臭味和致突变物质。因为不捕集固态的颗粒物，氧化催化剂不需要再生。这类催化剂已成功应用于轻型柴油车，并被看好可移植到重型柴油车上。

（3）柴油机稀燃氮氧化物催化剂

由于柴油机是在稀燃条件下运行，普通三效催化剂不能净化 NO 的排放。目前，正在开发利用尾气中未燃尽的 HC 作为还原剂的 NO_x 净化催化剂，可获得20%的净化效率。但总的结果不乐观，因为尾气中的水分影响催化剂的活性，柴油中的硫分也会使催化剂中毒，而且还原型催化剂还要求尾气中有较高的 HC 浓度，有可能导致油耗增加和 HC 排放上升。

（四）改善公路交通条件，发展高效交通系统

1. 改善道路质量

恶劣的道路可使汽车损坏严重、车速降低、油耗增加、尾气排放加剧。如果道路弯曲狭窄，则使汽车滞留时间延长、污染加重。改善道路质量、发展高等级公路和高速公路、提高车速可降低汽车排气污染。

2. 建立高效公路交通系统

建立高效公路交通系统，如建造立交桥及高速公路自动收费系统，改进红绿灯信号控制系统，建造中心广场等，使交通干线及交叉口车辆畅通行驶，尽量减少汽车的怠速状态，可有效减轻汽车排气污染。

（五）公路交通防污绿化

1. 植物对颗粒物的净化作用

凡是能长期或短期悬浮在空气中的固体和液体粒子都称为悬空颗粒污染物，或简称为颗粒物。通过大量的观测发现，人工种植的树木、林带、绿篱或森林都能改变地表固有的不平度。地表的不平度是影响颗粒物扩散的一个重要因素，不平度是相当直观的。草地或裸地的不平度可能只有几厘米，而树林或森林则可达几米。含有各种污染物的气流被高低不平的森林阻挡的话，污染物的扩散可缩小。因此，当污染源附近种植有树林带或森林时，这种范围很大的树林能使颗粒物的最大浓度出现在污染源附近，而距离污染源越远，颗粒物的浓度亦越低。树木在这里引起了一种"沉积"现象的出现。树木或森林形成了阻挡颗粒物扩散，这个作用就是使颗粒

物沉降在树林附近。因此，在公路两旁种植树障或人工林带，具有保护邻近地区免受污染或减轻邻近地区遭受污染危害的作用。

2. 吸收有毒气体

树木对有毒气体均有净化功能，树种不同，对污染的吸收和反应不同，净化能力也有差异。植物吸收 SO_2 大致包括三种情况：①含硫粉尘附着于植物的叶片、枝和干上；②叶片吸收 SO_2 并在植物体内积累；③吸收的 SO_2 被植物的代谢过程同化或转移。据研究，植物通过叶孔吸收 SO_2 后，大多数硫积累在叶片中，其中一部分或以硫酸盐的形式存在于细胞中，或用来形成蛋白质、胱氨酸和蛋氨酸等含硫有机化合物。植物对 SO_2 的净化作用夏季最大、秋季次之、冬季最差，且白天优于晚上。

第四节　公路建设项目环境监理与监测

一、概述

(一) 公路工程环保监理的含义及目的

环境监理的含义：依据国家相关的环境法规，站在一定的高度，通过对事物、现象的直接观察和客观分析、判断，并依法进行处置、处理的行为和活动。环境监理是一种具体的、直接的执法行为。

公路工程的环保监理是建设项目环境监理的一部分，它的含义一是对公路建设项目执行环境影响评价制度情况的现场监督检查，二是对执行"三同时"制度情况的现场监督检查。具体贯彻执行环境监理行为的专职机构应在政府环保部门的领导下，而公路环保监理如同工程质量监理，应该是受业主委托且代表业主对承包商在施工过程中所产生的一切环境问题负责监督和检查。工程环境监理主要包括环保达标监理和环保工程监理。环保达标监理是使主体工程的施工符合环境保护的要求，如噪声、废气、污水排放等应达到有关的标准等；环保工程监理包括生态环境保护、水土保持，以及对自然保护区、风景名胜区、水源保护区等地的保护，包括污水处理设施、声屏障、边坡防护、排水工程、绿化等环保设施建设的监理。

(二) 公路工程环保监理的作用

在我国公路工程建设中实行环保监理可以说才刚刚开始，还没有制定环保监理资格和环保监理工程师资格的审查制度，现有的环保监理工作由工程监理工程师代管。随着国民经济的发展和全国人民的环境保护意识的提高，就公路建设而言，在公路工程施工过程中机械噪声对附近人群的影响，施工粉尘对沿线农作物的污染，固体废物对水域、耕地的污染等等，公路建设的广大的建设者均有所感受，为了保护公路沿线人民的生活质量、减少水土流失、保护耕地、减少水域污染，在公路建设的过程中，实行环保监理已提上日程，其作用有以下几个方面：

(1) 可以有效地促使环境保护设施"三同时"制度的贯彻与落实。

(2) 进一步提高公路战线广大建设者的环保意识，促进环境保护制度的贯彻落实。

(3) 促进公路建设的排污单位(主要是工程施工单位)加强环境管理。

(4) 促进施工企业及有关单位加强污染治理。

(5) 实行公路环保监理可促进施工企业预先采取防污措施，变被动为主动。

(6) 实行公路环保监理可促进公路建设沿线环境质量的改善，减轻对沿线居民生活的干扰。

二、公路工程环境监理的方法体系

(一)公路工程环境监理的方式

1. 旁站监理

公路工程施工期的环境保护工作可以理解为公路沿线若干敏感点的重点控制。对这些敏感点，我们可以采取旁站的监理方式。所谓旁站，就是在工程施工中监理人员对工程的重要环节或关键部位实施全过程的现场查看监理。这是驻地监理人员的一种主要现场检查方式之一。

环保工程施工时的隐蔽工程、重要工程部位、重要工序及工艺，应由环境监理工程师或其助理人员实行全过程的旁站监督，及时清除影响工程质量的不利因素。对可能引起重大环境影响的施工过程，如施工表土清取、堆置保护及施工后覆表，有毒有害施工垃圾(如废沥青渣)的处置，以及关键的生态恢复过程等，环境监理人员应全过程现场检查、监测和记录，及时纠正不规范操作，及时发现问题。施工连续作业时，监理部门应安排足够人员轮班；现场记录应每天交驻地专职环境监理工程师审查并备案，以判定是否符合要求。

2. 巡视监理

对于施工过程，每一道工序都或多或少地对环境造成影响(破坏)，环境监理工程师就是要尽可能地促使施工单位降低对环境的影响、防止环境污染。根据公路施工环境影响(破坏)的特点，环境监理工程师没有必要一直采取旁站监理的方式。环境监理工程师常采取不定时巡视施工现场的监理方式，掌握现场的环境破坏（污染）动态，检查施工人员是否按规定和程序进行施工，并监督承包人和监理双方共同执行好环境监理细则，及时发现和处理环境污染问题。

3. 指令性文件

根据 FIDIC 条款进行监理，监理工程师的各种指令都要有文字记录，并作为主要技术资料存档，使各项事情的处理有理有据。因此，指令性文件不但是一种常用的监理方法，更是监理人员对工程施工过程实施控制和管理的不可缺少的手段。根据工程监理的成功实践经验，公路工程环境监理在试点的研究过程中，已经应用成熟的一些指令性文件有整改通知单、整改复查申请表、工程变更令等等。

4. 检查

检查也是环境监理工程师进行监理的重要方法，有助于环境监理工程师随时掌握施工现场的污染动态，及时制定下一阶段的环境保护措施。

每周由监理处组织一次例行的环保施工大检查，监理处和各驻地办所有环境监理工程师均要参加；检查结果形成报告，上报总监办环保部，并下发各驻地办。每月由环保部组织一次例行的环保施工大检查，各监理处环境监理工程师参加，检查结果形成报告呈报环境总监理工程师，并形成监理月报。另外，各监理处还可以根据施工进度，及其各工序对环境的影响和（破坏）程度，开展随即检查。

（二）公路工程环境监理的手段

1. 公路工程环境监理的技术手段

（1）制定监理实施细则

目前，环境监理工作的依据主要有环评报告、环保法规、监理合同及施工合同等。环保法规往往是原则性的规定，操作性不强；合同对环境保护的规定往往又是概括性的，也不具备操作性。因此，工程环境监理工作的程序化、标准化、规范化、法制化，要求环境监理工程师依据本工程制定切实可行的环境监理实施细则，有效地指导环境监理工作的展开，是工程环境监理工作开展的有效手段。

工程施工期环境监理实施细则的制定，一方面可以提高工程环境监理水平，规范工程环境监理行为，提高监理服务委托合同签订的质量，更好地规范监理服务合同当事人的行为；另一方面可以客观全面地反映监理过程中各方的责权利关系，避免产生合同纠纷，保护当事人的合法权益。

（2）组织环保施工知识培训班

环保部组织环境监理工程师根据工程项目的具体特点，编写环保施工培训材料，定期举办环保培训班。参加培训班的对象应该以承包商的项目负责人或技术负责人为主，让施工单位从领导层开始认识环保施工的重要性。

（3）加强环保宣传和教育

环保部将环保施工的基本知识同工程项目环境现状有机地结合，编制通俗易懂的宣传册，在参与公路建设的职工中发放。在施工沿线环境敏感区域树立环境保护标语宣传牌，宣传牌的内容可以是环境保护法规的条款或是口号，等等，制作环境保护的录像带，在参与建设的职工中播放，既丰富了他们枯燥的工地生活，又提高了其环保意识，使他们理解环保的重要性，并在施工中自觉履行。

2. 公路工程环境监理的经济手段

（1）环境保证金

承包商在开工之前，交纳部分环境保证金，或者也可以将一定比例的工程支付款作为环境保证金。如果承包商严格按照环境监理工程师的要求去落实环保措施，环境监理工程师可以签字，保证金全部返还。否则，环境保证金全部没收，用这部分环境保证金对环境进行修复。关键是环境保证金占工程款的比例过高承包商接受不了，过低起不到环境保护的效果。

（2）罚款

罚款也是环境监理工程师进行监理的有效手段。承包商由于其环保措施落实不够，造成其施工行为污染或破坏沿线的环境，给沿线居民或国家造成经济损失，环境监理工程师可以对承包商进行罚款。

（3）停工

当承包商的施工行为造成比较严重的环境污染（破坏）事故时，驻地办环境监理工程师可以发布停工令，但必须立即上报监理处或环保部环境监理工程师。

（4）支付控制

在环境保证金制度实行效果不好的情况下，我们可以考虑环境监理工程师的支付控制权。因为施工所需的环境保护费用均隐含在工程款中，环境保护费用无法单独进行量化，所以工程款的支付可由工程监理工程师和工程环境监理工程师进行会签，以达到有效控制环保施工的效果。

三、公路工程环境监测

（一）环境监测的概念与目的

1. 环境监测的概念

环境监测是公路建设项目环境保护管理的"眼睛"，是环境保护基本的手段和信息的基础。公路建设项目环境影响评价的环境监测，不仅要监测项目建设前期各主要环境因素的现状值，还要监测施工期和营运期主要敏感点的各种环境因素，并应用监测得到的反馈信息，反映项目在施工期和营运期实际产生的环境影响，及时发现问题，及时改进环保措施的不足，将环境问题解决在项目建设过程中，避免造成意外的环境影响。

2. 环境监测的目的

(1) 环境监测是有效采取环境监理措施的依据

环境监测是环境监理的工作手段，通过现场监测，可以及时、准确、全面地了解施工期环境质量、污染源现状及发展趋势，为施工期环境保护和污染治理提供依据，有助于环境监理工程师采取有效的监理措施。环境监测不仅是评价和控制工程施工区和施工影响区环境状况的重要依据，也是工程环保单项验收的重要组成部分。

(2) 环境监测是环保部门征收排污费的客观依据

①污水排污费。对向水体排放污染物的，按照排放污染物的种类、数量计征污水排污费。超过国家或者地方规定的水污染物排放标准的，按照排放污染物的种类、数量和本办法规定的收费标准计征的收费额加一倍征收超标准排污费。②废气排污费。对向大气排放污染物的，按照排放污染物的种类、数量计征废气排污费。对机动车、飞机、船舶等流动污染源暂不征收废气排污费。③噪声超标排污费。对环境噪声污染超过国家环境噪声排放标准，且干扰他人正常生活、工作和学习的，按照噪声的超标分贝数计征噪声超标排污费。对机动车、飞机、船舶等流动污染源暂不征收噪声超标排污费。

3. 监测因子的选取

施工期环境监测因子的选取是实现监测手段的重要环节。要根据公路施工环境污染的特点选择相应的环境监测因子，以更有效的发挥监测手段的作用。施工期环境监测主要包括生态环境的监测、环境质量的监测、污染物排放监测。

(二) 公路建设项目的环境监测计划

1. 环境监测的依据及目的

(1) 公路建设项目可行性研究阶段，在开展项目的环境影响评价时，为了解公路沿线各主要环境敏感点的环境质量现状，所进行的环境监测。其主要目的是了解各环境要素的质量现状，同时也是对未来环境影响预测提供环境背景值。

(2) 公路施工阶段所进行的环境监测工作，是依据经环境保护行政主管部门批复的该项目的环境影响报告书中所规定的环境监测计划进行的。其主要目的是及时掌握在公路建设阶段各主要施工工序对沿线附近的环境所产生的影响范围和影响程度，根据所监测的信息，了解因施工所产生的环境污染程度，为调整在施工阶段所采取的各项减轻环境污染的措施提供科学依据。

（3）公路建成投入营运阶段的环境监测工作，同样是依据经环境保护行政主管部门批复的该项目的环境影响报告中所规定的环境监测计划所进行的。其主要目的是了解公路在营运阶段，对沿线各主要环境敏感目标所产生的污染影响范围和影响程度，了解已采取减轻环境污染措施所产生的实际环境效益，为变更或增设环保设施提供科学依据。

2. 公路建设项目环境监测的基本内容

公路建设项目的环境监测工作依据环境监测的目的，通常分为三个阶段进行。第一阶段是在项目开展环境影响评价时，对公路沿线评价范围内具有代表性的环境敏感点进行环境现状的监测。环境监测的具体内容视公路所处的环境地理位置、公路沿线环境影响评价范围内环境敏感点或环境保护目标的不同而不同，在一般情况下，包括环境敏感点上的环境空气质量、环境噪声、水环境等。第二阶段即公路施工期的环境监测，该阶段环境监测的基本内容是环境空气中的污染。第三阶段即公路建成投入营运期，此阶段环境监测的依据和基本内容与第二阶段环境监测大体一致。

3. 环境监测机构

公路建设项目的环境监测工作，在环境影响评价阶段由承担环境影响评价的单位直接委托具有国家环境质量监测认证资格的单位承担；公路在施工期和营运期的环境监测由公路的建设单位负责委托具有环境监测资质的单位承担。

4. 环境监测经费

该项目环境影响评价时所进行的环境监测，其经费由承担环境影响评价的单位从环境评价经费中列支。公路施工期和营运期所进行的环境监测，其经费应由业主从环保投资中进行支出。

5. 环境监测的报告程序

环境监测结果的报告制度，环境影响评价时的环境监测结果应由承担单位直接报送给委托单位。

（三）公路施工阶段各类污染源的现场监理与监测

1. 施工准备期

公路建设的征地、拆迁与再安置工作，归属于社会环境内容。就目前所知，不同省市在操作上有所差别，但这项工作是直接与公路施工沿线人民的切身利益相关的。环境监理工程师应该知道当地政府的征地政策及其补偿标准、拆迁补偿标准以及安置去向，在征地拆迁中直接受影响户从应补偿的经费中能得到多大比例，通过何种补偿办法获得补偿等，协助业主或建设单位做好受影响者的安置工作。同时也应维护受影响者的合法利益，使被征地户、拆迁户的生活质量不能降低。虽然这部分工作是在监理工程师进场之前完成的，但是当公路建设正式开工后，若遗留问题得不到妥善处理，将对工程施工进度造成明显影响。特别应注意的是，我国是一个多民族的国家，在征地、拆迁安置中一定要遵守民族政策，注意尊重民族习俗。

2. 各类污染源的现场监理与监测

(1) 各类噪声源的现场监理分类

噪声泛指影响、干扰人们正常工作、生活和休息的声音。随着城市工业、交通运输、建筑施工等行业的发展，噪声已成为人们生活中一个严重的环境污染问题。产生噪声污染的噪声源可分为四类，即工业噪声源、交通噪声源、建筑施工噪声源和生活噪声源。

(2) 各类噪声源的现场监理

对上述噪声源所产生的综合噪声等级，现场环保监理工程师应对施工现场200m 之内的声敏感建筑物的环境噪声进行监理与监测，若监测结果超过了应执行的环境噪声质量标准，达到了扰民程度，影响了沿线居民的生活质量时，环保监理工程师应通知承包方采取降噪措施，或调整机械施工时间。

(3) 环境空气污染源的现场监理

①环境空气污染源

a. 在公路工程施工中，主要在拌和场 (站) 拌制或施工机械摊铺过程中，在能源交换燃烧时会产生烟尘、硫氧化物、氮氧化物、一氧化碳、碳氢化合物等。

b. 施工运输车辆主要靠燃油提供动力，其尾气中主要含有氮氧化物、碳氢化合物、一氧化碳等。

c. 在路面施工中，砂、石料过筛，生石灰消解后过筛，以及混合料摊铺过程中的扬尘对环境空气产生了粉尘污染。

d. 运输车辆在运料过程中产生的扬尘和轮胎刹车片的磨损都会增加对环境空气的污染。

以上污染源对环境空气的污染程度，现场环保监理工程师应对施工现场200m 之内的环境空气敏感点的环境空气质量进行监测。若监测结果超过了应执行的环境空气质量标准时，环保监理工程师应通知承包方采取防范措施，并要求达到标准限值以内。

②环境空气监测地点

环境空气监测地点主要是公路施工现场200m 之内的大气敏感点，包括施工便道经过处、各类拌和场 (站)200m 之内的学校、医院、疗养院及居民集中住宅点等。

③监测项目

a. 总悬浮颗粒物（TSP）。

b. 沥青烟（针对沥青混凝土拌和站）。

c. 监测频次：每月一次。

d. 监测时间：对于 TSP，在拌和站应连续监测 3 天，在施工设备运转时间段内分上、下午进行，采样时间每天不少于 12h；在施工现场监测 1 天，在施工进行中分上、下午进行，采样时间每天不少于 12h。对于沥青烟，应在沥青混凝土拌和站生产期间进行监测。

（4）水污染源现场监理

①水污染源

a. 生活污水是指厨房水、卫生用水、洗涤水等污水的总称，其数量、成分和污染物质浓度与居民的生活水平、卫生习惯有关。生活污水中污染物质以有机物为主，占 60%～70%，并含有大量的病菌和细菌，具有消耗水中溶解氧与传播疾病的危害。施工过程中产生的废水以及建设、监理单位的住所所产生的生活污水的排放，是公路施工中的主要水污染源之一。

b. 公路施工中拌和场（站）的废水排放后渗漏地下会直接造成当地地下水水源的污染。特别是施工现场附近有河流、农田灌溉区，更会造成对清洁水源的污染。

②水环境质量监测

a. 水质监测采样点位。对于江河水域，水质监测时采水样点位一般应设在桥位施工下游 50～150m 处，其垂线点位数量应视水面宽度而定，通常为三点（分为左、中、右），0～50cm 水深的混合水样。对大江、大河可设在施工桥位下游 200～500m。断面采水垂线可视水面宽度增加点位。同时应视水的深度分层采样。

b. 监测项目。通常为 pH、石油类、化学需氧量（CODcr）、悬浮物（SS）、高锰盐指数、溶解氧等。

c. 监测频次。桥下部结构施工期内枯水季节每年 1 次。

d. 监测时间。每次连续至少 2 天，分别在上、下午各采水样一次。

（5）生态环境的监理与监测

①生态环境监理的地点。生态环境监理的地点主要应包括公路处在生态敏感地区的路段，集中取土场处、弃土（渣）场地，高填方或深挖方路段，穿过自然保护区路段以及有保护野生动植物路段，有水生保护动物活动水域的桥梁下部结构工程的水域等。

②监理的内容。涉及结构物的施工质量监理应由工程质量监理工程师负责。

③监理的频次与时间。由于公路施工对生态环境的影响主要发生在施工的前期

至路基工程验收之间，在这段时间内应该加强监理与监督。

（6）环境工程设施的施工质量监理

公路建设中设置的环境工程设施主要包括局部路段的声屏障工程、公路用地范围内的绿化工程、公路的水土保持措施、服务区生活污水处理设施等。这些环境工程设施的施工主要是结构工程与园林施工，其施工工程质量的监理工作应由工程质量监理工程师与园林技术人员负责。环境监理应侧重环境工程设施的环境效果是否达到原设计的要求。经监测若达不到原设计要求时，应通知承包方及早采取补救措施，直至达到设计要求。

第五节 公路建设项目竣工环保验收

一、公路环保设施的界定

从原则上讲，列为环保投资的项目理应作为环保设施。公路项目的环境保护设计贯穿项目各阶段或主体工程设计的各个组成部分。或者说公路主体工程本身及其设施很多均兼具环境保护设施的一项或多项特征。由于公路各部分的设计已各成体系，并均有自己的设计规范，为便于设计界面划分，在具体项目设计时其原则是不打乱原有的设计体系。同理，环境保护设施的实施也是如此。因此，这里所讲的环境保护设计及设施的内涵比较小，或者说项目环境保护设计及设施就是指为落实环境影响报告书提出的环境保护措施所进行的环境保护专项设计、环境保护补充设计或相应的环境保护工程。

二、公路环保设施的施工

按照国家以上有关环境保护"三同时"的规定，所有的环境保护设施在设计阶段就要纳入工程总体设计文件。如前所述，很多公路工程本身，如路基防护工程、排水沟、桥涵和通道等都兼具环保或水保功能，而这些工程都是公路主体工程的重要组成部分，因此，这些工程的实施是没有其特殊之处的。

高速公路服务区等沿线设施中的污水处理设施，按现行的设计界面划分，该项设计由交通工程所包含的房建部分来负责。其设计指标只要符合项目环境影响报告书及其批复的要求，设计和实施均可按现有方式进行。

目前，绿化景观生态工程设计和声屏障设计通常已纳入环境保护项目，而且业主或工程设计总承单位通常会委托相关的专业设计单位来完成。从现有一些公路项目实施方式来看，既有将其直接纳入公路主体工程所在标段的招投标文件，作为土建标的一部分，也有将其各自单独进行招投标，这两种方式均可操作、各有利弊。前一种方式的最大好处在于主体施工单位与绿化或声屏障施工单位为同一承包商，可避免它们之间的相互推诿；后一种方式则使业主可根据项目具体进度情况和绿化工程、声屏障工程的特点，对招投标时间、标段划分（可与土建标不一致）等进行更好的控制。在业主的管理水平和管理能力较强时，以第二种方式实施较好。

三、公路环保设施的验收

在公路环境保护设施验收工作开展过程中，有一些初步的经验或认识，它们将有助于帮助我们改进环境评价工作和项目的环境管理工作，使公路的投资效益得到更好的发挥。主要的经验和认识有：

（1）公路环境评价中大气的环评可以简化。现有公路项目验收资料表明，公路沿线大气污染情况不严重，可满足环境空气质量标准要求。

（2）夜间公路噪声污染是公路验收中要解决的主要环境问题，也是业主单位最亟须改进或采取环保措施的地方。

（3）服务区的污水处理设施与服务区本身的建设一样，都存在滞后现象，往往需要后续验收。已投入使用的污水处理设备普遍存在使用不正常的现象，除管理原因外，最主要的原因是污水处理的工艺未考虑公路服务区污水排放量小的特点，致使设备不能运转。因此，要求研究改进污水处理设计工艺或研制适合公路特点的小型污水处理装置。

（4）公路主体工程的生态恢复和水保防护工程搞得很好。公路绿化，一条路比一条路好。但对于取弃土场以及施工临时用地（施工营地和施工便道）的复垦、水土保持设施和生态恢复等方面则差强人意。

（5）对项目前期有关环境保护文档（环境影响报告书及批复、环境保护设计文件等）和施工期环境保护资料的收集、存档工作重视不够。建设单位对施工中如何落实项目环境保护行动计划、如何制定合同环保条款等问题尚不清楚。对环境保护投资也是如此，往往只能强调项目的绿化费用花费多少，存在单纯以绿化代替环境保护工作的现象。

第八章　生态技术在公路工程建设中的应用

第一节　生态技术在公路工程建设中的应用理论

一、景观设计在公路工程中的应用

公路景观是指公路用地范围内公路本身形成的景观以及对用地范围内一定宽度的带状走廊里的自然景观和人文景观的保护、利用、开发、创造、设计与恢复，使公路建设和自然景观、人文景观浑然一体、相融协调，共同形成一个良好的公路景观环境。对此，在做好公路建设景观设计过程中就要加强前期准备工作，按照公路选线和当地特点并结合风土人情，充分考虑自然、和谐、人本理念。做到景观设计应贯彻以防为主、以治为辅、综合治理的原则，因地制宜，针对不同路段的特点及与周边环境的关系，有针对性地提出景观设计、环境保护、水土保持和生态恢复的防治措施与设计方案；坚持"不破坏就是最大的保护"和"最小限度破坏和最大限度恢复"的基本原则。具体来说在实际设计中要遵循以下几个原则：

安全性原则：所有的生态公路设计都要把安全作为重要的因素来考虑，安全是公路景观设计的基础和前提，路域防护首先要满足道路交通安全性要求，使行车视线良好，并有辅助驾驶员安全行车的功能。

恢复性原则：在公路景观设计中运用多种科技手段来恢复因为公路施工等造成破坏的生态环境。针对高等级公路建设过程中形成的大量边坡，过去传统的做法是种植种类单一的草皮来固土护坡，减少水土流失，可是人工种植的草皮看似整洁优美，却不符合自然规律的要求，经过一定时间后，要么是枯黄、消失，要么是被当地的野生植物吞噬，效果均不理想。在边坡植物防护技术较为领先的日本，已将植物防护的新技术——"生态恢复设计"作为主导，在公路边坡设计初期，设计人员对边坡的地质条件、气候、水文条件和周围植被情况等因素进行综合考虑和调查，在此基础上再模拟原有植被类型的绿化植物选择设计方案，目的是使之与原有的生态系统相适应，做到与原有的植被尽可能相融合。

保护性与自然性原则：保护设计是指对公路路域内的生态因子和生态关系进行科学的研究分析，通过合理设计减少公路建设对自然的破坏，从而保护现有良好的生态系统。公路景观环境要素包罗万象，应重点体现对原有景观资源的保护、利用和开发，以及公路主体与原有自然及社会环境的相融，"不破坏就是最大的保护"，除非不得已，否则任何通过后天的人为绿化方式也无法与经过长时间的自然形成的结构功能稳定、物种景观多样的自然植被相媲美，所以在设计中应强调对原有植被的保护和利用，因征地需要，非移走不可的树木、植被可集中先移植保护起来，等到工程完工时再移植到原先生长条件相似的地方，达到"事半功倍"的效果。从长远自然经济效益考虑，尽量避免破坏古树名木、文物古迹等自然原始的风景区，要想办法从设计和线形选择上考虑保护各种动植物和名胜古迹，并合理地进行利用。在保护原有风景的同时，高等级公路的设计要符合自然发展的规律，自然设计与传统设计相对应，通过植物群落设计，从形式上表现自然，将公路景观充分融入自然环境，创造和谐、自然、美观的新景观。自然式设计的核心就是运用生态的原理和技术，借鉴地域植物群落的组成情况、结构特点和演绎规律，科学而艺术地再现地带性群落特征的公路路域生态景观，它是顺应自然规律发展、能够实现自我维持和更新调节的一个小生态系统，增强植物群落的稳定性和抗变性，实现人工低度管理和景观的可持续稳定发展。

融合与协调原则：公路是一个有机整体，公路是一个具有线性特征的工程，纵向跨度大。在景观设计时既要注意内部各组成部分之间的协调，使其有机地融合在一起，又要注意与地形、环境等外部因素相协调。沿途景点、附属设施以及绿化植物要有统一性和连续性，使公路在满足运输功能的基本前提下，其生态功能基本恢复和完善到原有景观环境水平。

服务社会原则：公路建设应有利于社会进步和发展，对社会环境有重大影响路段，应根据可持续发展原则进行方案论证，主旨是服务经济发展和方便人民群众出行需要。

尊重地区特性原则：景观设计中要与当地风土人情、历史文化相协调，展现当地的文化内涵与韵味，体现乡土特色和气息，使设计切合当地的自然条件，反映当地的景观特征，特别是植被选择上要遵循"乡土树种为主""适地种树"的原则，否则绿化树种引入不当，会带来灾害性的后果，例如，在我国华东、华南作为饲料引进的水葫芦大量蔓延，对本地的生物多样性造成了巨大威胁，已经到了难以控制的程度。因此，在公路路域生态树木的选用上更要考虑实际情况和生长环境，要符合周围生态条件。

经济性与动态性原则：贯彻生态景观学的思想，走可持续发展之路。在公路景观的塑造过程中，坚持动态性原则，既要达到景观效果，又要经济合理。

统一与变化原则：公路的景观设计要在统一的主题下表现出各自的特色和韵味，

适当的风格、造型、色彩变化及线形起伏等，都会使人感受到沿途景观富有韵律感、多变性，达到消除疲劳的目的，在统一中变化，在变化中统一。

精心设计和严格实施是生态公路必须要付诸的重要内容，没有这两条，生态公路只能无法实现。设计部门在结合地方规划设计取弃土石方案时，应综合考虑地质、水文、挡护等情况，做到不造成水土流失、不诱发地质灾害。在实施过程中，建设单位应责成施工单位严格按照设计方案的要求取弃土石。

概括来说，在公路设计中对景观生态的研究要注重实际，将应用与理论相结合，正确分析和掌握第一手资料，搞清情况，结合经济发展现状，做到坚持以人为本，按照科学发展观的要求，既结合当前我国公路建设的实际情况，又兼顾目前社会经济发展的现状，对于适当完善公路生态体系建设大有益处，从而在公路建设中能够做到从优从快。在公路设计中要做到"七至"理念，即安全至上、目标至高、环境至尊、设计至优、质量至严、景观至美、成本至廉。如果都能做到以上几点，相信我们的公路在设计过程中会按照良好的态势发展下去，对公路生态的保护有利无害。

对于设计中的环境保护要贯彻以人为本、保护优先、治理为辅、再生结合的原则，在公路建设中必须超前考虑，将环保工作贯彻于设计之中，切实把好工程设计这一关键环节，重点是优化设计方案，把建设项目对沿线自然环境和社会环境的不利影响降到最低，对沿线房屋、电力设施、通信设施、水利设施等的拆迁改建工作，要充分重视和听取公众意见，力求把影响降到最低，以求长远协调发展，公路线位的选择尽可能调到离环境敏感点较远的位置，合理使用和规划公路用地，重视路基、路面的排水设计，桥梁位置和结构不宜明显改变河道流向，加强设计过程中的水文调查和分析，尽可能掌握详细的资料，设置适当的排水构造物，保护较好的生态环境。在考虑公路景观设计的同时，也要在公路设计，特别是干线公路设计和环境保护与创建中重点抓好以下工作。

（一）自然环境的保护

路线的选择要综合考虑地形、地质与环保情况，合理利用地形既可减少工程量，又可减轻对环境的破坏，规避不良地质可避免地质灾害的发生，上述两个方面与环保紧密相关。湖北在沪蓉西高速公路设计中提出了"地形选线""地质选线"与"环保选线"的设计原则，三者互为条件、有机结合，有利于减少路基填挖、规避地质灾害、保护自然环境，以创建优美的公路营运环境。

路基设计应视地形、地质情况合理选取断面形式，避免大填大挖。在山坡陡峭的坡面尽可能采用半路半桥或路基分幅形式，减少路基土石方的挖填；路基的石方开炸应进行科学爆破，尽量减少对岩体的扰动；路基深挖地段应根据路基边坡的稳定情况采取不同的防护形式，对于顺层、滑坡等不良地质地段应对边坡稳定性进行定性与定理的分析，确定边坡的防护形式，应把工程防护和生物防护结合起来，并尽可能减少工程防护；路堑的边坡建议不拘泥于相同的坡比，应根据具体的情况做适当的调整，对于开挖边坡地段为荒山荒地时，应尽可能降低边坡坡度，这样有利于进行生物防护，减少或取消工程防护，既可减少工程造价，又可最大限度地恢复原始地貌。

隧道洞口设置要遵循"早进晚出"的原则，尽可能与自然保持一致，减少对山体的挖掘面积；隧道选线应充分考虑水文地质情况，通过钻探、物探等多种形式提前探明地下水联通及流通情况，对影响环保、人畜用水的隧道，宜贯彻"以堵为主、限量排水"的原则对隧道内涌水进行治理，确保隧道开挖不影响当地群众的生产生活、不影响山体的稳定、不影响工程的安全。

桥梁要视地质情况选取合理桥型和基础以及施工工艺，避免地质灾害的发生，当桥基位于山体完整、稳定性差的斜坡上时，应对斜坡的稳定性进行分析研究。如桥基位于顺层坡面时，应选择对坡面扰动小的桥基形式，桥基的开挖或钻孔应选用对坡面振动小的施工工艺。

（二）生态环境与营运环境的创建

生态环境的创建：山区公路特别是高等级公路所能利用的地形往往是当地群众赖以生存的宝地，在设计中，一是尽可能减少占用耕地，要对修建路基与架设桥梁两个方案进行比较，如建桥对工程量增加不大时尽可能采用建桥方案，少占耕地；二是要充分利用隧道、路基的废方为群众造地，要结合当地的规划，对弃渣场的位置、规模、地形、地质、排水、挡护、绿化及复耕等方面进行全面科学合理的设计，做到变废为宝、变害为利。

营运环境的创建：由于地形地质条件复杂，公路线形难以达到理想的水平，小半径、长大纵坡不可避免。加之高等级公路重车比例大、山区气候条件复杂、驾驶员操作失误等多方面原因，极易引发交通事故。

二、生态管理制度在公路工程的应用

搞好环境保护与创建的关键在于设计，抓实施是搞好该项工作的重点。在以往的公路建设中，对环境保护工作强调多，具体抓得不细，责任不明确，约束机制不力，没有环保专职管理，基本上是兼职管理，更谈不上对生态公路技术的研究和掌握，公路施工中只管建设、不顾环保。现行的公路建设就是要在现有的体制下，建立一套适合我国国情的公路建设生态指标，从制度上予以保证和完善，注重对生态管理机构的约束和建立，重点是建立生态管理制度体系，把生态公路的制度纳入公路建设一起实施，在审查公路设计的同时，也要审查公路生态工程的设计方案，认可后方能进行下一步的工作。着力从机制上、制度上、机构上给予保证和约束，形成强有力的管理措施。不符合生态公路工程技术指标要求的一律不得开工，只有待各项工作准备妥当，通过专家验收认可后再开工。在以后的公路建设中应从完善管理机构和管理措施入手，重点抓好以下几方面的工作：

（一）加强合同管理，强化环境保护与创建责任

施工单位主要是以创造利润为目的，环境保护与创建意识一般较为淡薄，业主必须在承包合同条款中明确环保的具体内容与相关的责任，形成责任制。

（二）制订环境保护与创建行动计划

在工程尚未动工之前，按照设计要求制订明确的实施计划，以此指导工程施工。如在不稳定山体上爆破石方时，应明确爆破方式及相关的规定要求，实行科学爆破，避免扰动山体；在路基清除表土时，应要求施工单位对地表沃土集中存放，用于取弃土场复耕。

（三）成立环保管理专班

业主、承包商及监理单位应安排足够数量的环保管理人员，成立环保专班，建立管理制度及管理措施，明确职责和义务，对环保工作进行动态的管理。

（四）加强环保工作检查

要适时开展环保工作检查，及时纠正环保工作中存在的问题，不能以环保验收代替管理，避免造成难以弥补甚至无法弥补的缺陷。如在弃土过程中不及时处理防排水问题，以致无法恢复水土流失后造成其他土地沙化。有些施工单位在路基及取土场清表时，对地表层土随意弃放，以致在取弃土场复耕时难于找到适合耕种的表层土。

（五）尽快实施环保监理

要切实搞好环保工作，必须进行严格的环保监理。但目前公路环境保护监理工作刚刚起步，管理体制、办法不健全，须尽快形成环保监理机制，形成完整的环保监理规范，对工程环保工作实施规范性管理。

在保护自然生态环境的同时，要以人为本创建环境，优美与安全的营运环境可

由公路建设单位要求设计部门完成，而生态环境的创建则需要地方政府、设计单位与施工单位及相关部门的密切配合，存在着较多的组织、协调、管理工作。

要树立把握公路建设契机、创建生态环境的意识。在以往的公路建设中，建设单位只是从环保角度出发对公路取弃土石方案提出原则性的要求，施工单位从有利于自身利益出发确定取弃土石方案，对利用废弃的土石方创建新的生态环境考虑较少，而地方政府对此基本上不予关心。但实际上公路建设大量土石方的取弃在对自然环境造成影响时也对创建环境带来了很好的机会，可取土蓄水、弃土造地，是变废为宝、变害为利、造福子孙后代的大好事，应当引起有关部门的高度重视。

科学规划，共商创建。公路建设单位应与当地政府及相关部门沟通有关创建情况，地方政府应组织有关部门积极与公路建设单位配合，共同商定取弃土石的方案。对在创建生态环境时可能增加的工程费用，地方政府应从长计议，组织必要的人力、财力抓住公路建设的契机创建生态环境。

三、生态监控与环评在公路工程的应用

山区较之平原、丘陵地区的公路又有着许多不同的特点，公路建成后，工程安全与运营安全及环境污染上可能存在着某些不稳定的因素，因此，必须通过现代信息技术加强监控，完善监控系统设计，及时掌握有关情况，以便对不利情况进行处理。

（一）环境污染监控

除对沿线收费站、停车区、服务区及隧道内污水和噪声污染进行监控外，更重要的是要对隧道内受污染的空气进行监控，汽车排放的 CO 是一种无色、无味而人体感觉器官又不能分辨的毒性较强的气体，当隧道内该气体超过人体的承受能力时应实行自动报警控制。

（二）营运安全监控

山区公路营运安全受多方面的影响，必须对有关方面进行监控，应对雾区的分布、路段的冰冻情况、隧道内火灾等情况及时提供信息，让驾驶员预知前进方向的道路状况，以便提前采取相应的处理措施。

（三）工程安全监控

山区公路高、陡边坡较多，顺层、泥石流、滑坡等地质病害较为普遍，应对影响路基稳定和危及桥梁、隧道安全的隐患建立信息化管理，掌握工程安全动态，以

便及时采取有关保护措施，避免重大事故的发生。

公路与环境是有机的结合体，公路建设离不开环境的影响，因此，应将公路建设与环境影响评价有机结合起来，尽量做到"三个同时"，那就是在项目前期施工阶段，坚持公路建设项目与环境影响评价同时立项、同时建设、同时运营的制度。在工可研究阶段委托有相应资质的环评机构对项目沿线的弃土、弃渣、噪声、尾气、灰尘、生态恢复等进行综合评价，预可、工可、施工图设计等方案的审查论证邀请并认真听取相关部门专家的意见，并把节约耕地和有利于环保作为方案评比的重要指标，在项目招标文件中明确规定中标单位的施工行为必须符合环保要求，否则将采取相应措施，项目开工前，可以聘请有关环保专家讲解环保要求和注意事项，特别是在项目实施过程中要经常加强环保检查和巡查，一旦发现问题要及时处理和整改，项目完成后，组织有关人员进行验收，达不到要求的一律不准参加交工和竣工验收，从制度上进行严格约束。

四、公路边坡的生态防护应用

考虑公路施工对周边环境的影响很大，如果处置不当，很可能因为施工对公路沿线本身地质造成破坏，比如边坡不稳定导致沿线自然环境的破坏，如塌方、滑坡、泥石流等诸多破坏因素对公路造成的损害，由于公路施工中难免有大量的填、挖方，甚至桥梁、隧道、新改线路段的存在，必然在一定程度上给原来的生态环境造成破坏，当然破坏的程度也会有所不同，如何有效地把生态破坏以后的路段适当恢复，或者加大对公路本身的抗灾害程度，通过一些手段的运用，达到对公路沿线环境的最大保护和恢复，本身也就是对公路生态保护的最好应用，主要来说在技术上目前分为生态防护和工程防护两种，生态防护是对自然环境的拓展，而工程防护是对生态防护的最大保护，并通过一定的技术处理，让工程防护和生态防护之间相互运用、相互作用、相互结合，两者相辅相成、互为补充。

（一）公路边坡的生态防护

边坡生态防护即边坡植被，主要是靠植物根茎与土壤间的附着力以及根茎间的互相缠绕来达到加固边坡、提高坡表抗冲刷能力的目的，保护路基边坡免受大气降水与地表径流的冲刷。公路边坡生态恢复技术目前较为成熟，概括起来有以下几类措施：人工植被、植生带、液压喷播、厚层喷播、锚固三维网复合植被、框格工程、挖沟钻孔工程、有机基材喷播。生态防护不仅可以涵养水源、减少水土流失，而且可以净化空气、保护生态、美化环境、保证行车安全，具有良好的经济效益、社会效益和生态效益，在我国越来越重视环境保护和人们生存质量的今天，生态防护已成为公路边坡防护的一种趋势，代表着边坡防护的发展方向。因此，对公路边坡用植物的选择进行探讨是有必要的，它对促进我国公路边坡生态防护事业进一步的发展，具有重要的现实意义。

采用植物防护，增加植被面积，减少地表径流，可从根本上减少路基的水土流失。植物覆盖对于地表径流和水土冲刷有极大的减缓作用。枝叶繁茂的树冠能够截留一部分降水量，庞大的根系能直接吸收和涵蓄一部分水分，还可稳定地表土层。而没有植被覆盖的地方，降水量全部落在地表面，形成径流，造成水土侵蚀和冲刷。植被的根系能与土层密切结合，根系与根系的盘根错节使地表层土壤形成不同深度的、牢固的稳定层，从而有效地稳定土层、固定沟坡，阻挡冲刷和塌陷，起到很好的防护作用。

近年来，有不少绿化专家试图在北方较陡的上边坡搞公路的绿化防护，如辽宁省抚顺市就对东部山区公路的植物生态防护技术进行了课题研究，并且取得了较好效果，他们主要是以公路边坡坡面防护为切入点，针对不同的地域特点，利用植被涵水固土的原理稳定岩土边坡的同时美化生态环境，根据不同土壤性质分别栽种火炬树、青杨等不同树种，采取既经济又适用和环保的生态植物坡面防护措施，以提高公路的整体减灾、抗灾能力，同时改善公路绿化效果。与传统土木硬防护相比，植物防护虽然种类及其强度不同，但在防护功能上却一点也不逊色，对于降低公路的养护成本、减轻公路养护的资金压力有着重要意义，同时对于在全国范围进行推广也有广阔前景。另外，有的采用三维土工网等措施，但没有在公路上大面积推广。因此，上边坡植物防护问题仍需进一步研究，努力给北方地区光秃秃的上边坡披上绿装。实践证明，对于路基冲刷和崩塌等病害，利用植物防护，通过选取不同的绿化树种、方案设计、特别地区路段的处理和栽植技术研究等的应用，会对以上公路的边坡防护起到积极有益的保护作用。

植物防护包括在边坡上种草、植草皮、植树等。在河北，由于一般地区供挖取使用的草皮缺乏，所以，种草、植树更便利一些。种草一般选取多年生、耐寒、耐旱、根系发达的草种，植树优选容易成活的树种（包括灌木）。黑麦、小冠花均是耐寒、耐旱植物，黑麦、小冠花联合种植技术在北方一些较寒冷、干旱的地区获得了成功，较适用于北方地区的气候条件。黑麦生长快，当年就能长成，但其扎根较浅，适宜短期防护；小冠花生长慢，一年以后才能长成，但扎根较深，尤其耐旱，并且其蔓延繁殖能力强，适合于路基边坡的长期防护，二者结合起来就能达到短期防护与长期防护相结合的目的。

我们习惯将公路沿线植树称为行道树，一般是指沿公路两侧带状用地范围内所栽植的乔灌木等植物的总称，是公路绿化系统的重要组成部分，具有促进交通安全、维护路基稳定、保护路域环境、改善公路景观等作用。应该说我国沿道路两侧栽种植物的历史十分悠久，近年来，交通行业的发展特别是生态公路理念的提出对公路两侧绿化也提出了新的、更高的要求，其重视程度也在逐年提高，科学与环境和谐统一发展的新思路新理念也是深入人心，就公路绿化而言，行道树的选择也是十分重要，并得到充分的利用和体现。近年来，河北省在多条公路边坡上栽种紫穗槐，获得了许多宝贵的经验，比如京石高速公路、石黄高速公路等，都采用了这种防护措施，并取得了成功，既防护了边坡，又美化、绿化了公路。行道树的作用主要有以下几个方面：向驾驶员及时预告公路线形的变化、增进行车安全，同时也具有防眩、防撞、缓冲事故车辆的效果，还可稳定路基、防止水土流失、丰富公路景观、改善行车环境、一定程度上消除司乘人员的视觉和旅途疲劳、吸收日光辐射、减少路面光的反射，使路面温度下降、延长公路的使用寿命，此外，还可以种植一些经济作物，从而得到一定的经济收入等等。然而在沿线种植植物的同时，传统的公路行道树也存在一些共性问题，主要为树种单调、千路一树、没有地域特色，反映出地方优良树种得不到很好的应用，栽种的形式也非常单一，有的栽种不考虑当地的气候和土质条件，所栽种的树木难以成活，甚至存在部分不规范的栽种。当树木长大的时候，大的枝干侵占路面或者挡住标志牌，十字路口因为树木过多导致行人视线不良等情况时有发生，带来了一定的交通安全隐患。此外，有的公路两侧栽种树木没有系统考虑公路所处的环境，为了增加绿化的视觉效果，大量征用土地，将公路和周边的环境分隔开来，既浪费了大量的可用土地，也使整个公路景观协调性差，公路上过往车辆的司乘人员很难有效看到沿线美丽的风光，一定程度上降低了公路的观赏性，如何解决此类问题，使得公路沿线的绿化也能遵循科学发展的理念，使道路真正意义上成为美丽的风景线，单就公路绿化而言现在也形成了一定的发展理念，这一点值得我们注意。综合来说目前有以下四种理念：一是以人为本的理念，那就是行道树的栽植不能仅考虑路的主体因素，而是要充分体现人的因素，主要为公路沿线的居民和过往的司乘人员提供良好的公路绿化环境；二是尊重自然的理念，按照自然发展的规律办事，体现在公路植物的选择上充分考虑公路沿线原有的物种，这一点后面还将强调，将体现地方特色和乡土，选择适合当地生长的好的植物作为行道树，比如在西北干旱地区、南方水网地区、北方平原地区、热带地区、山区和丘陵地区的树木选择和种植的方式、方法都有所区别；三是最大化保护理念，"不破坏就是最大的保护"同样也适用于行道树的发展理念，那就是在公路建设过程中也充分保护原有的公路沿线植物，最大限度地利用原有植物，使其成为公路行道树的有机组成部分，达到事半功倍的效果；四是和谐统一的理念，在选择能够体现地方特色的行道树的基础上，科学合理的设计行道树的栽种方式成为决定一条公路绿化风格的重要环节。传统的公路两侧栽种植物与行道树不同的是，新的绿化理念更多地强调公路绿化、公路线形和公路周边环境的和谐统一，在平原区可引入"景观走廊"的手法，间隔一定距离可以取消行道树栽植，提供一定区域的观景区；在以自然景观为主的微丘和重丘区，可以结合用地情况和周围自然植物的分布生长情况，采用仿自然生长的效果方式进行种植，在树种的选择和搭配上都以自然植物群落为目标，从而形成和谐统一的公路行道树绿化带，并完全地融入自然环境。

简单地理解，公路植物防护也可被认为是一种公路绿化工程，或者说是一个生态绿化系统，是交通环境的重要组成部分，当前我国公路建设中，公路绿化往往是以种植乔木、灌木、藤本、花卉等植物为主要手段，其树种的选用非常重要，一般来说是根据公路的地理位置及植物的生态性、公路的功能要求、针对性、长远性、经济性的原则进行选择。就植物本身而言，它们在公路绿化中体现的效果也会不同，因此，选用时要"适地而树、适树而树"，所选树种间树形、色彩、线条、质地等方面要有一定差异，也要有一定的配合和联系，在统一中变化，在变化中统一，从而通过多样性、相似性，产生自然协调、鲜明突出的感受。了解了树种的特点后，我们就要结合有关公路的实际情况合理地选取树种，大致来说是要结合公路的地理位置及植物生态特性、公路的使用功能、公路的特点和经济性方面来选择树种。其选择应充分考虑适地植树和自然生长环境特点以及长远规划等因素。种一片成一片，能够适应沿线环境并能很好地融入原有的生态体系中去，便于管理和养护，使之适应自然的生长。

公路边坡植物选择的依据主要是气候条件和土壤条件。光照、气温、湿度、降水、风等气候条件都影响着边坡植物的生长发育，但是在选择边坡植物时主要应考虑的气候因素是气温和降水。最高气温和最低气温决定着植物能否正常生长发育，能否顺利越夏、越冬等；降雨（雪）的时期及雨量也是决定采用植物种类的重要依据。

目前，我国公路边坡坡度一般都较大。由于边坡坡度较大，降水落于坡表后，出于重力的作用，极易沿坡面往下流失，造成坡体土壤缺水干旱，直接影响植物的正常生长发育，甚至导致植物死亡，这一点在北方干旱地区的边坡上表现得尤为突出。

土壤成分、肥力、土壤结构、酸碱性、盐碱性、土壤厚度等土壤因素与植物的生长发育密切相关，从而决定着边坡植物能否良好地生长。其中，在选择植物时比较重要的因素是土壤肥力状况、土壤结构和土壤酸碱度等。

公路在施工过程中，因开挖使地表植被完全遭到破坏，原有表土与植被之间的平衡关系失调，表土抗蚀能力减弱，在雨滴、重力和风蚀作用下水土极易流失，植物种子定植困难；公路边坡土壤一般为没有熟化的生土，养分含量一般很低。同时由于坡度大、土壤渗透性差等，边坡土壤对降水截流较小，造成水土和养分流失，使坡面土壤变得贫瘠，立地条件差，不利于植物生长；另外，公路边坡土壤有机质含量一般很少，结构不稳固，经过一定时期的沉降作用后，容重增加，孔隙度降低，不利于土壤中水分和空气的有效运移以及肥料的协调转移，从而对草坪植物正常生长产生不利影响。

公路边坡植被的主要作用是固土护坡、防止公路边坡水毁、稳定公路路基，以及美化公路沿线景观环境。因此，要求边坡植物根系深，能快速覆盖地表。

(二) 公路边坡的工程防护

公路边坡对公路路基的稳定性非常重要，一旦遇到边坡破坏，对公路的损害和影响是非常大的，甚至导致公路交通中断，影响行车安全，从目前有关情况来看，公路边坡破坏的主要形式与机理有以下几种。

1. 公路下边坡

路基下边坡一般为填土路堤。受力稳定的路堤边坡的破坏主要表现为边坡坡面及坡脚的冲刷。坡面冲刷主要来自大气降水对边坡的直接冲刷和坡面径流的冲刷，使路基边坡沿坡面流水方向形成冲沟，冲沟不断发展导致路基发生破坏；沿河路堤及修筑在河滩上、滞洪区内的路堤，还要受到洪水的威胁，这种威胁表现为冲毁路堤坡脚导致边坡破坏。

边坡破坏还与路基填料的性质、路基边坡高度、路基压实度有关系。一般来说，砂性土边坡较黏性土边坡易于遭受冲刷而破坏，较高的路基边坡比较低的路基边坡更容易遭受坡面流水冲刷，压实度较好的边坡比压实度较低的边坡耐冲刷。

2. 公路上边坡

上边坡是人工开挖的斜坡，其强度应满足稳定边坡的要求，这样的稳定边坡在降雨、融雪、冻胀及其他形式的风化等的作用下容易发生病害，其主要破坏形式为冲刷、崩坍等。

冲刷破坏一般发生于较缓的土质边坡，如砂性土边坡、亚黏土边坡、黄土边坡等，在大气降水的作用下，沿坡面径流方向形成许多小冲沟，如不采取任何防护措施，有逐年扩大的趋势；在边坡坡脚，冬季往往发生积雪，造成坡脚湿软、强度降低，上部土体失去支撑，发生破坏；同时，高速行驶的汽车溅起的雨雪水，也会冲刷坡脚。总之，土质边坡的坡脚部位是边坡最薄弱的环节。

边坡的崩坍一般分为三类：落石型、滑坡型、流动型，有时在一次崩坍中会同时具有这三种形式。

落石型崩坍一般指较陡的岩石边坡，易产生落石的岩层必然是节理、层理或断层影响下的裂隙发育，被大小不一的裂面分割成软弱的断块，这些裂面宽而平滑，有方向性。落石和岩石滑动易沿陡的裂面发生。裂隙张开的程度用肉眼不一定就能识别，但能渗水，由于反复冻融，长时间的微小移动，裂缝逐渐扩大；由于降雨，裂缝中充满水，产生侧向静水压力作用，造成崩坍。一般裂隙发育岩体更易发生落石现象，此外硬岩下卧软弱层时，也会发生这种现象。此类破坏形式必须严格控制，崩坍滚落的岩石极易对行车构成威胁。

滑坡型崩坍是指岩层在外力作用下被剪断，沿层间软岩发生顺层滑动，多发生于路基、层间有软弱夹层的岩体中。另外，当基岩上伏岩屑层、岩堆等松散的堆积物时，堆积物也易沿岩层的层理面、节理面或断层面发生崩坍。

流动型崩坍多因大雨等，使砂、岩屑、页岩风化土等松散沉积土受水的影响而产生崩坍，流动型崩坍没有明显的剪切滑动面。

很显然，边坡坡度大时，以上边坡破坏的类型都较低边坡容易发生。

由上面的分析可知，在边坡的防护设计中，既要做好坡面防护设计、排水防水设计、控制好水的问题，又要根据地质条件、岩体性质、岩层产状、边坡坡度做好边坡坡面设计。

在我国山区高等级公路的防护设施中，护面墙是上边坡采用较多的防护形式，而且多是实体护面墙，一般根据边坡的高度、岩石的风化程度及岩土的工程地质特性采取半防护或全防护措施。在半防护措施中，有时采用坡脚护面墙，由于路堑的开挖，改变了空气的流向，在路堑内形成旋转气流、雨雪天气，该气流携带着降水对坡脚的冲刷破坏能力最大，同时汽车高速行驶溅起的雨雪水也直接冲刷坡脚；自然降水自坡顶沿坡面向下流，流至坡脚时，速度最大，冲刷最严重，因此，在坡脚处设置矮墙是最起码的防护措施。从另一方面讲，在坡脚设置护面墙还可起到诱导行车视线的作用。对于土质边坡，技术、经济条件允许时，还可以搞绿化，通过种植一些藤本植物来美化环境。

做好公路的排水和防护设计。近年来，公路排水问题已成为公路建设中环保要求的主要制约因素，通常因水造成公路两边的破坏，进而影响公路沿线环境的变化，作为公路的重要附属设施排水系统非常重要，其类型的选择应从安全、视觉效果及周围环境协调角度综合考虑，重点做好路基排水、路面排水及中央分隔带排水，同时兼顾边坡防护工程的应用，使得公路的排水系统和排水工程防护有机的结合统一，防护工程的应用确保了路基的稳定、减少了水土流失，直接起到了保护环境的效果，同时通过适当的绿化处理，改善了排水系统的环境状况。

总之，搞好公路建设，确保公路边坡稳定、安全、搞好环境保护是非常重要的，如何才能做到以上要求，这就要求我们在平时的公路边坡治理中要深入了解公路边坡破坏的形式与机理，并结合不同情况按照相关要求，加强分析和梳理，针对不同工程对象的土质、水文、气候等特点，灵活采用不同的防护形式，加强设计理念的更新和适应，加强施工建设管理，建安全之路、生态之路、优美之路。

五、公路"安全示范保障工程"的应用

坚持以人为本，树立全面、协调、可持续的发展观，对新时期公路交通工作提出了更高、更新的要求。公路行车安全与否事关人民群众的生命财产安全、事关人民群众安居乐业。加强和完善公路防护设施，保障人民群众生命财产安全，是实现好、维护好、发展好广大人民群众的根本利益的实际行动。

安保工程的设计思想与理念是"安全、经济、环保、有效"。

这个理念体现着"经济上可能、技术上可行、方案上有效"的思想，即必须从实际出发，注重环境保护，因地制宜，采用合理的技术措施，达到"主动引导、突出重点、适度防护"的目的。

安全是一个复杂的问题，交通事故是由人、车、路、环境等多方面因素不协调而产生的。安全保障的工作应在没有发生事故前进行主动的安全引导；在发生事故后进行被动的安全防护，最大限度地保证道路使用者的生命与财产安全。

主动安全引导。通过(禁止、警告、指示)标志、标线、线形诱导标、轮廓标、主动降速设施的合理运用，提前将相关道路交通信息告知道路使用者，使其安全通过危险路段。部分地段可采用提高道路表面的摩擦系数、弯道处适当设置限高等方法提高道路的安全性。公路安全保障工程是在不同地理、地质和气候条件下，针对不同道路安全隐患实施的，具有较大的差异性，因而深入调查研究、注重工程质量是关键要素。

确定技术方案时，应在全面分析交通安全隐患的基础上，合理确定技术方案，注重环境保护和综合处治措施，充分考虑部分地区生态环境的脆弱性。重视现场调研和科学分析，采用主动与被动安全措施相结合的综合性方法，达到"安全、经济、环保、有效"的目的。由于安保工程实施的内容非常广泛，其采取的相应措施也很多，集中起来主要有交通标志、交通标线、视线诱导设施、减速设施、安全护栏及其他综合措施等，这里面的安全护栏的选择和应用与公路生态环保之间的联系非常紧密。

护栏形式的选择。应针对每条公路的具体情况，充分比较各种护栏的性能，分析行驶安全感、压迫感、视线诱导、瞭望的舒适性，并考虑与公路周围环境的协调，结合经济性、施工条件及养护维修等因素，在综合分析的基础上确定。

波形梁护栏刚柔相兼，具有较强的吸收碰撞能量的能力，具有较好的视线辅助

功能，能与道路线形相协调，外形美观，损坏处容易更换。较混凝土护栏具有一定的可视性，可用于美观性要求较高的一般路段和沙漠、积雪地区。

混凝土护栏防止车辆越出路（桥）外的效果好。由于混凝土护栏几乎不变形，因而维修费用很低。但当车辆与护栏的碰撞角度较大时，对车辆和乘员的伤害大。可用于山区急弯路段外侧，路侧为深沟、陡崖，车辆冲出将导致严重伤亡事故的部分路段。

缆索护栏属柔性结构，车辆碰撞时缆索在弹性范围内工作，可以重复使用。缆索护栏立柱间距比较灵活，受不均匀沉陷的影响较小。积雪地区缆索护栏对扫雪的障碍少，但缆索护栏施工复杂，端部立柱损坏修理困难，不适合在小半径曲线路段使用。缆索护栏视线诱导性较差，架设长度短时不经济。风景区公路采用缆索护栏较为美观。

考虑山岭重丘区的施工、材料运输、维修便利，可采用经验证的其他形式的护栏，如钢管护栏、木制抗冲撞护栏、石砌护栏等。

六、公路地质防治工程的应用

自然界内外动力的地质作用所产生的环境地质灾害，如地震、崩塌、滑坡、泥石流等，虽然是自然原因引起的，但它们与公路工程活动是相互联系、相互影响、相互制约的，而且直接影响公路的运营环境。从形式来看，地质原因造成对公路的损害主要有：一是自然灾害，比如因为泥石流和水毁期间的影响导致路基不稳定而造成的公路路基被冲毁、路基上下塌方等都是自然原因产生的公路灾害，这一类的灾害就本身而言，其公路沿线的边坡和护坡本身结构就很脆弱，一旦遇到其他外因的影响，地质结构会发生相应变化，加上内部的自然力作用，就会发生一系列公路灾害，影响公路的通行，这一点在山区公路特别是有地质灾害隐患路段极为常见。对此，可以通过实施地质灾害防治工程对公路沿线环境进行有效治理，并采取相应的处理措施，交通部已经着手建立干线公路地质灾害防治相关方面的工作和方案，目前正处于探索和试验阶段，从目前所实施的路段情况来看，其理论应用大都源于生态技术和相应的观点，并且获得较为明显的成效，通过实施相应的防治后，路段的环境得到了很大改善，路段的抗灾害能力大大提高，这也充分说明了生态技术和理论在公路灾害防治中的应用是有着重要地位和作用的，也对今后这样的路段提供了很多技术经验和借鉴。二是人为灾害，人为的灾害显然是人的原因造成的，因为在公路建设项目中，没有采用正确的方法和措施，破坏了公路建设过程中产生的地质变化，比如对地块的结构进行开挖、向公路的纵断面和横断面开挖，以及公路的降坡、路线的改线、软土路基的填筑等，因为这方面施工导致地质结构发生相应的变化，破坏了原有的地质结构，在某些作用力的影响下，导致地质灾害的发生，影响了公路的沿线环境，甚至可以产生生态性的破坏。对于这一类的灾害，要求建设单位和设计单位在进行工程可行性研究前后对公路线形的选择要高度重视，同时，对公路沿线的地质情况要进行深入了解走访，掌握第一手资料，便于为下一步设计做好充分准备，在设计中尽量不破坏原有的地质结构体系。

从而在以后的工程施工中尽可能做到最低限度地破坏原有环境。当然，对实在不能避免发生地质灾害路段的公路沿线，要求施工单位和建设单位在公路建设的同时充分考虑地质灾害可能产生的后果，提前准备并采取相应预防措施，保证损失降到最低，同时在后期施工中加强对公路生态的恢复。

七、公路交通噪声的治理

公路噪声的来源很多，有施工过程中机械工作的声音，也有车辆运行时发出的声音，同时也有车辆轮胎与公路路面接触摩擦所产生的声音等等。此类声音的产生对周边群众、行人及过往车辆都有很大影响。因此，在公路建设设计时可以考虑采用声屏障、加强路面的平整度、改善车辆性能等一系列措施减少各类噪声产生的途径和分散声音传播路径。尽量减少这种声音源的产生，通过各种措施减轻因公路建设运营后带来的噪声污染，避免影响沿线和周边群众的生活，这也是生态公路建设的要求所在，同时也是路域生态公路恢复研究的重要课题之一，不能简单地把公路生态研究作为生态景观学的延伸和发展，因为还要考虑美学、生物学、设计和环境保护的方方面面，对此就公路噪声的防治也显得十分重要。在施工期间对居民点较多的地点应合理安排施工场地、时间和运料通道，降低声音的影响，加强对路面的质量把关和控制，选用较好的路面材料减少公路施工和今后运营期产生的噪声，对于公路附近的居民处根据路线情况修建声屏障，其高度和长度根据影响居民区的范围而定。根据公路沿线的风貌和自然环境，还要结合当地的风土人情，所以就选择材料和形式而言，也要充分考虑生态环境的因素，借助声学的原理，科学合理地解决声屏障的建立和设置的问题。总的来说就是要通过一系列的技术处理和相应的声音降噪措施，来进一步美化和改善公路沿线的人居环境，为人们提供文明、健康、有序的生活作息环境，同时这也符合建立生态文明和构建和谐社会的要求。

第二节　基于生态保障的施工网络编制与优化

　　要用生态经济学的理论指导进行生态经济建设和管理，首先要认识生态经济学的三个最基本理论范畴及其作用。一是生态经济系统，它是经济活动的载体；二是生态经济平衡，它是经济发展的动力；三是生态经济效益，它是经济活动的目的。取得生态经济效益是人们经济活动的出发点和落脚点。按照生态经济原则，结合高速公路建设的特点，特别是在草原、沙地、农田地区建设高速公路的特点，对公路进行科学规划和合理建设，尽可能减少对科尔沁草原生态环境的破坏。结合科尔沁草原道路建设中的特殊问题，按照有利于生态经济系统的物质流、能量流、信息流、人流和价值流合理高效运转的原则，运用系统工程的方法，进行系统设计、配套施工。要做到这一点，就需要与各个部门，如地方政府、环保部门、农业部门、林业部门、水利部门、施工单位等多家单位之间相互协调，树立生态经济建设综合管理的意识，在科尔沁道路的规划建设中尽量做到同步规划、同步投资、同步建设和同步管理。让道路建设与生态环境保护协调进行。

　　由于工程条件复杂，要想用一套完备的施工网络图将整条线路的施工情况贯穿起来，就必须掌握实际工程情况，有计划分步骤地进行，将不同施工单位所采取的不同施工方法有机地汇总起来，进行群体网络图编制，并使之贯穿整个施工过程，不仅要对当前施工项目予以合理的指导，还要为今后的施工提供宝贵经验。

一、考虑生态影响的施工网络编制

（一）公路施工网络计划技术基本原理

　　网络图是由箭头和节点组成的，用来表示工作流程的有向、有序的网状图形。常见的网络图分为单代号网络图和双代号网络图两种。在网络图上加注工作的时间参数而编成的进度计划，称为网络计划。用网络计划对任务的工作进度进行安排和控制，以保证实现预定目标的科学管理技术，即称为网络计划技术。

（二）公路施工网络计划技术的优点

　　（1）可以把整个工程项目的生产过程的各个环节有机地组织起来，并指明其中的关键所在，从而可使各级管理者和管理人员既能统筹安排、考虑全局，又能抓住关键，合理协调资源，实行重点管理;（2）可反映整个生产过程中各项工序（活动）之间的相互制约和相互依赖的关系;（3）可以进行各种时间计算，能在工序繁多、错综复杂的计划中找出影响工程进度的关键工序，便于管理人员集中精力解决施工中的主要矛盾，确保按期竣工，避免盲目抢工；(4) 能够通过网络计划中各道工序的总时差 (机动时间) 和局部时差，更好地运用和调配人力与设备，节约人力与物力，达到降低成本和加快进度的目的；(5) 在计划的执行过程中，当某一工序因故提前或推迟完成时，能够预见它对工程的影响程度，便于及早采取措施以充分利用有利的条件或有效地消除不利因素，保证自始至终对计划进行有效的控制与监督；(6) 能够设计出许多可行方案，并从中选出最佳方案。

(三) 考虑生态影响的网络计划编制程序

网络计划技术在计划管理中起着举足轻重的作用，其应用的程序为：

1. 准备阶段

(1) 确定网络计划目标

时间目标；时间—资源目标；时间—成本目标；生态目标。

(2) 调查研究

调查研究的内容主要包括：项目有关的工作任务、实施条件、设计数据资料；有关定额、规程、标准、制度等；资源需求和供求情况；制定生态环境保护和恢复措施。对地质不良地段采取的处理措施，对水土流失、环境影响的处理措施；施工方法、料场分布、运输方式、道路条件是否符合实际情况和环境保护要求；珍贵动植物和其具体的保护措施；有关经验、统计资料和历史资料；其他有关技术经济资料。

(3) 工作方案设计

在计划目标已确定并做了调查研究的基础上，就可进行工作方案的设计，其主要内容包括：确定施工顺序；确定施工方法；选择需用的机械设备；确定重要的技术政策和组织原则；对施工中的关键问题的技术和组织措施的制定；确定采用网络图的类型。

在进行工作方案设计时，应遵循以下几项基本要求：尽可能减少不必要的步骤，在工序分析基础上，寻求最佳程序；工艺应达到技术要求，并保证质量和安全；尽量采取先进技术和先进经验；组织管理分工合理、职责明确，充分调动全员积极性；有利于提高劳动生产率，缩短工期，降低成本和提高经济效益。在公路建设中融入景观生态学的理念，采用生态保护和恢复技术，实现对生态环境最低限度的破坏和最大可能的恢复。

2. 绘制网络图

①项目分解；②逻辑关系分析；③绘制网络图。

3.时间参数计算

按照网络计划的类型不同,根据相应的方法,即可计算出所绘网络图的各项时间参数,并确定关键线路。

4.网络计划的总结分析

为了不断积累经验,提高计划管理水平,应在网络计划完成后,及时进行总结分析,并应形成制度。通常总结分析的内容包括:①各项目的完成情况,包括时间目标、资源目标、成本目标、生态目标等的完成情况;②计划工作中的问题及原因分析;③计划工作中的经验总结分析;④提高计划工作水平的措施总结等。

二、全路段施工的特点

要将全线工程协调起来,必须把它作为一个整体看待,其施工计划必须优化编制、统筹安排,使工程不仅能够按时交付使用,同时在建设过程中顾及生态环境的保护。因此,首先应了解全线工程的特点。归纳起来,全线工程施工有以下几个特点:

(一)工程项目多

在全线工程中不仅涉及道路、桥梁、隧道,还有贯穿全线的防护设施以及附属设施等。因为不同的工程施工需要不同的工艺流程,因此要注意不同施工任务之间的衔接以及大型机械的组织作业。

(二)整体性强

全线工程的项目虽然很多,但是它们都不是孤立的,彼此之间都有紧密的联系。路与桥的衔接、隧道与道路的连接等都是相互联系、相互影响的。因此要考虑它们的相互配合、协调施工。

(三)施工周期长

赤通鲁高速公路穿越科尔沁草原,而且沿途部分地区有风积沙,是目前国内地形、地貌及地质较复杂、工程较艰巨的公路建设项目。工程的难度以及地理环境的特殊性要求对施工计划按系统和分阶段进行统筹安排,对网络计划编制进行优化,并对全线工程的施工进行优化规划。

(四)施工单位多

承包商之间应积极配合业主的综合统筹,发挥计划协调作用。

对于优化的全线施工网络计划应能够适应工程项目多、整体性强、施工周期长和施工单位多的特点。优化编制工作应从整体观出发，以全线施工总工期为前提，结合各合同段所在地段的特殊生态环境，进行全面分析，统一筹划安排。即使在局部有所损失的情况下也应服从总体需要，使全线工程达到理想的要求。

三、群体网络概述

对于这种时空跨越大，并由多家单位分头同时同地在特殊的生态环境中实施的大型工程项目，要想运用通常的网络计划技术进行管理比较困难。比如在同一时刻存在不止一个需要分头实施的网络计划，它们之间可能发生冲突等，因此，需要考虑运用群体网络计划技术对全线工程进行协调，反复协商和优化。从表达形式上来看，群体网络技术与常规的网络计划技术的母子网络形式相似，但实质上是不同的。

群体网络技术是属于运筹学范畴，它以网络计划理论为基础。同时吸收其他新兴的科学技术和理论体系，通过运用群体决策理论和方法，综合谈判协商理论。群体网络在形式上是一些利益彼此独立的网络组合，各网络间的冲突和协商是方案优化的基本内容。

四、全路段施工网络优化编制的原则

全路段的施工，由于工程项目不同、地理环境复杂、承包商多等因素造成要从总体到局部做到最优的协作配合较为困难。同时，因为在施工过程中环境对施工的影响以及施工环境的反影响都十分显著，且牵扯的范围广泛，在施工过程中情况也经常变化，组织与管理工作十分复杂。因此，要想将全路段的施工统一起来，在保证进度要求的基础上，将工程项目与环境和谐的融合起来，必须进行全面的统筹安排，使得局部的施工网络计划与整体规划环环相扣，不论从整体上或是局部上都将使环境的保护与施工紧密结合。也就是在优先考虑环境的前提下，采取大统筹与小统筹相结合，建设项目的总体网络计划与各合同段的分项网络计划相结合。总体网络计划起调控作用，控制总工期与环境保护工作之间的协调。通过综合各家施工单位的施工网络计划汇总，编制能够起到调控作用的群体网络图，并结合生态环境要求对其进行资源、进度、费用的优化，然后用到各合同段指导实际分项工程的施工，达到动态管理、动态优化的目的。

五、全线施工网络编制

运用群体网络技术对存在诸多限制的赤通鲁高速公路工程进行施工进度计划的精确编制和优化。赤通鲁高速公路工程是一个十分复杂的系统工程，不但要求施

工中各个环节的配合，而且由于特殊的自然条件，也需要各个合同段之间的积极配合，此外，各种技术因素和自然条件均对工程施工的工期和经济效果有影响。只有综合考虑各种因素，使人、财、物在空间上和时间上充分优化配合，才能够正确组织施工。

通常群体网络图的编制分为四级编制，各级编制根据管理的角度不同而制定，它们分别是：

一级网络为项目的群体施工网络图，编制的内容主要是从整体出发，考虑全线的特殊生态环境，以便协调各施工单位之间的施工工序，将全线施工对环境的影响降到最低，它属于控制性网络。

二级网络为各合同段内的工程网络图，主要由负责该合同段施工建设的单位根据自身的实际情况编制完成的网络进度图，属于指导性网络，可以帮助施工单位在施工过程中调整和配合整体工程项目。

三级网络图的编制主要针对的是单位工程或是专项工程项目，或是单位工程的分层、分段之间的施工安排等。它是现场施工人员借以安排施工和组织资源进场的计划安排，属于现场实施性网络计划。

四级网络图是细部工程网络图，是对较大工程的细分，如桥梁的基础施工、路基施工等，包括细部工程的施工网络计划图都在一张网络图上绘制，这种网络计划图达到了最细的程度。帮助工地直接安排人员施工，并帮助现场管理人员检查评价各个工序的完成情况，可作为下达下一任务计划的依据。

六、施工网络优化

现阶段的施工网络优化仅仅是从施工实际出发，以工程投资效益为立足点的施工网络优化，但是随着可持续发展战略的提出，在大力发展经济建设的同时应做好对生态环境保护的要求已经深入各行各业，基础设施建设也不例外。所以，要对施工网络优化就不能简单地从原有的工期、资源、成本三个方向去考虑，而应该结合生态环境保护这一目标来同时优化施工方案。即要从工期最短、资源用量最优、成本最低和生态破坏最小这四个原则来考虑施工网络的编制优化。

传统的网络计划优化主要是以三大目标的优化为目的，即在既定的条件下，对初步拟定的网络计划方案，利用时差不断调整和改善，使之达到工期最短、成本最低、资源最优的目的。但目前，要做一个能反映全面的数学模型比较困难，所以通常是在不同的限定条件下，使网络计划达到最优，即根据具体的条件进行单项指标的优化。

为了让施工过程中能够做到四个目标协调发展。在此利用多目标决策的理论进行分析并建立数学模型，通过求解分析获得最优的目标方案。

通常一个工程项目，施工是以网络计划图为计划指导的。但是一个初始的网络计划，可能出现工期不符合合同规定、资源供应不均、费用消耗过大，并同时对生态环境造成较大破坏的情况。因此，施工网络计划优化的总目标主要为了综合考虑多方因素，协调它们之间的关系，尽可能地避免上述现象的发生。

七、群体网络图优化

对优化协调后的全线群体网络图校对其施工期能否满足总工期的要求，然后结合全线特殊的生态环境对群体网络图进行资源优化、进度优化和费用优化。

通过由局部到整体，最后形成的群体网络图可以在全局范围内进行资源、进度和费用的优化。比如说综合协调废弃土场、施工便道的设置，而不是对每个合同段独立考虑。这样既有利于减少对生态环境的扰动，同时也能够减少资源的浪费。

(一) 资源优化

通常提到的资源优化是指施工中所涉及的劳动力、材料以及施工机具设备等资源。

(二) 进度优化

进度计划即是时间的优化，时间优化的前提条件就是资源有限，在对全线的群体资源优化后，对比施工工期与要求的总工期是否协调一致，然后进行工程进度的优化，如通过缩短关键工作的持续时间来对时间进行优化。

(三) 费用优化

费用优化也就是我们通常说的成本优化，即在工期限定的前提条件下，将施工费用降到最低。因为在一项施工中，如果要加快速度，通常都需要增加劳动力、材料供应和机械设备等，而这些必然引起成本的增加。

由上面三个优化可以看出它们之间是相互影响、相互制约的。时间优化是以资源有限、工期最短为条件的；成本优化条件是工期限定，而资源优化是以工期最短为前提的，所以，在最初形成的群体网络计划基础上，根据不同的优化目标，通过不断地调整网络计划的时间参数，寻找出最优的网络计划方案。并根据工程的实际进度，对工程施工计划进行动态优化和管理。

第三节 路基、路面及桥梁施工生态保护技术

一、路基施工生态保护技术研究

(一)高速公路边坡坡面的特点

高速公路是全封闭、全立交、四车道以上的干线公路。为适应车流量大、确保分道、安全、高速行车,路面设计要求达到宽、直、平。修筑高速公路的路基时,在地形起伏较大的地段,高出标高的地方要挖方,低于标高处应填方。相比其他工程建设边坡,高速公路边坡的坡面特点及立地条件有其自身特点。

1.原有植被与表土遭到破坏,表土抗蚀能力减弱

公路在施工过程中,因开挖使地表植被遭到破坏,原有表土与植被之间的平衡关系失调,表土抗蚀能力减弱,在雨滴和风蚀作用下水土极易流失。公路施工过程中挖方及重力作用破坏了坡面原有的良好结构平衡,而雨滴的浸泡又增加了坡面的负担,加剧滑坡和崩塌的发展,严重时造成滑坡、泥石流、山洪等。

2.公路边坡小气候复杂,限制因子多

裸露的公路边坡风速比林地大15倍、比草地大8倍。风速大,风蚀往往较为严重,极其不利于水土保持。由于风速大,造成了水、热的重新分配。加上土壤贫瘠、温度变化大等原因,形成了复杂多变的小气候,不利于植物正常生长。

3.边坡坡度较大

由于坡度大、土壤渗透性差等,边坡土壤对降水截流较小,这一方面容易造成水土流失和光、水的再分配,另一方面由于水土流失导致坡面土壤贫瘠,立地条件差,不利于植物生长。目前,我国公路边坡比一般为1:1即45°,有的甚至超过60°。

(二)高速公路的阳坡或半阳坡侵蚀更为严重

高速公路的阳坡接受的热能辐射量较大,土壤昼夜温度变化大,干湿交替较为剧烈而频繁,物理风化强烈,水分蒸发快,湿度低,不利于林草生长,植被覆盖度低,土壤中植物根系和有机质含量少,团粒结构差,土壤干燥疏松,抗冲蚀性能差,抵抗雨滴溅蚀能力弱,故极易造成土壤侵蚀;另外,阳坡为迎风坡,降雨几乎垂直作用于坡面,击溅力最大,同时风又加速了雨滴的重力加速度,加速了土壤的侵蚀。

由于高速公路路基通常较高,地形开阔,空气对流快,造成冬季气温很低,使植物冻伤死亡;春季地温回升慢,夏季温度较高,使植物灼伤甚至死亡。另外,白天气温升高快,夜间散热快,昼夜温差较大。

(三) 边坡坡面侵蚀机理

公路边坡大面积暴露于自然界，长期受到自然因素 (雨水、光照、气温、风力等) 的反复作用，边坡岩土的物理力学性质常发生变化。土质边坡浸水后湿度增大，土的强度降低，饱和后的土体强度急剧降低；岩性差的岩体，在水温条件下，加剧风化，边坡表面在温差和湿差作用下形成胀缩循环、干缩循环，导致岩土强度衰减和边坡剥蚀；地表水流冲刷、地下水源渗出，使岩土表层失稳，产生"鸡爪沟"，易造成和加剧边坡的水毁病害。

边坡的失稳与许多因素有关，地质构造、岩土性质、地形地貌、气候条件、地表水作用、地下水活动、地震、人类工程活动等都可以引起滑坡等边坡失稳现象。在这些因素中，水是产生边坡失稳的重要因素。地表水的冲刷、地下水的活动与其水压力以及暴雨激发等往往是诱发边坡失稳的主要因素。许多在旱季稳定的边坡，会在降雨时期失稳。据统计，在国内大气降雨是绝大多数滑坡的主要触发因素或促发原因。因此，研究降雨对边坡稳定的影响很有必要。

降雨对土质边坡的侵蚀包括使部分泥沙颗粒从边坡中分离及随后的坡面水流对其冲刷而产生的面状侵蚀和沟状侵蚀。

(四) 植物防护理论

范围边坡的灾害防治一直是工程建设者十分关注但又未完全解决好的问题。边坡的破坏按滑动体的厚度可分为深层滑动和浅层滑动 (包括表层的雨蚀及风蚀的滑落)。如何判定边坡属于深层滑动或浅层滑动，目前并没有明确的界限值。本文规定的深层滑动指破裂面处于大多数林木的深根系影响 (一般小于 2m) 之外的滑动。

(五) 植物防护的力学效应

植物的竖向根系穿过坡体浅层的松散风化带，锚固到深处较稳定的岩土层上，起到预应力锚杆的作用；植物的侧向根系在土壤表层形成网状构造物，将其周围土壤缚紧，使土壤成一个加筋的整体，与竖向根系一起形成一种立体防护结构，在土壤的结构上起到网结和桩固作用，增加了土壤的抗拉强度和抗剪强度，从而提高边坡的安全系数。根系对边坡土层的加固作用与根的分布形态、根在土中的含量和根的强度等因素有关。

1. 根的分布形态

生长在一株植物上的根可以分为三种：侧根、竖向 (垂直) 根和须根。植物根的形态决定了它对边坡稳定所起的作用，如垂直根和侧根所起的作用是不同的。一般来说，含有较多的竖直向下地穿过潜在剪切滑动面的强劲须根的根系，可以提高抗浅层滑坡的能力。

2. 土中根的含量

土中根的含量不同，根对土的加筋作用的效果不同，因而植物对边坡稳定性的影响程度就不同。随着深度的增加，根在土中的含量越来越少。衡量根在土中的含量的一个常用的指标是"根的面积比率"（Root Area Ratio，简记为 RRA），它指的是在一个土层断面上（水平断面或垂直断面）根的截面面积与总断面面积的比率。还有一种衡量土中根的含量的方法就是"根的生物量集度"，即一单位体积土中根的质量，它和 RAR 存在一定的转化关系。

3. 植物防护的生态效应

高速公路的建设中占用了大量的土地，并且改变了原来的生态环境以及植被、动物的栖息地。建设高速公路的同时，应尽可能最大限度地恢复被破坏的生态环境，尽一切可能地保护动物、植物的多样性，这样才能最终体现高速公路的生态效益。

（六）边坡生态防护技术

根据不同的边坡地质条件，采用不同的施工方法和施工工艺可将边坡生态防护技术分为如下四种。各类边坡植物防护技术的主要作用及应用条件各不相同。

1. 种草护坡

种草护坡适用于不陡于 1:1 的草类生长的土质边坡。一般选用根系发达、茎干低矮、枝叶茂盛、生长力强、多年生长的草种，并尽量用几种草籽混种。常用的植草方法有人工种草和湿法喷播。

人工种草护坡是通过人工在边坡坡面简单播撒草种的一种传统边坡植物防护措施。

多用于边坡高度不高、坡度较缓且适宜草类生长的土质路堑和路堤边坡防护工程。

湿法喷播方法主要是直接液压喷播技术，主要应用于边坡稳定且高度较低的完全土质型边坡、多级边坡顶部稳定的土质边坡，它是采用液压喷播技术直接将草籽喷播在边坡坡面上，经过养护管理而达到绿化及防护作用。

2. 铺草皮护坡

铺草皮护坡是通过人工在边坡面铺设天然草皮的一种传统边坡植物防护措施。适用于边坡较陡、冲刷严重、径流速度为 1.2~1.8m/s、附近草皮较易地区的路基。草皮铺砌形式有平铺、水平叠铺、垂直叠铺、斜交叠铺及网格式铺设等。

3. 土工网植草护坡

土工网植草护坡是国外近十多年新开发的一项集坡面加固和植物防护于一体的复合型边坡防护措施。该技术所用土工网是一种边坡防护新材料，是通过特殊工艺生产的三维立体网，不仅具有加固边坡的功能，在播种初期还可以起到防止冲刷、保持土壤养分以利于草籽发芽、生长的作用。随着植物生长、成熟，坡面逐渐被植物覆盖，这样植物与土工网就共同对边域起到了长期防护、绿化作用，土工网植草护坡能承受 4m/s 以上流速的水流冲刷，在一定条件下可替代浆（干）砌片石护坡。

4. 蜂巢式网格植草护坡

蜂巢式网格植草护坡是一项类似于干砌片石护坡的边坡防护技术，是在修整好的边坡坡面上拼铺正六边形混凝土框形成蜂巢式网格后，在网格内铺填种植土，再在砖框内栽草或种草的一项边坡防护措施。

（七）路基施工取料场的复垦

公路一般选择高地或山丘取料，取料后整平造田，改善当地的农作条件，这一做法被广泛接受。取料之后，对取料场进行生态恢复是非常重要的。在一些地区的公路建设中，用作路基填料的土源往往非常紧缺，处理不当就会造成严重环境影响。赤通鲁高速公路沿线很多地区采用路边农田取料的方式，取料使地下水出露，必须加大取料面积采集干土，从而对耕地资源造成影响，或取料过深形成水塘，需改变土地作为养殖。

二、路面施工生态保护技术研究

（一）拌和场、预制场等场地的选址

拌和场、预制场、料石场等应该尽量布置在公路规划设计中是服务区的地方。在拌和场、预制场、料石场工作结束后，这些地方就开辟为服务区。拌和场、预制场、料石场等场地内的一系列工作对当地的土壤、大气等产生较大的破坏，恢复如初的难度较大。所以，要把它们布置在规划设计中是服务区等人员活动密集的地方，利用这些地方来减小拌和场、预制场、料石场对生态的破坏。

（二）弃渣的处置

公路工程设计中弃渣处理是一项重要的内容，如果处理不好就会成为水土流失或泥石流（或水石流）的土石源。水土流失危害极大。它可冲毁土地、破坏农田，给农业生产造成严重损失；降低土壤肥力，减少产量，严重制约粮食产量的提高；淤塞抬高河道，洪水泛滥，破坏交通，威胁人民生命财产安全；水土流失使土层变薄，植被破坏，大大降低蓄水能力，加剧洪涝灾害的发生。

公路工程弃渣主要源于路基工程、隧道工程、桥涵工程、建筑工程、便道工程、生活垃圾及取料场的清表。在工程设计中，一般尽可能做到填挖平衡，或通过纵向调运，用工程出渣填筑路基，实现土石方平衡。但是，在很多条件下公路项目会出现工程弃渣。

三、桥梁施工生态保护技术研究

跨河桥梁施工对生态环境的影响主要表现在桥墩基础开挖和钻孔产生的弃土渣堵塞河道，淤积河床水库，污染水体，占用、破坏、扰动河滩和河堤，导致雨季洪水冲刷，产生水土流失。

河流水中桥墩施工时应选择枯水期，桥墩施工方法采取半边河流施工。对河流半边设围堰，先清除外运围堰填筑土方、基坑弃土及草袋围堰等物，并保持水中施工机械清洁，避免机械油污污染水体，施工人员产生的生活污水和生活垃圾不允许直接排入水体，而应采取措施收集到岸上统一处理，以降低对河流水质的影响。

临时占地对植被和土壤的影响主要是在施工过程中料场、桥梁施工等将占用土地在路面施工、材料运输等过程中，如果不采取防尘措施，将会产生较大的粉尘和扬尘污染，粉尘和扬尘污染会对农作物等农业生态环境产生一定的影响。但是由于施工期较短、影响周期短，这些影响会随着施工期的结束而消失。施工采取洒水、遮盖及大风天气停止施工等防尘措施，粉尘影响和污染程度会明显减轻，采取必要的防尘措施后，一般不会对两侧生态造成影响。

四、施工期间水土保持技术研究

（一）水土流失的特点

公路项目水土流失主要集中在施工和营运初期。在美国进行的观测表明，大暴雨从不稳固的高速公路和道路路基上冲走的土壤比从耕地上冲走的土壤要多10倍。水土流失的直接起因是植被的破坏。在公路修建后留下的裸地，雨水形成地表径流流失。暴露的工作面还会使植被更加难以生长，这类问题在原来植被覆盖度就很低的北方山区更具有代表性。

（二）水土流失的形成机制

1. 水力侵蚀

公路建设施工填挖面、砂石料采集场及施工过程中产生的渣、土等松散堆积物，因其结构疏松、孔隙度大，在雨滴的打击和水流的重力作用下，渣土颗粒质量不是以抵抗水流动力而发生位移运动，形成水土流失。水力侵蚀的动力主要为雨滴击溅、坡面径流冲刷、沟槽水流冲刷三种，雨滴击溅引起溅蚀，后两者引起面蚀和沟蚀。

2. 重力侵蚀

在道路建设中，开挖土石方及采集砂石料时，改变了原有地形地貌，使原有地表土石结构平衡遭到破坏。有的山坡土体的休止角变大，失去原已形成的平衡支撑；有的弃渣堆积过高，使得这些原生堆积和人为堆积物失去重力平衡，在雨水渗入后加重了堆积物的自重或在堆积体上方某处形成"滑坡面"，这些都为崩塌、滑坡、泄流等重力侵蚀创造了条件，在温度、暴雨、水分下渗、振动及人为活动的触发下，有可能产生崩塌、滑坡等重力侵蚀，产生新的水土流失。

3. 泥石流侵蚀

泥石流侵蚀是由于降水（暴雨、融雪、冰川等）形成的一种特殊洪流，也是水力和重力混合作用的结果，因此也称为混合或复合侵蚀。严格地说，它是介于水流和滑坡之间的一系列过程，是包括有重力作用下的松散物质、水体和空气的块体运动。

4. 风力侵蚀

施工过程中及工程竣工后的 1~2 年，由于地表植被尚未完全恢复，使得施工区内地表裸露，轻质渣土在风力作用下易产生剥蚀而漂移。

（三）产生水土流失的主要形式

1. 填方路基

在山间洼地，工程需要大规模的填方作业，将形成许多较高的路堤，这样在一定时间内坡面暂时处于裸露状态，松散的土壤上没有植被保护，容易在雨水中产生侵蚀，填土越高，坡度越大，坡面越长，侵蚀的程度越严重。高填方路段的水土流失，还可使边坡松软的土壤被雨水冲入农田，另外，填方路段附近的植被还会遭到施工机械的碾压或被铲除，导致水土流失。

2. 挖方路基

挖方路基主要指路堑及半填半挖的路基，如（调研后确定）山体的切割使坡体产生扰动，影响土体结构，降低抗蚀性，且基岩风化后结构松散、稳定性低，在降雨径流冲刷下极易形成沟蚀；另外由于开挖破坏了植被或弃方埋压坡下的植被，裸露的坡体极易被降水侵蚀。赤通鲁高速公路沿线虽然雨水不多，但降雨时峰值很强，降雨是水土流失的主要原因，降水决定了该地区水土流失以水蚀为主，并大多发生在边坡陡峭的挖方地段。

3. 不良地质路段

沿线部分地区分布一些滑坡体，在施工过程中切坡将会破坏山体的自然平衡，诱发、加速、加大滑坡的产生。岩体破碎的挖方段，产生崩塌也是水土流失的发生源。在雨季，特别是开挖山坡地段施工时，会有部分水土流失。

4. 取弃土场和砂石料场

高速公路在修建过程中需开采大量筑路材料修筑路基及桥隧工程。丘陵路段还将产生大量的废弃土、石方。若为数众多的取土场、弃土堆和石料场处理不当，将会严重破坏沿线的自然地貌，人为产生水土流失。另外，施工弃土的土壤结构松散，弃土渣中含有大量的破碎岩块，其稳定性、抗蚀性都较差。当雨季来临时，弃土（渣）堆周围产生水土流失。

5. 桥梁

赤通鲁高速公路的有些桥梁工程跨河处河面较宽，两岸地形条件较差，特别是有桥墩在水中的一些桥梁，桥台及桥墩基础施工会对一定范围内的地表造成危害，围堰施工造成水土流失。

第四节　公路工程防沙、固沙对策

一、公路沙害的成因

公路沙害的成因主要有两个方面，即自然因素和人为因素。首先，线路所经地段公路两侧的沙质土地地表松散，多以活动、半活动沙丘为主，在干旱多风的气候条件下产生扬沙，对公路路基、边坡和路面造成风蚀和埋压。其次，沙漠公路地段是人为活动较频繁的区域，人为活动的增加和人类对自然资源的不合理利用，破坏了正常的自然生态系统，造成土地沙化。

修筑公路时自然植被大量破坏，引起土壤风蚀沙化，产生新的沙源。另外，筑路时的废弃物堆积，使风沙遇到障碍后风速减小，挟沙能力降低而沉积公路路肩路面形成片状积沙，从而危及公路正常交通运输。具体因素为路基断面结构不合理。风沙流不宜通过而引起路面积沙；路基较低容易积沙而造成埋压；路侧有障碍物，沙粒遇到障碍后下沉堆积在公路上；高大沙丘在强风作用下向前移动，整体埋压路面；公路两侧原来固定的沙丘植被遭到破坏后沙丘活化，很快演变成流动或半固定状态，使流沙面积迅速扩大而埋压公路；机械沙障受损后失去阻沙作用，形成公路沙害；公路的改建、扩建破坏了原有植被，造成草地沙化、固定沙丘活化形成新的沙源；筑路时的弃土堆积在路边形成障碍物，使风沙流受阻；大范围的草地、农田沙化风蚀后构成丰富的沙源，在风力的作用下发生强烈的风蚀、搬运和堆积，给公路造成危害。

二、公路沙害危害方式

（一）路基风蚀

公路路基风蚀是沙区公路沙害最为普遍的形式之一。沙区的一个重要特征是气候干旱、风大沙多，而公路路基主要由当地的风沙土填筑而成，路基结构松散、固结性差，受到风力作用，沙粒很容易被风吹走，产生路基、边坡、路肩的风蚀；或因过境风沙流的冲击、磨蚀，导致路肩或路面底层被掏空而塌陷。

（二）路面沙埋

沙埋路面是沙区公路最为严重的风沙危害形式。当公路穿越密集的流动沙丘群时，则易造成沙丘整体前移上路，阻碍交通，尤其是沙丘群低矮，主风向单一且与路基垂直时，沙丘移动迅速，造成大量沙子堆积，路面形成堆状积沙；当过境饱和风沙流在运行过程中遇到路基阻碍时，由于地形的变化而削弱风沙流的挟沙能力，引起多余沙粒沉积，造成舌状积沙和片状积沙。

湿润区公路以风蚀和小片积沙为主，形成阻路段较少，积沙累积60米。科右中旗——高力板线公路以风蚀为主，阻沙路段极少，植被覆盖率高，沙丘呈固定、半固定状态，出现沙害的路段只有3km。

三、沙漠地区防风固沙技术

（一）植物固沙治理技术

1. 固沙植物种的选择
治理区固沙植物种的选择范围包括乔、灌、草等，最终应选定比较适合当地立地及造林条件的植物。

2. 固沙植物种配置
根据不同的植物种混作及株行距配置，随后确定防治最好的配置模式。

3. 植物固沙新技术应用

采用当前最新的保水剂、抗旱剂、生根粉等处理植物苗木，使固沙植物更加有效地起到防护效果。

（二）工程固沙技术

一方面土工编织袋沙障选用可抗老化 5 ~ 10 年的 PV 管丝编织布，设计成长桶状，分为带鳍和不带鳍两种。带鳍者状如鱼鳍，在长筒侧面切口处预留一定尺寸，鳍顶端一定尺寸内的横线抽掉成须状，模拟麦草，用此装置可将沙障设置成带状、方状、菱形、拱形。另一方面用传统材料设置的沙障其固沙效果无法进行人工调控，一旦设置后其固沙效果会随时间的流逝，在恶劣环境条件下，沙障的固沙作用逐步降低，用土工材料设置的沙障由于材料本身抗不利环境因子的能力强，而且在一场大风过后可用人工将沙障提起，固沙效能马上得到恢复，相当于新设一次沙障。由此可见，这类沙障具有灵活、机动、固沙效果好的特点，可广泛地用于公路的沙害防沙工程。

（三）沙袋固沙

黄柳是当地人工种植的固沙先锋灌木，生长良好；它耐干旱贫瘠，抗风蚀、喜沙埋，在流沙趋于固定后，其生长状况逐步衰退；使用 1 ~ 2 年生的黄柳条，切成 80cm 的插条，扦插时地表以上外留 20cm；按不同的规格在流动沙丘上设置菱形活沙障。

第九章 公路建设项目可持续发展

第一节 公路建设项目可持续发展概述

一、可持续发展的基本内涵

(一) 可持续发展战略的提出

可持续发展从字面上理解是指促进发展并保证其可持续性。很明显，它包括了可持续性和发展两个概念。发展不仅仅是指经济的增长或实际收入的增长，而且指人民福利和生活水平的提高；可持续的过程是指该过程在一个相对无限长的时期内，可以永远地保持下去。

(二) 可持续发展的目的

可持续发展是一个涉及经济、社会、文化、技术及自然环境动态的综合概念，其主要包括自然资源与生态环境的可持续发展、经济的可持续发展和社会的可持续发展三个方面。可持续发展，一是以自然资源的可持续利用和良好的生态环境为基础，二是以经济可持续发展为前提，三是以谋求社会的全面进步为目标。只要社会在每一时间段内都能保持资源、经济、社会同环境的协调，那么这个社会的发展就符合可持续发展的要求。可持续发展不仅仅是经济问题，也不仅仅是社会问题和生态问题，而是三者相互影响的综合体。可持续发展的最终目的表现为以下几个方面：

（1）不断满足当代和后代人在生产和生活上对于物质、能量和信息的需求，既从物质或能量等硬件的角度予以不断地提供，也从信息、文化等软件的角度予以不断地满足。

（2）代际之间应遵循公正、合理的原则去使用和管理属于全体人类的资源和环境，同时每代人也要以公正、合理的原则来担负各自的责任，当代人的发展不能以牺牲后代人的发展为代价。

（3）区际之间应遵循均富、合作、互补、平等的原则，在空间范围内缩短与同代人之间的差距，不应造成物质上、能量上、信息上，甚至心理上的鸿沟，共同实现"资源—生产—市场"之间的内部协调和统一。

（4）创造自然—社会—经济支持系统的外部适宜条件，使得人类生活在一种更严格、更有序、更健康、更愉快的内外环境中，不断地优化系统的组织结构和运行机制。

（三）可持续发展的基本原则

可持续发展内涵中，体现以下几个基本原则：

1.公平性原则

可持续发展强调代内公平、代际公平以及资源分配与利用的公平。

2.持续性原则

在"满足需求"的同时，必须有"限制"的因素，即"发展"的概念中包含着制约因素，主要限制因素是人类赖以生存的物质基础，即自然资源和环境。持续性原则的核心是人类的社会和经济发展不能超越资源与环境的承载能力。

3.共同性原则

可持续发展要求人们对可持续发展的价值观念和道德观准则的普遍认同，要求打破民族、国家、种族和行业的界限，根据合理的要求对资源的利用进行全面的衡量和协调。

4.和谐性原则

可持续发展思想所要达到的理想境界是人和人之间以及人和自然之间的和谐，这就要求每个人在考虑和安排自己的行为时也要考虑自己的行为对他人、后代人及自然环境的影响，从而在人与人之间及人类和自然之间建立起一种互惠共生的和谐关系。

5.协调性原则

根据可持续发展的思想，良好的自然环境是可持续发展的基础，经济的发展是可持续发展的条件，稳定的人口是可持续发展的要求，科技进步是可持续发展的动力，社会发展是可持续发展的目的，因此，经济、环境、人口、社会、科技应协调发展。

（四）可持续发展系统的组成

可持续发展理论的建立与完善一般是从经济学、社会学、生态学、系统学这四个主要方面去揭示其内涵和实质的。可持续发展理论研究的经济学方向是以区域开发、生产力布局、经济结构优化、物资供需平衡等作为基本内容，该方向的一个集中点是力图把"科技进步贡献率抵消或克服投资的边际效益递减率"作为衡量可持续发展的重要指标和基本手段；可持续发展理论研究的社会学方向是以社会发展、社会分配、利益均衡等作为基本内容，该方向的一个集中点是力图把"经济效益与社会公正取得合理的平衡"作为可持续发展的重要判断依据和基本手段；可持续发展理论研究的生态学方是生态平衡、自然保护、资源环境的永续利用等作为基本内容，该方向的一个集中点是力图把"环境保护与经济发展之间取得合理的平衡"作为可持续发展的重要指标和基本原则；可持续发展理论研究的系统学方向是以综合协同的观点，探索可持续发展的本质和演化规律，将其"发展度、协调度、持续度的逻辑自洽"作为中心，有序地演绎了可持续发展的时空耦合与三者互相制约、互相作用的关系。遵从一般系统学的理论和原则，确认可持续发展是由其内部具有严格逻辑关系的"五大支持系统"组成，它们是：（1）生存支持系统——实施可持续发展的临界基础；（2）发展支持系统——实施可持续发展的动力牵引；（3）环境支持系统——实施可持续发展的约束限制；（4）社会支持系统——实施可持续发展的组织能力；（5）智力支持系统—实施可持续发展的科技保障。

一个国家或地区"可持续发展能力"的形成，必须同时取决于上述五大支持系统的共同支持，五大支持系统中的任何一个发生问题，都将损坏整体的可持续能力，直至造成可持续发展系统的崩溃。

二、公路建设项目可持续发展的含义

（一）可持续运输

要想解决以上冲突，必须采用可持续发展的战略，建设可持续发展的公路交通体系。

1. 经济与财务可持续性

经济与财务可持续性是指运输必须保证能够支撑不断提高的物质生活水平。

2. 环境与生态可持续性

环境与生态可持续性是指运输不仅要满足物品流动性增加的需要，而且要最大限度地改善整个生活质量，减少人的生命和健康损失是保持环境可持续性最重要的内容，推行节约技术，搞好土地的规划利用，对拥挤和污染建立有效的措施都是极为重要的战略选择。

3. 社会可持续性

社会可持续性是指运输产生的利益应在所有社会成员间公平分享。可持续运输要求在发展运输过程中不仅要考虑运输本身产生的经济效果，更为重要的是要充分考虑运输的外部正效用与负效用。

（二）可持续公路交通的基本特征

根据可持续发展的基本理念，结合公路交通行业的特征，可以认为公路建设项目的可持续发展是指公路交通在满足社会经济发展对其提出适应并适度超前要求的基础上，既能满足公路交通内部和综合运输体系的协调发展，又能使其与社会、经济、环境、资源等保持长期动态协调发展，最终保证公路交通持久的发展能力和永续的发展状态，满足和促进社会全面进步和国民经济发展的需要。公路建设项目的可持续发展就是一个特定的领域——公路交通运输部门，来研究其如何实现可持续发展的，它不仅要考虑满足当前社会经济发展对公路交通的需求，还要有利于未来公路交通的发展，并尽量减少对社会环境和自然环境的影响，使公路交通与社会、经济、资源、环境相协调，不要因为自身的发展而破坏周围的环境，也不要因为当代的发展而影响后代未来的发展。因此，其内容涵盖了五方面的可持续发展，即经济可持续发展、社会可持续发展、资源环境可持续发展、公路自身及与其他运输方式配合的可持续发展、政策措施的可持续发展。

从理论上说，可持续的公路交通至少应具有以下基本特征：

（1）公路交通应具有相当的运输能力及能力后备，能满足现在和将来进一步发展的要求。（2）公路交通应是高效率的，即能充分发挥其运输潜力，减少不必要的损耗。（3）公路交通应与社会、经济、资源、环境相协调，即公路交通的可持续发展应与社会经济的可持续发展相一致，公路交通资产能够完好运行，能保持良好的财经状况，有限的时空资源能得到最优化，在保护自然资源和生态环境的基础上，能够与资源环境的承载力相协调，交通安全性高，科技创新贡献率高，促进社会全面进步和国民经济发展。（4）公路交通与其他运输方式之间协调有序，共同促进社会经济发展。（5）政策措施强有力的保障，即在公路交通可持续发展的实施过程中，政府部门不但要加强技术、质量的管控，而且要加强组织管理和协调工作，并根据国家有关方针、政策，结合历史经验、现实状况和未来发展趋势，积极研究和探索公路交通可持续发展的新方法、新途径，在整个公路交通发展的过程中切实做好政策上的支持、资金的保障、技术的先进、信息及管理的协调。

（三）公路交通可持续发展的原则

公路交通可持续发展的基本内涵决定了公路交通的发展应当遵循以下若干原则：

1. 有利于经济发展

交通运输是经济发展的必要前提，发展交通运输，有利于资源的优化配置和统一市场的形成，促进商品和服务的流通，提高我国参与国际贸易和国际分工的能力；有利于降低生产成本，并能带动相关行业的发展、改善投资环境、吸引外资、增加就业机会等。

2. 以人为本

经济发展的目的是满足人们日益增长的物质需求，因此，公路交通的发展也要满足人们不断变化的需求。

3. 社会公平

社会公平包括发展机会均等、地区间及不同代人之间的公平等，交通运输的发展要将为人们创造平等的发展机会并放在重要位置。因此，交通运输的发展要有利于改善贫困地区的投资环境，改变落后面貌，从而实现发展机会在时间（当代人和未来人之间）和空间（不同地区、不同收入阶层人之间）上的公平，实现共同富裕。

4. 提高整体竞争力

交通运输对每种商品生产都是一种投入，并体现在商品的原料价格上。因此，公路交通运输的发展要有利于降低成本、提高制造业的竞争力，并在整体上提高国家的竞争力。

5. 节约资源

我国资源总量丰富，但人均不足，节约资源应成为发展交通运输的基本原则。在我国大陆，不适宜耕作的面积占国土面积的七成以上，94%的人口分布在东部42%的国土上，人均耕地面积不足世界人均的47%，全国600多个县的人均耕地面积不足联合国粮农组织确定的0.8亩的临界值。我国的石油、天然气等保有探明储量严重不足，能源结构不尽合理，在我国已探明的能源储量中，煤炭和石油的储量分别为9015亿吨和33亿吨，在一次性能源的生产和消费中煤约占75%。因此，节约耕地、节约能源应当成为公路交通运输发展的重要方针。

6. 环境友好

我国的环境状况虽然局部有所改善，但总体仍在恶化，形势相当严峻。大气污染以烟尘和二氧化硫为主，其中城市中的大气污染问题更加突出，而在污染物构成中，汽车尾气排放氮氧化物、二氧化硫等所占的比例有逐年升高的趋势。因此，公路交通运输基础设施的建设，应当有利于减少污染物排放。

7. 保证国家安全

可持续发展的前提是国家安全，公路交通体系的建立应立足于平时的经济建设，并与通信等设施建设相互配套，在外部入侵，或内部洪涝、地震等灾害事件突发时，有利于信息的传递、救援部队的派遣、应急物资的运输、被困人员的疏散等，以保证国家和人民生命财产安全。

三、公路建设项目可持续发展影响因素分析

公路交通系统的发展是公路交通自身发展条件改善和外部环境因子影响的结果。在公路交通系统的发展过程中，公路交通作为交通运输的子系统，作为社会经济系统的一部分，对其发展的影响因素主要有交通地理特征（地理区位、地质构造、气候条件、地貌形态等）、自然资源分布、区域经济发展水平、环境承载能力、交通安全性、不同运输方式间协调发展程度、交通设施（包括道路设施和交通工程设施两大系统水平）科技发展水平、人才资源培养、交通管理水平等。根据各因素对公路交通可持续发展影响的时间长短，可将其分为长期影响因素、中期影响因素和短期影响因素。

交通地理特征、自然资源分布可认为是公路交通可持续发展的长期影响因素。交通地理特征是公路交通区位的支配因素，自然资源的分布是公路建设项目建设和运营的约束因素，对于这两种制约公路交通可持续发展的长期影响因素较难改变，最好是适应它。

区域的社会经济发展水平、环境承载能力、交通安全性、不同运输方式间协调发展程度以及交通设施水平等可以认为是公路交通可持续发展的中期影响因素。区域社会经济发展水平对公路交通的发展影响主要表现在两个方面：一是产业结构的发展变化影响交通网络运输方式特性的改变，二是在一段时间内经济需求的变化影响交通线路等级、通行能力及工程规模。可持续发展模式和传统发展模式的最大区别在于：可持续发展模式强调环境的可持续性，认为环境是可持续发展的基础。特定空间范围内的环境容量是有限的，而超过环境容量界限的污染物排放将导致环境承载能力的不胜负荷，如果交通运输的发展一旦突破了相应的环境承载能力，将会对社会经济大发展带来负面影响。对安全性的需求是人类的最基本需求，实现安全性高的交通运输是可持续发展对交通发展的基本要求之一。交通运输系统可以看作由一些相互竞争或相互作用的交通运输方式子系统组成的，系统中存在利益冲突的多个独立个体或因素，也包含对各个目标有不同评价标准的参与者，因此需要进行系统协调。系统协调的基本思想是通过某种方法来组织和调控所研究的系统，寻求解决矛盾或冲突的方案，从而使系统从转换无序到有序，达到协同或和谐的状态。系统协调的目的就是减少系统的负效应，提高系统的整体输出功能和整体效应。交通设施是公路交通自身可持续发展的基础，道路设施是主体，交通工程设施包括交通安全设施和机电系统，是保障公路交通运输正常运行和充分发挥道路通行能力的必要管理手段。可以通过整合、协调、克服、维修和养护这些中期影响因素来改善区域及道路本身的交通发展条件，为实现公路交通可持续发展奠定基础。

通过对公路建设项目可持续发展含义的阐释以及对公路建设项目可持续发展影响因素的分析，可为后续的公路建设项目可持续发展评价指标的选取及评价研究打下良好的基础，同时也可为决策部门制定可持续发展的公路交通战略措施奠定基础。

第二节　公路建设项目社会经济目标可持续发展

一、概述

高速公路是现代化公路运输中新型的运输载体，是保障社会快速发展的重要基础设施。高速公路的建设是社会经济发展到一定阶段的产物。高速公路的建设又以其独特的功能和效应对现代社会的经济发展和运行产生了深刻而广泛的影响，尤其是对沿线地区的社会经济发展产生了十分重要的推动作用。高速公路建设项目所产生的效益除了表现为道路使用者的一部分直接效益外，更多地表现为促进和带动其他相关产业部门的发展而产生宏观的社会效益部分，即外溢效益。外溢效益远大于公路项目自身的直接效益。与其他建设项目相比，高速公路建设项目具有影响区域大、时间长、间接性强等特点。因此，如何评价高速公路建设项目所产生的社会影响和作用是当前非常有意义的课题。建设项目社会经济影响评价作为公路建设项目可持续发展评价的重要组成部分，它的重要性也越来越突出。

(一) 社会经济影响评价的特点

公路建设项目建设的主要功能是连接大小城镇，形成区域交通网络和区域经济网络，以促进生产资源的合理流动和高效配置、加快区域内社会经济的增长。公路项目建设和运营所产生的社会影响是多方面的，涉及的范围广。从不同的角度考核，高速公路社会影响通常可以划分为不同的类型。既有直接影响也有间接影响，既有有形影响也有无形影响，既有正面影响也有负面影响。从社会影响的角度来分析，公路建设项目社会影响将是沿着公路线形由近及远辐射，形成一个带状的公路经济带。从时间维度来分析，公路建设项目首先是对沿线直接影响区域内的自然环境和社会环境产生直接影响，公路交通的发展促进社会经济的发展。随着社会经济发展和公路交通的相互作用，社会影响逐渐波及间接影响区域，对该区域的社会经济发展产生带动作用。一般来说，项目的实施会使得直接影响区域的社会经济显著受益，促进该区域生产资源的合理流动和高效配置，使得该区域内的经济总量和居民收入水平显著增加。其次，项目实施后，使得沿线影响区域的交通条件得到改善，建成的公路项目会承担沿线影响区的大部分运量，会使得这些地区或区域内其他道路或其他运输方式显著分流。公路项目的建设将使地区间的空间距离相对缩短，物流和人员往来更加便利从而促进了社会经济的发展，使整个沿线社会环境得到进一步改善。建设项目社会经济影响评价的特点一般包括以下几点：

1. 宏观性和长期性

公路建设项目社会经济的影响评价是从全社会的宏观角度考察公路项目建设通车使用后给社会带来的贡献和影响。社会经济影响评价是对公路建设项目社会效益的全面分析评价，既包括与经济活动有关的宏观经济效益，又有非经济的纯社会效益。而且，公路建设项目对社会的影响具有长期性，如项目对居民文化水平、人口素质的影响等。

2. 间接性

公路建设项目对社会经济的影响是通过它与国民经济各部门和社会再生产各环节之间的技术经济联系和相互作用来实现的。其中有直接的，也有间接的，但大多是间接的，如对经济结构、就业的影响等。

3. 综合性

公路建设项目社会经济影响评价要涉及社会生活各个领域的发展目标，具有多目标分析的特点，要考虑分析多种社会效益与影响的需要，因而必须采用多目标综合评价法来考察项目的整体效益。

4. 定量难

公路建设项目属于基础设施，其社会经济影响评价主要表现在项目外的间接与相关效益上，如人民物质文化水平的提高、产业结构的合理化、社会稳定与国防安全等。这些效益大多是难以定量的无形效益，只能进行定性分析。

（二）社会经济影响评价的总体框架

根据高速公路建设项目社会经济影响评价的特点，社会经济影响更多地表现为潜在和无形的效益，难以进行量化，同时，社会经济影响评价所包含的内容广泛，涉及的因素复杂，加之目前对于公路建设项目社会经济影响评价的定量计算方法还没有统一、规范的体系，需要根据项目具体情况采用定量分析与定性描述相结合，以定性分析为主、以定量分析为辅。

定性分析主要围绕高速公路建成通车对改善路网结构，促进区域经济增长，优化区域经济格局，促进产业结构调整以及工农业发展等方面带来的影响进行分析和评价，从多角度阐述高速公路对社会经济发展的影响。定量分析主要是采用模糊评价法对上述方面进行评价。

二、社会经济成本测算方法的改进

社会经济评价是从社会经济综合平衡的角度考虑，从社会价值观点出发，分析和计算项目的社会经济净效益，以判别项目的经济合理性。进行社会经济评价的关键是计算出社会经济费用和经济效益，然后对二者进行比较分析。经济费用的构成分析及定量是社会经济评价中的关键，同时也是难点。因为经济费用体现国民经济的情况，不同于财务费用仅仅体现企业财务上的支出，这就比较难以把握；费用计算所用的价格是影子价格，影子价格体现机会成本，更是难以把握尺度；同时，费用的测算常常忽略外差成本，使得测算的结果不确切。本节在认真研究经济费用含义的基础上，提出了经济费用的特点及构成，在分析已有建设项目投入物影子价格测算方法的基础上，进行了一般投入物影子价格测算方法的改进，使其更能体现机会成本的本质，可操作性更强。同时，对于经济费用中的外差成本进行了分析研究并采用了适当的模型将其定量化。

(一) 社会经济费用的含义

1. 社会经济费用的含义及其构成

社会经济费用也称为经济费用，是指国民经济为拟建项目的实施而付出的代价。衡量经济费用是公路建设项目国民经济分析的重要组成部分，也是投资决策的基础。高速公路建设项目的经济费用是指国民经济为兴建和经营该项目所花费的全部费用，它包括这个项目兴建和建成后营运中所投入的全部物资消耗和人力消耗。

经济费用不以货币的支付为转移，也不以现金流量的减少为标准，而只是以国民收入减少为唯一的鉴别原则。换言之，只有为实现道路项目而使国家消耗各种资源，造成国民经济支出增加的，才可以列入经济费用。依据公路建设项目经济费用的含义，它由项目投资费用、运营费用和外差成本三部分组成。在公路建设项目可行性研究阶段，宏观经济评价中的经济费用通常计算建设期投资费用和运营期经济费用两部分，其中运营期费用包括日常养护费用、管理费用、大修费用等。

2. 公路建设项目国民经济费用特点

(1) 经济费用是站在国家立场 (至少是地区立场) 上看问题，衡量由于施行某一项目带来多少国民经济收入及减少各类资源的消耗，以便做出合理的宏观决策或者调控决策，故经济费用反映的是宏观经济。(2) 经济费用的鉴别原则仅以减少国民收入为唯一的判断依据，即只有引起国家资源消耗，造成国民经济增支的成本，才可列入经济费用。不具备这种特性的支付成本，就不是项目的经济费用，而只是国民经济大系统内部的转移支付，如税金、国内贷款利息等。(3) 经济费用以资源的机会成本为尺度，采用影子价格、影子汇率、影子工资、贸易费用率和社会折现率等国家统一规定的参数来测算。

（二）影子价格测算方法的改进

1. 影子价格的含义

影子价格（shadow price）又叫作经济价格、调整价格和效率价格。影子价格是人们对所用资源的一种评价，它可用边际成本或效率系数表示，不直接表现为商品交换价格；它不用于商品交换，而用于预测、计划和项目评价等工作。人们把影子价格作为合理利用有限资源的标准。

影子价格是指当社会经济处于某种最优状态时，能够反映出社会劳动消耗、资源稀缺程度和市场供求关系的价格。其经济含义是在最优计划下单位资源增量所产生的效益增量，就是资源合理利用的社会经济效益，即它是为实现一定的社会经济发展目标而人为确定的、比交换价格更能合理利用资源的效率价格。如对于数量无限的资源，影子价格为零；而越稀少短缺的资源，其影子价格越高。影子价格不是实际价格，而是一种虚拟价格。它与市场上的实际价格不同，是用线形规划方法研究资源合理分配问题时求出的一套价格体系。

影子价格的作用主要体现在两个方面：一方面是有效地纠正被市场价格约束的投入资源的经济代价，从而显示项目经济费用的真实性；另一方面是有利于按政府的投资政策和国情对项目方案做出选择。

2. 影子价格的测算方法

我国将高速公路建设投入物分为两大类：一类是一般投入物（货物），诸如项目建设所需的各种材料；另一类是特殊投入物，包括劳动力消耗、资金、土地、外汇等。其中，一般投入物又分为外贸货物和非外贸货物。因此，影子价格按外贸品、非外贸品、特殊投入物等分类测算。此外，还有全国统一采用的影子汇率和社会折现率等。

（三）基于外差成本的间接费用计算

1. 外差成本的含义

外差成本是指国民经济为消除或减少消极外差因素而付出的代价。高速公路建设项目的兴建和营运往往给社会带来不利的影响和副作用，这些外差因素主要是污染和噪声。社会为防止污染和噪声对居民的危害，采取了一系列防范措施，因而支付一部分资金，这就是外差成本。

公路部门每年要投入大量的资金用于新的高速公路建设，改善现有高速公路的通行能力，维护现有高速公路系统的运行条件，提高其安全性和高速公路运输系统管理的高效性以及改善环境质量等。一般情况下，国内在进行经济分析与评价时所考虑的与高速公路有关的成本主要包括建设投入、养护维修费用、管理费用以及车辆运营费用等，而不考虑与高速公路有关的，大气污染、噪声、全球温室效应以及对社区的阻隔等方面的社会成本费用。国外目前已成功开展了多项政策研究，用于减少一些外部社会成本，在减少大气污染和交通事故方面效果明显，并且从对道路使用者收费中抽出资金，实施一些计划项目，例如实施运输需求管理，提高道路安全性，改善道路拥堵和提高大气质量，建设噪声墙等来降低高速公路社会成本。

2. 外差成本的定量计算

（1）外差因素

高速公路对环境的影响在施工期间，主要是施工噪声、筑路材料运输噪声，其次为施工机械、柴油燃烧、沥青、扬尘等对环境和人的影响。高速公路投入使用后对环境的污染主要来自公路上行驶的各种机动车辆，即在车辆行驶过程中产生的噪声、尾气对环境造成的污染。

（2）外差成本

从经济学的角度来讲，外差成本可分为外部费用和内部费用。内部费用就是为防止污染，用于安装防治设备、技术投入等的投资和运行费用。在这里，市场经济规律起到重要作用。外部费用则是排放的各类污染物对自然资源及环境质量的损害费用，为考虑市场规律，目前以纳税或其他形式支付。外部费用应该从社会、经济、自然三方面考虑。

①社会方面

在社会方面以对社会产生的损失为出发点。它包括因污染而致害的赔偿费、医疗费等。

②经济方面

经济方面是指因污染造成国民经济上的损失。它包括交通事故、生活区污水排放导致水质污染造成给水处理费增加；污水灌溉土地造成农业减产和粮食、蔬菜受到污染等；水体污染造成渔业产量下降等等。

③自然方面

因汽车、生活区排放的各类污染物造成生态破坏，珍稀动植物消失或濒危，森林植被破坏使水土流失、物种栖息地消失，矿藏过量开发、无代价的丢弃造成资源耗竭，且难以恢复。

三、基于GDP贡献率计算的公路直接效益

高速公路项目属于交通运输行业的基础设施，其本身也能创造国内生产总值。

公路直接效益可用公路部门所增加的产值和公路部门所创造的 GDP 贡献率来计算。

四、基于改进投入产出法计算的投入效益

（一）投入产出模型

1. 高速公路建设项目的投入产出物

在高速公路的建设过程中，项目建设资金的投入直接带动了沿线及周边区域内建筑业、原材料供应、公路运输业等相关行业的产业增长。首先是高速公路建设自身对国民经济增长的直接拉动。其次是高速公路建设过程中要使用各产出部门的产品和服务，叫作直接消耗；为生产这些产品和服务又要使用其他产出部门的产品和服务，对于高速公路建设项目是间接消耗；其生产过程中还会产生新一轮的间接消耗，依次循环直到收敛为零。直接消耗和所有间接消耗之和称为完全消耗。投入产出可以有效地分析特定时期的区域结构与生产技术联系，得出不同产业的乘数，特别是在决定间接影响时这些乘数较为敏感和精确。另外建设期的数据已有，可借助当时的国民经济核算中的投入产出表来计算，且数据较为稳定，这也是选择投入产出方法分析投入效益的原因。

投入产出作为一种科学的分析方法和理论，是研究国民经济体系或区域经济体系中各个产业部门间投入与产出的相互依存关系的数量分析方法。人们在进行任何一种物质生产活动时，都必须有物质上的必要准备，要投入以原材料、辅佐材料、燃料、动力等为内容的劳动对象，要投入以机器、设备、厂房、工具等为内容的劳动手段，还要投入作为生产力第一要素并能推动生产资料进行实际生产活动的劳动力，这些都称为投入物。由于投入了劳动对象、劳动手段和劳动本身，并将它们按一定的形式组织和运用起来进行生产活动的结果，必然有某种使用价值被生产出来，即所谓产出。产出的产品，要么在物质生产领域内供给别的部门当作投入用，要么以最终的需求形式，脱离本期生产过程，用在消费、积累、储备、出口等方面。投入产出模型的基本前提是每一产业都把它的产出物作为投入物，依次进行另一货物或服务的生产，所有产出物都在区域经济中销售，每一产业的行为均由货物与服务的最终需求同其他产业的关系变化决定。

2. 投入产出表中的平衡关系

投入产出模型的建立，基于两个基本假设。从水平方向看，它反映各部门总产品的分配方向和数量，在生产的总产品中有一部分作为中间产品，供各部门补偿劳动对象的消耗，另一部分作为最终产品用作固定资产更新大修理、积累、消费和净出口等。

（二）模型的改进

投入产出模型的关键步骤是通过引入直接消耗系数矩阵来表达部门之间的平衡联系，通过解线性方程组求出所需的未知数。我们可以把投入产出模型看作线性规划方法的一种特例，它的可行解域只有一点，或者说是可行解与最优解一致的线性规划模型，甚至可以看成没有目标函数的线性规划问题。然而，在实际的投入产出分析中，受生产条件、资金等方面的限制，产出水平应该有上下限约束，且部分劳动对象不可以无限使用。因此，改进的投入产出模型应该有约束条件。

五、公路使用者直接经济效益计算方法

高速公路建设项目直接经济效益主要是指可用货币形式表示的项目产出物的经济价值。高速公路项目的建设，其最终产出物就是建好的公路，所以这种效益主要表现为公路降低汽车营运成本效益、旅客在途时间节约效益和拟建项目减少交通事故效益。

公路建设项目的经济效益是指项目对国民经济所做的贡献，分为直接效益和间接效益。一般计算直接效益，并通过"有无对比法"来确定。直接效益包括公路使用者费用节约和原有相关公路维护费用节约，其中公路使用者费用节约主要有拟建项目相比原有相关公路降低汽车运营成本效益、旅客在途时间节约效益和拟建项目减少交通事故效益。

计算公路项目经济效益可以采用相关线路法、路网费用法和矩阵法。计算中对车型不做要求，但要注意保持各参数之间的一致性。

第三节　公路建设项目财务效益目标可持续发展

一、概述

（一）财务分析的含义与作用

1.财务分析的含义

财务分析又称为财务评价，是项目决策分析与评价中为判定项目财务可行性所进行的一项重要工作，是项目经济评价的重要组成部分，是投融资决策的重要依据。

财务分析是在现行会计准则、会计制度、税收法规和价格体系下，通过财务效

益与费用的预测，编制财务报表，计算评价指标，进行财务盈利能力分析、偿债能力分析和财务生存能力分析，以此评价项目的财务的可行性。

2. 财务分析的作用

财务分析的作用如下：

（1）财务分析是项目决策分析与评价的重要组成部分。项目评价应从多角度、多方面进行，无论是项目的前评价、中间评价还是后评价，财务分析都是必不可少的内容。在项目的前评价——决策分析与评价的各个阶段中，无论是机会研究报告、项目建议书、初步可行性研究报告，还是可行性研究报告，财务分析都是其中的重要组成部分。（2）财务分析是重要的决策依据。在经营性项目决策过程中，财务分析结论是重要的决策依据。项目发起人决策是否发起或进一步推进该项目，权益投资人决策是否投资该项目，债权人决策是否贷款给该项目，审批人决策是否批准该项目，这些都要以财务分析为依据。对于那些需要政府核准的项目，各级核准部门在做出是否核准该项目的决策时，许多相关财务数据可作为项目社会和经济影响大小的估算基础。（3）财务分析在项目或方案比选中起着重要作用。项目决策分析与评价的关键是方案比选。在规模、技术、工程等方面都必须通过方案比选予以优化，财务分析结果可以反馈到建设方案构造和研究中，用于方案比选，优化方案设计，使项目整体更趋于合理。（4）财务分析中的财务生存能力分析对项目，特别是对非经营性项目的财务可持续性的考察起着重要作用。

（二）财务分析的内容和步骤

1. 财务分析的内容

财务分析的内容随项目的性质和目标而有所不同。作为投资盈利的经营性项目，财务分析内容应包括以下全部内容（为社会公众提供公共产品和服务的非经营性项目，财务分析内容略有减少）：

（1）在明确项目评价范围的基础上，根据项目性质和融资方式选取适宜的方法。（2）选取必要的基础数据进行财务效益与费用的估算，包括营业收入、成本费用估算和相关税金估算等，同时编制相关辅助报表。以上内容是在为财务分析做准备，也称为财务分析基础数据与参数的确定、估算与分析。（3）进行财务分析，即编制财务分析报表和计算财务分析指标。财务分析包括盈利能力分析、偿债能力分析和财务生存能力分析。（4）在对初步设定的建设方案（称为基本方案）进行财务分析后，还应进行不确定性分析，包括盈亏平衡分析和敏感性分析。常常需要将财务分析的结果反馈，优化原设定的建设方案，有时甚至会对原初步设定的建设方案进行较大的调整。

2.财务分析的步骤

投资估算和融资方案是财务分析的基础，在实际操作过程中，三者互有交叉，在财务分析的方法和指标体系设置上体现了这种交叉。

首先要做的是融资前的项目投资、现金流量分析，其结果体现在项目方案本身设计是否合理，用于投资决策以及方案或项目的比选。也就是考察项目是否可行，并值得为之融资。这对项目发起人、投资者、债权人和政府部门都是有用的。

如果第一步分析的结论是"可"，那么才有必要考虑融资方案，进行项目的融资后分析，包括项目资本现金流量分析、偿债能力分析和财务生存能力分析等。融资后分析是比选融资方案，进行融资决策和投资者最终出资的依据。

如果融资前分析结果不能满足要求，可重新对项目建设方案进行修改；若多次修改后分析结果仍不能满足要求，甚至可以做出放弃或暂时放弃项目的建议。

(三) 财务分析的基本原则

财务分析应遵循以下基本原则：

1.费用与效益计算口径一致性原则

为了正确评价项目的获利能力，必须遵循项目的直接费用与直接效益计算口径一致性原则。如果在投资估算中包括了某项工程，那么建设该工程增加的效益就应该考虑，否则就低估了项目的效益；反之，如果考虑了该工程对项目效益的贡献，但投资却未计算进去，那么项目的效益就被高估了。只有将投入和产出的估算限定在同一范围内，计算的净效益才是投入的真实回报。

2.费用与效益识别有无对比的原则

有无对比是国际上项目评价中通用的识别费用与效益的基本原则，项目评价的许多方面都需要遵循这条原则，采用有无对比的方法进行。所谓"有"是指实施项目的将来状况，"无"是指不实施项目的将来状况。在识别项目的效益和费用时，必须注意只有"有无对比"的差额部分才是由于项目的建设增加的效益和费用，即增量效益和费用。因为即使不实施该项目，现状也很可能发生变化。例如，农业灌溉项目，若没有该项目，将来农产品的产量也会随着气候、施肥、种子、耕作技术的变化而变化；再如，计算交通运输项目效益的基础——车流量，该项目也会随着地域经济的变化而改变。采用有无对比的方法，就是为了识别那些真正应该算作项目效益的部分，即增量效益，排除那些由于其他原因产生的效益；同时也要找出与增量效益相对应的增量费用，只有这样才能真正体现项目投资的净效益。有无对比直接适用于依托老厂进行的改扩建与技术改造项目的增量盈利能力分析。对于从无到有进行建设的新项目，也同样适用该原则，只是通常认为"无项目"与现状相同，其效益与费用均为零。

3.动态分析与静态分析相结合，以动态分析为主的原则

国际通行的财务分析都以动态分析方法为主，即根据资金时间价值原理，考虑项目整个计算期内各年的效益和费用，采用现金流量分析的方法，计算内部收益率和净现值等评价指标。

4.基础数据确定稳妥的原则

财务分析结果的准确性取决于基础数据的可靠性。财务分析中所需要的大量基础数据都来自预测和估计，难免有不确定性。为了使财务分析结果能提供较为可靠的信息，避免人为的盲目投资所带来的风险，更好地满足投资决策需要，在基础数据的确定和选取中遵循稳妥原则是十分必要的。

二、基于路网参数分析的通道交通量分配

高速公路在通行能力、交通速度、运输费用、行车安全等方面比一般公路有很大的优越性，而且与区域交通系统中的铁路、水运等其他运输方式相比，也具有很强的竞争优势。因此，高速公路建成之日也就是引起区域交通量转移与重新分配之时。预测高速公路转移交通量是一项比较复杂的工作：一方面影响高速公路转移交通量的因素很多，另一方面既要考虑现有并行公路上的交通量向高速公路转移，又要考虑由铁路、水运等其他运输方式转移的交通量。本书提出了转移交通量的定义和目前研究存在的不足，分析了影响高速公路转移交通量的路网参数，通过对这些参数的分析建立适当的模型将转移交通量定量化，同时，运用适当的模型与方法对交通量进行分配。

（一）参数分析

用来描述和反映路网特性的物理量称为路网参数。在现有公路网上，新建高速公路项目的目的是降低交通网络的拥挤程度、提高路网的运行效率、充分发挥路网的整体功能。网络拥挤程度降低的具体表现是车辆在网络上的总出行时间减少。拟建项目的建成，导致路网中的交通流在整个网络上重新分配，这样使一些路段的交通量转移到拟建高速公路上，缓和了这些路段的拥挤程度，但也可能使一些路段的交通量增加，道路拥挤增大。所以，有必要选取一些参数分析拟建项目对路网结构与使用功能的影响。拟建项目的建成，使得道路使用者从道路状况、交通条件及道路环境等方面得到了改善，从而影响公路网的运输服务费用、运达时间、服务可靠性、服务安全性、服务频率等，本书选用以下参数反映公路网的这些运输服务属性。

(二) 影响高速公路转移交通量的因素

影响转移交通量的因素较多，目前考虑的因素主要是使用成本、舒适性、行程时间等。在高速公路转移交通量方面尚没有完善的分析计算模型，可以认为高速公路的交通量转移主要受以下因素影响：

1. 高速公路收费价格

我国现有的高速公路均为收费公路，公路收费已是影响高等级公路交通量转移到相邻与其平行低等级公路上去最主要、最直接的因素。高速公路拥有全立交、全封闭、弯道少、坡度小、通行能力大等优点，道路使用者会选择道路条件好、距离短、混合交通少、交通不拥挤的线路行车。如果高速公路不实行收费，那么在其他交通条件较差的并行公路上的交通量会大部分转移到高速公路上去。而高速公路实行收费，情况会发生较大变化。收费费率成为主要因素，费率越高，转移到高速公路上的交通量越少；反之，费率越低，转移到高速公路上的交通量越大。

2. 公路间的级差效益

公路间的级差效益是指由于公路的道路条件、交通条件等情况的不同，公路使用者驾驶相同车辆完成同样的任务选择不同的公路而获得的不同效益。当公路使用者的效益固定的时候，收费的价格越高，他选择高速公路的概率越小。通常情况下，级差效益越大，对公路使用者的吸引力越大，转移到高速公路上的交通量越大；相反，转移到高速公路上的交通量越小。

3. 高速公路的行驶距离

高速公路越长，公路使用者节约的行驶时间的绝对数量越大，直观的时间价值越高，则高速公路对公路使用者的吸引力越大，高速公路上的交通量转移到平行公路上的越少；相反，高速公路较短，直观节约的时间价值不大，转移到平行公路上的交通量就会增加。

(三) 转移交通量的预测

影响转移交通量的主要因素有两个方面：一个是出行者 (旅客、货物) 的需求特性，与出行目的、货物种类、运输距离、批量等有关；另一个是运输服务属性，与运输方式有关，包括运输服务费用、运达时间、服务可靠性、服务安全性、服务频率等因素。这些因素的影响主要表现如下：

(1) 运输服务费用是指出行者支付的全部运输费用，是影响出行方式选择与决策的最重要因素之一。因为任何经济活动的最终目的都是要以尽可能少的费用支出，获得最大的经济利益。所以，对于出行者来说，在满足基本需求的前提下，总是希望选择最经济的运输方式。(2)运达时间是指出行起讫点之间的全程运输时间。由于现代社会的生活节奏加快，许多出行者为了节省运输时间，宁愿支付较高的运输费用，选择快速的运输方式，以提高时间效益。(3)运输服务可靠性是一种表示运输方式按时提供运输服务的属性。有些出行者愿意使用比较可靠的运输方式，以减少出行过程中出现的意外变故，降低自己遭受损失的概率。(4)运输服务安全性是一种表示运输过程中能够保障人员、财产安全的属性。随着经济社会的发展，在运输中能最大限度地保障人员、财产的安全已成为许多出行者考虑的重点因素。(5)运输服务频率定义为单位时间内提供运输服务的次数，它影响出行者使用运输方式的方便性。

转移交通量的预测方法可以采用抽象运输方式模型或基于广义出行费用最小的logit模型。在实际应用时，可根据客运、货运的不同特点，选用适宜的模型，比如客运可采用logit模型，货运可采用抽象运输方式模型。

第四节　公路建设项目环境资源目标可持续发展

一、概述

(一)公路建设项目环境资源目标考核任务

公路是利国利民、促进经济发展的重要基础设施，公路建设与运营过程中会产生诸如耕地减少、植被破坏、水土流失、噪声及大气污染等对环境不利的因素及影响。但是，公路建设项目所产生的经济效益和社会效益是巨大的，在推动国民经济增长中起着举足轻重的作用，也为环境保护所需资金和技术保障提供了一定的经济支持。所以，在公路建设项目的前期工作中，都要求开展相应的专项评估工作，为项目科学决策提供依据；在项目后评价工作中，也要开展相应专题评价，总结经验，吸取教训，为今后同类项目建设决策积累经验。

(二)公路建设项目环境保护

1.公路建设项目对环境的影响

公路施工期间的环境问题主要表现为非污染型生态环境影响。与公路施工有关的生态环境影响一般包含植被破坏、局部地貌破坏(如高填深挖等)、土壤侵蚀、自然资源(土地、水、森林、野生生物等)影响、景观影响及生态敏感区(著名历史遗产、自然保护区、风景名胜区和水源保护区)影响等。每条公路涉及的具体环境问题各不相同，主要取决于所经地域的自然环境、生态环境及地貌等。对环境的影响程度取决于公路的等级，因高速公路的工程技术标准较高，其对环境的影响最大，普通公路的环境影响较小。

公路营运期间的环境问题主要是对沿线地区民众的生活环境造成影响，如噪声扰民、汽车尾气污染空气、服务区污水及路面径流对水环境的污染等，其中噪声影响最为突出。

2. 工程环境影响评价的目的

公路项目建设和运营在带来巨大经济和社会效益的同时，也将会对沿线区域的社会环境、声环境、大气环境、水环境以及生态环境等产生一定程度的负面影响，并增加新的污染源。

按照国家对建设项目环境影响评价类别的划分原则，并考虑工程规模以及占用土地数量和工程环境特征，属于国家环保部规定的、需进行全面环境影响评价的新建公路建设项目，必须对其进行全面的环境影响评价。

通过工程环境影响评价拟达到以下目的：

（1）通过对该项目沿线的环境影响评价，从环境保护角度论证本工程建设选线的合理性，为工程方案的选择提供必要的科学依据。

（2）通过公路沿线评价范围内的社会环境和自然环境的调查研究，针对本工程项目的设计、施工和营运的各阶段，预测对环境的影响，提出相应的优化环境和切实可行的环境保护措施及对策。

（3）将环境保护措施、建议和评价结论反馈于工程设计与施工，为优化工程设计提供科学依据，以减少由于工程建设而产生的对周围环境的负面影响。

（4）为该项目的施工期、营运期的环境管理，以及沿线的经济发展、城镇建设及环境规划提供科学依据。

3. 环境影响评价报告的主要内容

环境影响评价报告的主要内容如下：

（1）工程分析

根据工程可行性研究报告综述工程概况，进行工程污染源及非污染生态影响因素分析，并对施工期及营运期主要环境污染排放源进行分析。

（2）生态环境影响评价

生态环境影响评价包括对土地利用、农业生态、绿地损失及恢复、固体废物处置等的影响评价，着重于对沿线植被损失、基本农田保护区的影响分析，土地复垦可能性的分析和对周围景观的影响分析。

（3）水环境影响评价

工程对沿线地表水、地下水水质的影响，并提出水环境保护措施。

（4）水土保持

进行水土流失预测和评价，在此基础上，以施工临时占地和沿线设置的弃渣场为重点提出水土流失防治方案。

（5）交通运输风险分析

针对敏感路段，对工程营运期交通运输风险进行分析，并提出风险防范措施和管理对策。

（6）社会环境影响评述

社会环境影响评述包括对交通环境、社会经济、城镇规划、土地利用、拆迁安置、基础设施和居民生活质量进行分析和评述。

（7）声环境评价

在现状监测和评价的基础上，按相应的国家声环境质量标准分别进行影响预测和评价，并提出防治和减缓措施，为施工期和营运期噪声治理工程和环境管理提供依据。

（8）环境空气质量评价

通过现状监测，按相应的国家环境空气质量标准，预测分析施工期粉尘、有害气体以及营运期汽车尾气对沿线环境的影响范围和程度，为环境管理提供依据。

二、区域公路网合理密度研究

（一）极限密度法模型

人类文明发展到今天，形成了一个一致的认识——人类的文明、技术、经济的发展是没有极限的，但是作为交通运输发展阶段性表征的公路网密度的发展就不相同，公路网密度在客观上存在发展极限。这是因为：存在以下两点（1）作为时间的函数，公路网密度的基本趋势是单调递增的；（2）公路网密度的发展是有界的。若全部国土面积都用来修公路，因为公路有一定宽度，单位面积内也将仅有有限的里程数。

（二）理想地区公路密度极限值探讨

设公路宽度为10m，若国土面积全部用来修公路，每平方公里面积内可修100km的公路。但所谓理想地区不仅其地理状况对修公路是理想的，而且必须是一个有一定独立性的人类群体生活的地区。在该地区不仅需要公路网络，还应有其他交通网络；不仅要有交通空间，还应有生活空间、生产空间、社交空间。因此，本小节指的理想地区是：（1）该地区的地理状况对修公路而言是理想的；（2）该地区在交通空间、生活空间、生产空间、社交空间的搭配结构上对地区内的社会发展是理想的。

三、高速公路集约用地评价与优化

（一）区域土地集约利用内涵的再认识

1. 土地集约利用

关于区域土地利用集约化的概念，马克思提出经济学上的集约化是指资本在同一土地上集中。区域土地集约利用可以认为是要素在土地上的投入。

这里把其内涵概括成几点：

（1）从土地利用结构上进行的优化

各个区域的用地之间协调运作，从整体上高效地发展，而不是孤立地进行。

（2）各个区域布局的紧密性

集聚效应可以产生规模效益，用地布局的是否合理直接决定着城市土地利用集约化程度，并且这种紧凑不是简单的、线性的，而是空间的、立体的。

（3）综合各个区域土地功能

区域土地本身就是一个多层次的复杂体，通过实行功能上的分区，将分散的农耕、商店、村落、企业转化为比较集聚的小区，可以节约土地、改善周边环境。与此同时，又不能过分强调分区而忽视各个区域之间的联系，这样会降低综合区域的功能。

（4）区域土地利用的充分及产出的高效性

充分利用区域土地，让闲置的土地得到使用，降低房屋空置量，改造旧的土地，挖掘土地内在的潜力。单位投入所得经济产量最大，也应该包括社会、生态、产业结构的高效化。

（5）土地开发的区域性

区域土地集约利用就是在用地合理的前提下，通过增加土地投入，挖掘土地潜在使用功能，提高其利用率，各个方面发挥最大的效益。高速公路与土地集约利用评价的目的是通过研究高速公路影响土地利用的因素，选择相关的指标和标准，评价相互协调度的效果，以寻求最有利的发展途径。

2. 区域土地集约利用

目前，区域土地集约利用的含义界定仍未形成统一，但大致分为三种观点，每种观点都是对前面观点的补充和说明。

第一种观点认为城市土地集约利用与农村土地集约利用的目的都是获得更好的

经济效益，增加土地投入来提高土地利用率和生产率。这个观点是对区域土地最朴实的阐述，但其只看到经济的一方面，完全是经济范畴概念。

国内学者比较有代表性的阐述是，土地集约利用是土地粗放经营的总称，是在科学技术不断发展进步的基础上，通过单位面积土地上集中投放劳动来提高单位产品产量与负荷能力的经营方式。另一种代表性的阐述是，集约度指单位土地面积上投入的资本和劳动数量，投入越多，集约度越高；反之越低。国内有学者用经济学观点阐述，集约度的提高受报酬递减规律作用。如果边际收益等于边际产出，经营者就不会继续再投入，这个临界点就是我们讲的集约边界。

第二种观点在对第一种观点的认可下，更加强调区域土地集约利用的范畴并非只有经济范畴，还需要考虑土地利用结构以及布局优化的问题，除了重视经济方面的效益外，也需要综合考虑其他因素寻求土地可持续发展和人类宜居的根本目标。

第三种观点在上述两种观点的基础上，更强调区域土地集约利用概念的相对性，它是在特定区域、特定时段里的、动态的、相对的概念，经济发展水平直接影响集约程度的标准，这个集约利用不是静态的，而是随时间空间的改变而改变的，是个动态概念。

在分析现有区域土地集约利用理论和内涵的基础上，本书从整体的角度出发，在宏观层面上提出高速公路与区域土地集约利用的内涵。现在的目标不仅仅追求经济效益，还追求社会经济生态效益的和谐统一；要树立起科学利用土地的思想，明确土地利用集约度不是一味的提高，而是在这个过程中，注重城市的可持续发展，从长远的角度去寻求一种平衡。

（二）土地利用与经济社会的系统性分析

1. 基于 Logistic 模型的高速公路土地利用发展规律研究

（1）经济社会与土地利用的相互关系分析

通过对经济社会与土地利用相互关系的分析发现，两者之间存在着一个相互协调的过程。土地需求旺盛会引起经济社会投入的增加，提高单位面积土地的利用效率和经济效益，即土地利用的集约程度得到提高；集约利用所体现出来的高效益、高效率则有利于实现土地利用的更大功能，挖掘土地资源的利用潜力，满足经济发展的进一步需要。在这一循环过程中，两者的影响不断加深，因此从长远来看，有限的土地资源和无限的需求必然导致土地资源在既定的情况下，集约程度得到不断提高，而从某一个经济社会发展阶段来看，土地利用系统的发展受经济社会影响会表现出由粗放到集约、由不适宜时代发展的土地利用方式向适宜的利用方式转变的一般过程。

（2）土地利用系统发展的非线性特性

土地利用系统是人（人类社会）地（自然环境）综合作用的结果，是一个典型的开放系统。根据自组织理论，一个开放系统要形成有序结构，其内部的相互作用必然是非线性的，因而，用非线性微分方程描述的数学模型是自组织理论建模的特点。Logistic 方程是最一般的形式，常用于描述一般发展系统的演化过程，也称为增长曲线模型。它是由比利时数学家哈尔斯特（P.F.Verhulst）于 1838 年提出的，最初用于种群生态学的研究，其意义在于将有限的生态环境资源引入种群规模的增长研究，它反映种群规模的相对增长率与当时所剩余的资源分量成正比，种群密度会对种群规模增长产生抑制作用。该模型在人口统计和预测中得到推广使用并受到广泛关注，曾成功用于野生动物栖息地变化、森林火灾预测、林地退化、交通和医学等研究中。土地资源属于自然资源，数量的有限性会对土地利用系统产生强烈的制约作用，从而影响土地集约利用的总体水平、变化状况以及趋势状况。本书研究运用 Logistic 方程分析土地利用系统发展的演化过程，将影响土地利用系统发展的众多因素简化为经济社会构成的外部环境，现代文献中也将 Logistic 方程称为 Verhulst-Pearl 阻碍方程，原因是其有某种逻辑推理的含义，按现代的用语来说，它是一个说理模型。

2. 基于土地报酬递减规律的高速公路土地集约利用经济社会特征研究

（1）自然利用期

该阶段联系着上一阶段的过度集约利用期和新一阶段的粗放利用期，土地资源数量相对充裕或者产出效益相对较低，土地利用处于无序阶段，经济社会对其影响较为有限，土地利用系统的发展和经济社会的发展比较缓慢，两者的相互联系也不强烈，很难用明显的经济社会特征加以区分。

（2）粗放利用期

每增加一单位变量资源（如资本或劳力）投入，都能够使产出急剧增加，边际产出在递增到一定程度后逐渐转为递减（边际产出仍大于平均产出），但并不影响每一单位投入的平均产出的继续递增，总产出也一直处在递增态势。由于这一阶段所投入的变量资源在数量上并未与作为固定资源的土地达到协调一致，土地生产潜力没有被充分发掘出来，因此，如果变量资源充裕，应该进一步加大投入，以使总产出和平均产出继续提高，否则土地资源利用就处于粗放状态，达不到集约利用的目的。

（3）集约利用期

随着单位投入的边际产出继续递减，变量资源的边际产出开始小于平均产出，边际产出和平均产出均随着变量资源投入的增加而下降，但仍为正值，直至边际产出为 0，但是这并不妨碍总产出（TPP）的继续增加，因而不必担心边际产出和平均产出的递减，但一旦总产出达到最高点，变量资源投入也就达到了最集约的状态，不宜再继续加大投入。可见，在土地集约利用期，土地利用的产出效益和生产效率趋近于最大化，土地利用结构和利用程度接近于最佳状况，由于边际产出仍为正值，能够吸引经济社会追加投入，单位面积的土地都能够得到相当规模的投入水平和产生巨大的经济社会效益，集约水平得到稳步提高。这一阶段是土地利用的"黄金时期"，以单位面积土地吸引的投入和获得的产出都接近整个发展时期的最高水平，应尽量延长该时期，充分发挥土地资源的生产功能。

（4）过度集约期

变量资源的边际产出变为负值，平均产出继续递减，总产出也开始趋于下降。因此，在这个阶段里，变量资源投入的增加，不仅会导致边际产出的负增长和平均产出的进一步递减，而且会导致总产出递减。反映在投入产出效益上，早已经无利可图，并且投入越多损失越大，就集约利用程度而言，出现了所谓的过度集约现象。

3. 区域土地集约利用评价方法和指标体系的构建

区域土地利用集约水平的评价涉及面广，不同层次的评价指标和方法都有所不同，国内外学者都对集约度的评价做了大量有益的研究。综合学术界的研究成果，对于区域土地集约利用水平的评价，时空尺度大，土地用途复杂，不同区域间评价的侧重点各有不同，为忽略这些差异的影响，根据土地利用与经济社会关系系统分析结果，从土地利用的经济、社会效益出发，站在宏观层面尽量全面地反映区域土地集约利用水平。基于上述评价思路，以土地利用阶段与经济社会关系的系统性分析为依据，区域土地利用评价分为定性评价和定量评价两个主要过程。

（三）区域高速公路发展评价指标体系

1. 高速公路与区域经济发展的系统性分析

区域经济必须在不断扩大横向经济联系、不断与外界分工协作、不断进行商品技术与信息传递的交流中实现发展。我国区域经济发展的相对独立性增强，建立在区域分工基础上的商品交换使得区域之间的经济联系频繁而密切，高速公路建设项目有利于优化配置区域经济内部的各生产要素，有助于更好地发展区际横向联系和协作，更好地开发资源、发挥优势、繁荣市场、满足需要，更好地解决国民经济统一性和区域经济相对独立性的矛盾，把区域优势转化为国民经济整体优势，实现区域经济效益和国民经济效益的最优结合。交通运输业作为国民经济的一个重要部门，是区域经济组成的要素之一，与地区各部门之间有着密切联系。高速公路建设项目则是区域内最重要的基础设施之一，是建立区域经济体系的重要环节。高速公路运输以其灵活、快捷的运输特点，在交通运输方面占有重要地位。高速公路建设项目提高了区域交通运输能力，为区域经济发展奠定了坚实的物质基础，为国民经济实现有效供给提供了有力保障。高速公路项目的建设使交通运输能够满足区域社会经济发展的需求，促进区域经济结构和运输能力的协调，从而促进区域经济的发展。

2. 影响高速公路发展的主要因素

影响高速公路发展的因素有很多，其中最主要的影响因素有以下几个方面：

（1）人口数量、城市化水平及城镇分布

公路交通的主要功能之一就是满足人们出行的需要，在经济发展水平一定的情况下，人口的数量、城市化水平及城镇的分布对高速公路的发展有重要影响。人口数量大、城市化水平高、城镇数量多且分布相对分散，则在满足同等交通水平条件下，需要的高速公路里程要长；反之，则需要的高速公路总里程要短。

（2）经济发展水平、经济结构及产业布局

高速公路作为重要的交通基础设施，为社会发展和经济建设服务是公路建设的最根本前提和出发点，其建设的目标是满足经济社会发展的需求、改善交通运输的环境和质量。因此，区域经济发展水平、经济结构、产业布局等都直接影响着对高速公路的需求程度。

（3）土地资源及地理特征

高速公路的发展规模直接受到土地资源的限制，当高速公路数量达到一定水平后，再增加路网里程，从路网效率、土地资源利用等意义上都是不合理的。因此，高速公路规模不可能无限制扩大，而是存在于一个趋于稳定的合理规模。与此同时，高速公路的发展还受到区域地理特征的影响，其中包括地形地质特征、地理区位特征等多个方面。地理特征存在明显差异的不同地区，对高速公路的需求也不相同。

3. 高速公路发展评价指标体系

在上述影响高速公路经济系统发展的几个主要因素中，经济发展水平、经济结构、产业布局、人口数量、城市化水平及城镇分布等因素是在不断变化的，而土地面积、地理特征则是相对稳定的。依据这几个方面，建立该子系统的评价指标体系。

参考文献

[1] 杨光耀，杨新，郑胜利 . 公路桥梁施工与维修养护研究 [M]. 长春：吉林科学技术出版社，2022.

[2] 张磊，周裔聪，林培进 . 公路桥梁施工与项目管理研究 [M]. 延吉：延边大学出版社，2022.

[3] 王超，江浩，郑泽海，等 . 公路桥梁工程施工技术与管理 [M]. 北京：中国石化出版社，2022.

[4] 李刚，宁尚勇，林智 . 公路桥梁工程施工与项目管理 [M]. 武汉：华中科技大学出版社，2022.

[5] 罗春德，尹雪云，李文兴 . 公路桥梁工程施工技术与养护管理 [M]. 长春：吉林科学技术出版社，2022.

[6] 李刚，宁尚勇，林智 . 公路桥梁工程施工与项目管理第 1 版 [M]. 武汉：华中科学技术大学出版社，2022.

[7] 宋宏伟，洪启华，洪俊财 . 公路桥梁工程施工技术研究及项目管理 [M]. 北京：中国石化出版社，2022.

[8] 王修山 . 道路与桥梁施工技术第 2 版 [M]. 北京：机械工业出版社，2022.

[9] 孙永军，林学礼，曲明 . 公路桥梁工程与施工管理 [M]. 长春：吉林科学技术出版社，2021.

[10] 李燕鹰，张爱梅，钱晓明 . 公路桥梁工程施工与养护技术 [M]. 长春：吉林科学技术出版社，2021.

[11] 冯少杰，高辉，孙成银 . 公路桥梁隧道施工与工程管理 [M]. 长春：吉林科学技术出版社，2021.

[12] 干展望，张涛锋，张林 . 公路与桥梁工程施工及质量控制研究 [M]. 西安：西安交通大学出版社，2021.

[13] 刘培璋，李宇，贾清柱 . 高速公路养护管理与桥梁工程施工 [M]. 北京：中国石化出版社，2021.

[14] 胡栾乔，聂丽群，吴耀南 . 公路桥梁工程施工与管理研究 [M]. 北京：中国华侨出版社，2021.

[15] 郭凯，李勇兵.基于 BIM 技术的大型转体桥梁施工精细化动态控制应用与实践以昆楚高速公路大德大桥为例 [M].成都：西南交通大学出版社，2021.

[16] 陈春玲，刘明，李冬子.公路工程建设与路桥隧道施工管理 [M].汕头：汕头大学出版社，2021.

[17] 戴安婵，肖智安，张琴光.高速公路桥梁工程与项目管理 [M].长春：吉林科学技术出版社，2020.

[18] 吴留星.公路桥梁与维修养护 [M].北京：中国纺织出版社，2020.

[19] 卢利群，高翔.公路工程建设管理丛书公路工程文明施工指南 [M].成都：西南交通大学出版社，2020.

[20] 张国祥，陈金云，张好霞.公路与桥梁施工技术及管理研究 [M].北京：文化发展出版社，2020.

[21] 陈良江，文望青.中国铁路桥梁 40 年 [M].北京：中国铁道出版社，2020.

[22] 姚宇，周兴顺编.高速公路品质工程设计技术集成 [M].南京：河海大学出版社，2020.

[23] 刘相龙，高文彬.公路桥梁施工组织与养护管理 [M].北京：中国原子能出版社，2020.

[24] 王旻，张振和.图解公路工程施工技术 [M].北京：机械工业出版社，2020.

[25] 张少华.公路桥梁工程与项目管理 [M].北京：北京理工大学出版社，2019.

[26] 丁雪英，陈强，白炳发.公路桥梁建设与工程项目管理 [M].长春：吉林科学技术出版社，2019.

[27] 葛翔.公路桥梁工程特种设备安全技术与管理 [M].杭州：浙江科学技术出版社，2019.

[28] 周静，刘占良.高职高专道路桥梁工程类课程规划教材公路工程资料编制与管理第 2 版 [M].大连：大连理工大学出版社，2019.

[29] 关凤林，薛峰，黄啓富.公路桥梁与隧道工程 [M].长春：吉林科学技术出版社，2019.

[30] 申建，慕平.桥梁工程技术 [M].北京：北京理工大学出版社，2019.

[31] 杨斌，马跃明，汪逵.公路高架桥梁与长隧道施工及研究 [M].北京：文化发展出版社，2019.

[32] 潘永祥.公路桥梁与改扩建新技术 [M].昆明：云南大学出版社，2019.